Plano de Recuperação Judicial

Plano de Recuperação Judicial

2019

Cinira Gomes Lima Melo

PLANO DE RECUPERAÇÃO JUDICIAL
© Almedina, 2019
AUTOR: Cinira Gomes Lima Melo
DIAGRAMAÇÃO: Almedina
DESIGN DE CAPA: FBA
ISBN: 9788584935376

Dados Internacionais de Catalogação na Publicação (CIP)
(Câmara Brasileira do Livro, SP, Brasil)

Melo, Cinira Gomes Lima
Plano de recuperação judicial / Cinira Gomes Lima Melo. – São Paulo : Almedina, 2019.
Bibliografia.
ISBN 978-85-8493-537-6
1. Atividade econômica 2. Crises financeiras 3. Devedor e credor 4. Direito empresarial 5. Falências - Leis e legislação - Brasil 6. Recuperação judicial (Direito) - Leis e legislação - Brasil 7. Risco 8. Segurança jurídica I. Título.

19-30341   CDU-347.736(81)

Índices para catálogo sistemático:
1. Recuperação judicial empresarial : Direito comercial 347.736(81)
Maria Paula C. Riyuzo - Bibliotecária - CRB-8/7639

Este livro segue as regras do novo Acordo Ortográfico da Língua Portuguesa (1990).

Todos os direitos reservados. Nenhuma parte deste livro, protegido por copyright, pode ser reproduzida, armazenada ou transmitida de alguma forma ou por algum meio, seja eletrônico ou mecânico, inclusive fotocópia, gravação ou qualquer sistema de armazenagem de informações, sem a permissão expressa e por escrito da editora.

Outubro, 2019

EDITORA: Almedina Brasil
Rua José Maria Lisboa, 860, Conj.131 e 132, Jardim Paulista | 01423-001 São Paulo | Brasil
editora@almedina.com.br
www.almedina.com.br

SOBRE A AUTORA

Advogada atuante na área de Recuperação de Empresas e Falências. Doutora em Direito Comercial pela Pontifícia Universidade Católica de São Paulo (PUC/SP_2016). Mestre em Direito pela Universidade Metropolitana de Santos (UNIMES_2009). Especialista em Direito Empresarial pela Pontifícia Universidade Católica de São Paulo (PUC/SP_2004). Graduada em Direito pelas Faculdades Metropolitanas Unidades (FMU_2002). Atualmente é professora da Universidade Municipal de São Caetano do Sul (USCS), da Universidade Presbiteriana Mackenzie e da Faculdade de Tecnologia de São Paulo.

AGRADECIMENTOS

Ao meu orientador Professor Doutor Manoel de Queiroz Pereira Calças pelos fundamentais ensinamentos e pela generosidade com que sempre me acolheu.

Aos Professores Doutores Marcus Elidius Michelli de Almeida e Sérgio Seiji Shimura pelas orientações prestadas no exame de qualificação que muito contribuíram para a conclusão deste trabalho.

Ao Professor Doutor Manoel Justino Bezerra Filho, grande mestre do Direito Falimentar que, com o seu enorme coração, além de participar da banca examinadora de doutoramento, me recebeu de braços abertos na Universidade Presbiteriana Mackenzie.

Ao Professor Doutor Carlos Alberto Garbi pelo convívio na docência com preciosos ensinamentos que, desde o mestrado, me acompanham e amparam minha pesquisa acadêmica.

À Professora Doutora Rosemarie Adalardo Filardi, com gratidão pelos anos de aprendizado como sua monitora, muito importantes para a minha formação docente.

Ao Professor Doutor Fábio Ulhoa Coelho, meu professor desde a especialização, que abrilhantou minha banca de doutoramento com a sua gentil presença e relevantes considerações.

PREFÁCIO

Neste mundo do estudo de instituições do direito empresarial, necessariamente frio e objetivo por força do próprio tipo de raciocínio exigido para o exercício de qualquer atividade jurídica, várias vezes a gente encontra manifestações que sensibilizam de maneira tocante. Uma destas situações ocorre quando o autor (no caso, a autora), vem pedir que você faça o prefácio do livro que está lançando. Quem já escreveu um livro sabe que o autor o vê quase como um filho, com o amor paternal (no caso, maternal) que se dedica àquilo que é o resultado do próprio amor, da inteira dedicação. E pedir que você faça o prefácio, quase corresponde a pedir que você seja o primeiro a ver o filho e mais, que você seja o primeiro a ter um contato mais direto com ele, para apresentá-lo ao mundo externo, para dizer quem está vindo. É assim que reajo, com emoção, sempre que alguém me pede para escrever o prefácio.

Com a minha querida amiga Cinira, é assim que me sinto, porém de forma especial, porque além de ter participado de sua banca de doutorado na PUC de São Paulo, tenho o privilégio de tê-la como colega no magistério da Universidade Presbiteriana Mackenzie, confesso que já com uma ponta de ciúme. Ela leciona recuperação e falência, entre outras matérias e, apesar de seu pouco tempo (pelo menos relativamente à minha senectude lá), já é considerada pelos alunos uma das mais queridas professoras desta matéria. Daí a minha santa inveja e, ao mesmo tempo, a minha alegria de confirmar mais uma vez que, por onde passa, a Cinira conquista os corações e as mentes.

Este livro é o resultado da tese de doutoramento da autora, sob o título "O Plano de recuperação judicial como negócio jurídico plurilateral: a análise da existência, da validade e da eficácia", elaborada sob a orientação do meu grande amigo e extraordinária pessoa humana, um dos mais profundos conhecedores da atual Lei de Recuperação e Falências, a LREF, Manoel de Queiroz Pereira Calças, hoje Presidente do Tribunal de Justiça de São Paulo, banca composta também pelos igualmente brilhantes doutores e diletos amigos, Carlos Alberto Garbi, Fábio Ulhoa Coelho e Rosemarie Adalardo Filardi. Como não poderia ser diferente, após a brilhante apresentação de sua exposição oral sobre o texto e após os questionamentos dos componentes da banca (questionamentos sempre cordiais por parte dos examinadores e sempre assustadores para os examinados), a tese foi aprovada com distinção e agora vem a lume, cumprindo a meta que a universidade sempre visa, ou seja, propiciar a expansão do conhecimento científico.

Este detalhamento da pesquisa necessária para a elaboração de uma tese, apresenta-se especialmente necessário neste campo de recuperação e falência, por força da jovem Lei 11.101, de 9.2.2005, ainda sob acesa discussão, não só pela sua constante aplicação nos foros judiciais, ante a pesada crise econômica que o País atravessa, como também por força de sua incompletude. O termo incompletude é adequado para dizer o mínimo sobre os defeitos da lei, aprovada às pressas, depois de ter sido discutida durante 12 anos, de 1993 a 2005, aprovação que se deu sob a sufocante pressão do capital financeiro, nacional e internacional. Além dos defeitos inerentes à sofrível qualidade da lei, que deu ensejo à criação de travas (bancárias, fiscais, societárias) que dificultam sobremaneira o atingimento dos fins visados, trata-se de lei que se imbrica com quase todos os demais campos da legislação, a exigir constante estudo, verdadeiramente holístico, do campo legislativo. E a par de tudo isto, a novidade para a qual as atenções se voltam, por se tratar do verdadeiro motor central, peça decisiva para o sucesso (ou não) do projeto de preservação da sociedade empresária, qual seja, o plano de recuperação. E sobre o plano de recuperação, a permanente discussão para se fixar o papel exato do poder jurisdicional na apreciação do plano, se amplo, se limitado aos aspectos da legalidade, se passível de inferência em aspectos de natureza econômica.

E é a delimitação desta questão que este livro objetiva, ao perscrutar com profundidade o plano apresentado nos autos, à luz dos clássicos

PREFÁCIO

elementos de análise do negócio jurídico, ou seja, existência, validade e eficácia. Antes porém, como é recomendável em todo início de estudo, a autora traz uma preciosa análise histórica da crise das empresas, com o exame a partir de institutos do Direito Romano, para caminhar em direção às legislações da Europa, desaguando no Código Comercial de 1850 e no Decreto-lei 7.661, de 1945, até aportar na lei hoje em vigor e que introduziu em nosso sistema a recuperação judicial, antes desconhecida em nosso meio, pelo menos com este tipo moderno de roupagem. No exame da atual lei, a autora se preocupa em identificar seus objetivos e princípios a partir de uma visão bastante abrangente, para logo em seguida detalhar a sujeição dos credores ao procedimento da recuperação, como também examinar o próprio sistema de andamento de tal procedimento.

Só depois de trazer todos estes elementos para a compreensão mais ampla da matéria, é que a autora passa a centrar seu exame na verificação da natureza jurídica do plano de recuperação, com a análise de sua existência, validade e eficácia. Logo após, parte então para a análise da angustiante questão sobre o limite da intervenção judicial no conteúdo do plano, questão que atormenta tanto os advogados quanto juízes e tribunais, no afã de trazer segurança jurídica para este ponto.

Aplicando então todos os conceitos trabalhados ao plano de recuperação, conclui que sua aprovação torna-o existente, para em seguida verificar sua validade e ressaltar os diversos casos de nulidade integral ou de algumas de suas disposições, tais como: infringência às disposições do artigo 104 do CC, fraudes à LREF ou qualquer outra disposição legal, bem como diversas outras situações possíveis de levar a tal resultado de nulidade. Na vertente da eficácia, examina quem são os credores sujeitos (ou não) à recuperação, bem como a possibilidade de subordinação desta eficácia a condições ou termos do plano.

Constatada, corretamente na obra, ser tarefa árdua esta do controle da legalidade do plano, lembra que é trabalho que só pode ser bem concluído com minuciosa análise de cada plano apresentado. Afirma ser indispensável porém tal tipo de intervenção judicial para que se encaminhem todos, devedor e credores, em direção ao verdadeiro objetivo da lei, ou seja, a recuperação e a preservação da sociedade empresária viável, necessária para tanto a consistência do plano sob o aspecto econômico, bem como sua submissão ao princípio da legalidade, este a ser fixado pela atividade jurisdicional. Apesar de árdua, esta tarefa de controle "pode ser concretizada à luz da tricotomia existência-validade-eficácia, adotada por Pontes de Miranda", como afirma o texto ao propiciar segura indicação do caminho a ser trilhado.

Querida amiga Cinira Gomes Lima Melo, muito obrigado pelo honroso convite para o prefácio e parabéns pela obra, bússola a permitir o encaminhamento correto do pensamento para a instigante questão dos limites do controle da legalidade do plano pelo poder jurisdicional.

São Paulo, setembro de 2019

Prof. Manoel Justino

SUMÁRIO

Introdução 15

1. Aspectos Históricos do Direito Recuperacional e Falimentar 19
1.1 Falência 19
1.1.1 Do Direito Romano às Codificações Europeias 19
1.1.2 No Brasil: do Código Comercial de 1850 ao Decreto-lei nº 7.661/45 26
1.2 Concordata 31
1.2.1 Do Direito Romano às Codificações Europeias 31
1.2.2 No Brasil: do Código Comercial de 1850 ao Decreto-lei nº 7.661/45 33
1.3 A Lei nº 11.101/2005: a falência e a recuperação de empresas 37

2. Recuperação Judicial na Lei Nº 11.101/2005 41
2.1 Objetivos 41
2.2 Princípios 48
2.3 Devedor Sujeito 54
2.4 Competência 61
2.5 Créditos 63
2.5.1 Créditos Sujeitos 63
2.5.2 Créditos Não Sujeitos e Obrigações Não Exigíveis 65
2.5.3 Créditos com Garantia Real e Decorrentes de Penhor Sobre Recebíveis .. 74
2.5.4 Direitos dos Credores em Relação aos Coobrigados,
Fiadores e Obrigados de Regresso 75
2.6 Procedimento 76
2.6.1 Legitimidade 76
2.6.2 Requisitos 79
2.6.3 Petição Inicial, Decisão que Defere o Processamento do Pedido
e seus Efeitos 82
2.6.4 Administrador Judicial 93
2.6.5 Verificação dos Créditos 95

3. Natureza Jurídica do Plano de Recuperação Judicial 99
3.1 Conceito e Conteúdo 99
3.2 Limites Legais ao Conteúdo do Plano 101
3.3 Apresentação do Plano 104
3.4 Objeções dos Credores 104
3.5 Aprovação do Plano 106
3.5.1 Aprovação pela Ausência de Objeções 106
3.5.2 Aprovação pela Assembleia Geral de Credores 107
3.5.3 *Cram Down* 110
3.6 Decisão Concessiva e seus Efeitos 113
3.7 Cumprimento e Descumprimento do Plano 116
3.8 Natureza Jurídica 119
3.9 O Negócio Jurídico e a Autonomia Privada 134
3.10 Intervenção Judicial no Conteúdo do Plano de Recuperação Judicial 140

4. Existência, Validade e Eficácia do Plano de Recuperação Judicial 151
4.1 A Tricotomia Existência-Validade-Eficácia do Negócio Jurídico 151
4.2 Plano da Existência 154
4.3 Plano da Validade 160
4.3.1 Causas de Nulidade do Plano de Recuperação Judicial 161
4.3.1.1 Cláusulas que Violam Lei Imperativa 173
4.3.1.2 Cláusulas que Violam Princípios Aplicáveis à Recuperação Judicial 183
4.3.1.3. Cláusulas em que Há Abuso de Direito 191
4.3.2 Causas de Anulabilidade do Plano de Recuperação Judicial 201
4.4 Plano da Eficácia 205
4.5 Consequências da Inexistência, da Invalidade e da Ineficácia
do Plano de Recuperação Judicial ou de suas Cláusulas 217

Considerações Finais 223

Referências 229

Introdução

A atividade econômica é um dos pilares da ordem econômica constitucional. A Constituição Federal assegura a todos o seu livre exercício. Isto se justifica em razão dos benefícios que tal atividade traz à sociedade, desde o emprego dos trabalhadores, arrecadação de tributos pelo Estado, estímulo à livre concorrência. O risco, por sua vez, é inerente a ela e deve ser assumido por aquele que se dispõe a exercê-la.

A Lei nº 11.101/2005, buscando meios para superação da crise da empresa, estabeleceu os institutos da recuperação judicial e extrajudicial, determinando os sujeitos, os créditos, os efeitos e procedimentos que podem ser utilizados pelos empresários e sociedades empresárias na tentativa de superação da crise.

Dessa forma, o estudo do tratamento jurídico da crise da empresa é tema relevante, especialmente, no que tange aos seus impactos econômicos e sociais, em razão da necessidade de se estabelecer segurança jurídica a todos os agentes envolvidos na atividade econômica: os empreendedores, os trabalhadores, os consumidores, o Estado, dentre outros.

Assim, a presente pesquisa abordará o plano de recuperação judicial, ou seja, o instrumento por meio do qual o devedor, no processo de recuperação judicial, apresenta as formas e providências para superação da crise.

O objetivo é estudar o plano de recuperação judicial, notadamente, o seu conteúdo e limites legais, para compreender os elementos de existência, os requisitos de validade e os fatores de eficácia.

Para tanto, o primeiro capítulo abordará a evolução histórico-legislativa do direito recuperacional e falimentar, trazendo os fundamentos que culminaram na adoção do sistema de recuperação de empresas vigente.

No segundo capítulo, realizaremos o estudo do instituto da recuperação judicial de acordo com a Lei nº 11.101/2005, aqui mencionada como LFR. Serão abordados os objetivos, os princípios basilares do instituto, o devedor sujeito à recuperação judicial, a competência, os créditos sujeitos, bem como, o procedimento estabelecido pela legislação vigente.

Quanto aos aspectos processuais, serão estudados os legitimados para o pedido de recuperação judicial, os requisitos da petição inicial, a decisão que defere o processamento e seus efeitos, o administrador judicial e a verificação dos créditos.

Ainda, trataremos da decisão concessiva da recuperação judicial, bem como o cumprimento e as consequências do descumprimento das obrigações assumidas no plano de recuperação judicial pelo devedor.

No terceiro capítulo, inicia-se o estudo da natureza jurídica do plano de recuperação judicial, momento em que serão abordados: o conceito, o conteúdo, a natureza jurídica, a forma de apresentação e objeção dos credores. Ainda, o sistema jurisdicional de aprovação, com a manifestação expressa ou tácita dos credores, bem como, o instituto do *cram down*.

Por fim, será realizado o estudo da existência, validade e eficácia do plano de recuperação judicial.

O plano de recuperação judicial é constituído a partir da manifestação das vontades dos credores e do devedor e está sujeito ao controle jurisdicional de legalidade.

Por isso, é relevante a análise da sua natureza e os limites do seu conteúdo como forma de nortear as partes – devedor e credores – no momento da sua discussão e aprovação nos autos do processo de recuperação judicial.

Não pretendemos aqui tratar das peculiaridades que envolvem a assembleia geral de credores, como as relacionadas aos eventuais problemas decorrentes da sua convocação ou dos votos proferidos pelos credores. A abordagem será centrada no conteúdo da proposta apresentada pelo devedor.

O estudo será realizado à luz da doutrina e da jurisprudência dominantes, de forma a sistematizar as hipóteses objeto de julgamento pelos tribunais dentro desses três vetores basilares do negócio jurídico: existência, validade e eficácia.

Assim, tentaremos estabelecer os elementos de existência, os requisitos de validade e os fatores de eficácia a ele aplicáveis, estudando-se os precedentes jurisprudenciais, especialmente as cláusulas e disposições objeto de julgamento, como hipóteses que atendam ou ofendam tais preceitos.

Ainda, almejamos abordar as consequências do reconhecimento de vícios ou abusos eventualmente contidos no plano pelo Poder Judiciário.

A pesquisa será construída à luz dos princípios basilares da recuperação judicial elencados no artigo 47 da LFR: a preservação da empresa e sua função social.

Pretendemos estudar os interesses envolvidos no processo de recuperação de empresas e os limites de cada um deles na busca de equilíbrio necessário e pretendido pela Lei nº 11.101/2005.

1. Aspectos Históricos
do Direito Recuperacional e Falimentar

1.1 Falência

1.1.1 Do Direito Romano às Codificações Europeias

O fundamento do conceito de falência e recuperação de empresas está na existência do crédito, ou seja, na possibilidade de se prorrogar os pagamentos. Waldemar Ferreira, ao tratar das cautelas para o estabelecimento comercial, ensina que:

> (...) Fazendo as despesas primeiras a fim de instalar o estabelecimento e sorti-lo convenientemente: pondo-o em atividade – proceda com prudência, sempre atento ao fluxo e ao refluxo das entradas e saídas de dinheiro, para que o tenha sempre em caixa, no tanto quanto o suceder de seus pagamentos reclame. Não é isso apenas matéria de contabilidade.
> Quem compra a dinheiro para vender a dinheiro, realiza logo o lucro esperado. Ademais dos descontos usuais nas operações à vista, o suceder dos negócios em moeda aglutina os lucros. Nem sempre assim pode ser. Infiltra-se o tempo em tudo, irresistivelmente, tantas as seduções, que o crédito oferece. No comprar. No vender.

Adquirindo a crédito, dispõe o comprador de prazo, mais ou menos longo, para pagar o preço. O tempo, porém, é dinheiro. O uso do dinheiro alheio compensa-se com juros proporcionais.[1]

A partir da dinâmica descrita por Waldemar Ferreira, presente na vida de todo aquele que exerce atividade econômica, surge o risco inerente de não conseguir cumprir com as obrigações assumidas. A consequência do descumprimento das obrigações foi regulada pelo Direito Romano.

Clóvis Bevilaqua ensina que na vigência da Lei das XII Tábuas, assim era o procedimento adotado com o devedor insolvente:

> (...) Estabelecida judicialmente, a insolvência do devedor, podia o credor amarrá-lo ou metê-lo a ferros, não tendo que fornecer-lhe, para sustento, mais de uma libra de farinha por dia. Se, passado o tríduo do mercado, o infeliz não arranjava meios com que saldar suas contas, podia ser morto ou vendido além Tibre, não havendo fraude, se na hipótese de muitos credores, não fôssem as postas do cadáver proporcionais ao débito, como previne, com fia a sarcástica dureza, o velho código decenviral: *partis secanto; si plus minusve secuerint ne fraude esto*.[2]

Waldemar Ferreira explica que, decorridos os trinta dias do julgamento, o credor poderia, por meio da *legis actio per manus injectionem*, arrestar a pessoa do devedor e adjudicá-lo. A partir disso, o devedor teria sessenta dias para pagar ou conseguir alguém que pagasse sua dívida. Findo o prazo, o credor podia vendê-lo. Havendo mais de um credor, seria realizada a partilha entre eles.[3]

Observe-se que, no Direito Romano, não havia distinção entre devedor comerciante e não comerciante. Quando havia mais de um credor, determinava a lei que as partes fossem repartidas entre eles.

---

[1] Tratado de direito comercial. São Paulo: Saraiva, 1965. v. 14º. p. 1-2.
[2] Direito das obrigações. 8. ed. revista e atualizada por Achilles Bevilaqua. Rio de Janeiro: Editora Paulo de Azevedo, 1954, p. 37.
[3] Tratado de direito comercial. São Paulo: Saraiva, 1965. v. 14º, p. 6-7.

Sampaio de Lacerda[4] ressalta que a interpretação da *partis secanto* tem dado margem a divergências. Isto porque alguns afirmam que se partia o cadáver, outros que se partia o preço apurado com a venda do cadáver.

De qualquer forma, a responsabilidade pela obrigação era pessoal, ou seja, o devedor deveria cumprir sua obrigação com o seu próprio corpo.

Em 428 a.C. surgiu a *Lex Poetelia Papiria* que pôs fim à responsabilidade pessoal do devedor, substituindo tal conceito pela ideia de responsabilidade patrimonial.

Rubens Requião[5] ensina que foi instituída a *bonorum venditio*, sistema pelo qual os bens do executado eram alienados a uma pessoa que, recebendo-os, se obrigava a pagar os credores de acordo com um rateio proporcional para satisfação dos créditos. Alerta o autor que essa prática fez surgir muitas fraudes, razão pela qual, foi substituída pela *missio in bona*.

De acordo com esse procedimento, permitia-se ao credor imitir-se na posse do patrimônio do devedor, sob a fiscalização do pretor, o que somente era deferido mediante a confissão do devedor, sua ausência ou fuga. Após, ocorria a venda dos bens para pagamento dos créditos pela *bonorum venditio*. Nela se encontram as primeiras linhas do instituto da falência.[6]

Waldemar Ferreira explica que era determinada a publicação de um edital, afixado em lugares públicos, dando a oportunidade para que algum parente ou amigo do devedor viesse em seu auxílio. No silêncio, os credores eram convocados pelo pretor e elegiam o *magister*, responsável pela venda dos bens em bloco e o pagamento dos credores.[7]

Em 737 a.C. surgiu a *Lex Julia* com o intuito de estabelecer procedimento diferenciado para o caso de insolvência de devedor de boa-fé. De acordo com essa norma, o devedor insolvente, mas de boa-fé, abandonava o seu patrimônio aos credores para saldar suas dívidas. Os bens eram entregues ao *curator* que ficava responsável pela venda e partilha entre os credores, que eram classificados segundo determinação do magistrado.

---

[4] LACERDA, J. C. Sampaio de. Manual de direito falimentar. 14. ed. rev. e atual. por Jorge de Miranda Magalhães. Rio de Janeiro: Freitas Bastos, 1999, p. 40.
[5] Curso de direito falimentar. 17. ed. atual. São Paulo: Saraiva, 1998, v. 1, p. 8.
[6] Curso de direito falimentar. 17. ed. atual. São Paulo: Saraiva, 1998, v. 1, p. 9.
[7] Tratado de direito comercial. São Paulo: Saraiva, 1965. v. 14º, p. 8.

Sampaio de Lacerda ressalta que, de acordo com a *Lex Julia*, ficava reservada certa parte dos bens do devedor para atender às suas necessidades para viver, era o chamado *beneficium competentiae*.[8]

Waldemar Ferreira sustenta que a origem dos conceitos de *par conditio creditorum* e massa falida surgiram desse procedimento.[9]

Rubens Requião, por sua vez, afirma que esse instituto inspirou a criação da concordata preventiva da falência e conclui:

> Sentimos nessa dissertação, colhida em vários autores, a real e direta influência que o direito romano exerceu, através das instituições medievais que o acolheram em grande parte, no direito moderno. O desapossamento dos bens do devedor, a concorrência dos credores disputando a preferência ou rateio, a arrecadação dos bens postos sob a administração do *magister* ou *curator* (síndico), a venda pública dos bens sob supervisão do magistrado e tantos outros procedimentos, são técnicas de direito substancial e de direito formal, que perduram nos modernos processos de falência.[10]

Na Idade Média surgem as primeiras normas do direito comercial, originadas dos usos e costumes e das decisões dos juízes consulares. Dentre elas, regras para regular a insolvência do devedor, comerciante e não comerciante. A insolvência era tida como um crime e, assim, sujeitava o devedor à prisão e penas das mais severas.[11]

Na Itália, se estabeleceram regras sobre a falência. Em Florença, em 1286, a falência era equiparada aos maiores crimes. Além do falido, a sua mulher e seus filhos eram presos até a liquidação da dívida.[12] Em Milão e Bolonha, o devedor era excluído de todo e qualquer benefício se não pagasse sua dívida em um ano.

---

[8] Manual de direito falimentar. 14. ed. rev. e atual. por Jorge de Miranda Magalhães. Rio de Janeiro: Freitas Bastos, 1999, p. 41.

[9] Tratado de direito comercial. São Paulo: Saraiva, 1965. v. 14º, p. 9.

[10] Curso de direito falimentar. 17. ed. atual. São Paulo: Saraiva, 1998, v. 1, p. 10.

[11] REQUIÃO, Rubens. Curso de direito falimentar. 17. ed. atual. São Paulo: Saraiva, 1998, v. 1, p. 10.

[12] FERREIRA, Waldemar. Tratado de direito comercial. São Paulo: Saraiva, 1965. v. 14º, p. 15.

Na França, por sua vez, o devedor era obrigado a usar o "boné verde dos forçados", para que não fosse esquecido pela comunidade.[13]

Rubens Requião explica que os historiadores registram duas formas de execução do devedor insolvente. No caso de ocultação ou fuga, se expedia o primeiro decreto do cônsul, de cognição sumária, chamado de *missio in bona*, através do qual, os credores assumiam a custódia do patrimônio do devedor. Caso o devedor não liquidasse suas obrigações, era expedido um segundo decreto. Assim, classificavam-se os credores, nomeava-se o *curator bonorum* que administrava e vendia os bens para posterior rateio entre os credores.[14]

Ressalta o autor que, em algumas legislações, vigorava a regra de que o primeiro credor a se manifestar teria prioridade no pagamento, mas tal regra não prevaleceu, dando preferência ao princípio romano da *par conditio creditorum*.[15]

Fundamental é a observação de Waldemar Ferreira que salienta o interesse público do procedimento, já que cabia ao Estado conduzir a arrecadação, venda e partilha dos bens do falido:

> (...) Não era em virtude de direito próprio dos credores, mas de acôrdo com idéia de alta tutela do Estado, que o devedor se desapossava de seus bens. Não podia ter essa tutela outro fim senão o de atender aos credores; mas essa finalidade não afastara o caráter eminentemente público do instituto. Não se tratava apenas de direito dos credores a efetivar-se pela tomada de bens do devedor a fim de reduzir-se a dinheiro, mas de direito do Estado, exercitando com aquêle objetivo.[16]

Com a evolução do tempo, observa-se que as legislações passam a distinguir, como no direito romano, a falência fraudulenta da falência de boa-fé.

Nesse sentido, a Bula do Papa Pio IV, de 3 de novembro de 1570, pronunciava pena de morte aos *bancarroteiros fraudulentos* e penas graves

---

[13] LACERDA, J. C. Sampaio de. Manual de direito falimentar. 14. ed. rev. e atual. por Jorge de Miranda Magalhães. Rio de Janeiro: Freitas Bastos, 1999, p. 42-43.
[14] Curso de direito falimentar. 17. ed. atual. São Paulo: Saraiva, 1998, v. 1, p. 11.
[15] Curso de direito falimentar. 17. ed. atual. São Paulo: Saraiva, 1998, v. 1, p. 11.
[16] Tratado de direito comercial. São Paulo: Saraiva, 1965. v. 14º, p. 13.

aos que quebrassem por *negligência, por luxo, por prodigalidade ou para satisfazer a seus caprichos.*[17]

Em Portugal, desde as Ordenações Afonsinas, em 1446, a falência foi tratada com penas severas. Previa que "(...) *não pagando o devedor no tempo prometido e sendo por isso condenado judicialmente ao pagamento, sem em tal caso o devedor andasse com burla, escondesse ou bens ou os alienasse, com o fim de não satisfazer a dívida, havendo todavia por onde, seria êle detido e preso na cadeia, até que pagasse, a menos que o credor quisesse que não o prendessem.*"[18]

Apesar da regra ser a prisão, as Ordenações Afonsinas admitiam as moratórias concedidas pelo Rei, desde que o pagamento ficasse assegurado por fiança idônea e houvesse fundamento justo e evidente, alegado pelo devedor, para a concessão.[19]

Em 1521, as Ordenações Afonsinas foram revistas por ordem do Rei D. Manuel, razão pela qual, passaram-se a se chamar Ordenações Manuelinas. Nelas também havia regras para tratar da falência, prevalecendo a regra da prioridade do primeiro crédito exequendo, ou seja, sendo declarado falido ou quebrado (nomenclatura adotada por essas Ordenações), o devedor era preso até que lhe pagassem suas dívidas e o valor era partilhado entre os credores, priorizando-se o que primeiro executou.[20]

Admitia-se, porém, a cessão de bens do devedor que confessasse a sua insolvência, hipótese em que, entregava todos os seus bens aos credores, deixando a ele somente *"os vestidos, que a esse tempo tiver vestido, com tanto que não sejam de muito valor."* [21]

Nas Ordenações Filipinas de 1603, o falido ainda era considerado um criminoso que deveria ser rigorosamente punido. Impunha-se ao mercador falido a inabilitação para o exercício do comércio. Nelas, fixaram-se as linhas do processo falimentar, tais como o da habilitação de créditos, da concordata majoritária, do sequestro geral do patrimônio do devedor.[22]

Em 1756, ainda na vigência das Ordenações Filipinas, sob a égide de Marquês de Pombal, foi promulgado o Alvará de 13 de novembro que

---

[17] FERREIRA, Waldemar. Tratado de direito comercial. São Paulo: Saraiva, 1965. v. 14º, p. 18.
[18] FERREIRA, Waldemar. Tratado de direito comercial. São Paulo: Saraiva, 1965. v. 14º, p. 20.
[19] FERREIRA, Waldemar. Tratado de direito comercial. São Paulo: Saraiva, 1965. v. 14º, p. 21.
[20] REQUIÃO, Rubens. Curso de direito falimentar. 17. ed. atual. São Paulo: Saraiva, 1998, v. 1, p. 15.
[21] FERREIRA, Waldemar. Tratado de direito comercial. São Paulo: Saraiva, 1965. v. 14º, p. 23.
[22] FERREIRA, Waldemar. Tratado de direito comercial. São Paulo: Saraiva, 1965. v. 14º, p. 25.

alterou tais Ordenações. Nele se distinguiam a falência dolosa, culposa e inocente. A falência dolosa era a fraudulenta, considerada crime e punida com pena de morte. Rubens Requião transcreve a redação legal, elencando as modalidades de fraude na quebra:

> Porquanto alguns Mercadores quebrão de seus tratos, levantandose com mercadorias, que lhe foram fiadas, ou dinheiro que tomarão a cambio, e se ausentão, e escondem suas fazendas, de maneira que delas se não pode ter noticia; e outros poem seus créditos em cabeça alheia; e para alegarem perdas, fazem carregaçoens fingidas: querendo Nós provaer, como os taes enganos, e roubos, e outros semelhantes se não fação: ordenamos, e mandamos, que os Mercadores e Cambiadores, ou seus Feitores, que se levantarem com mercadorias alheias, ou dinheiro, que tomaram a cambio, ausentandose do lugar, onde forma moradores, e esconderes seus livros Razão, levando comsigo o dinheiro, que tiverem, ou passando-o por Letras a outras partes, e esconderem a dita fazenda em parte de que se não saiba, assim neste Reyno, como fora dele, ou por qualquer outro modo a encobrirem; sejão havidos por públicos ladroens, roubadores, e castigados com as mesmas penas, que por nossas Ordenaçoens, e Direito Civil, os ladorens públicos se castigão, e percão a Nobreza, e liberdades, que tiverem para não haverem pena vil.[23]

A falência considerada culposa era aquela em que os comerciantes perdiam seus bens, jogando ou gastando demasiadamente. Nessa hipótese, sofreriam as mesmas penas, mas não seriam equiparados aos ladrões públicos, nem condenados à pena de morte.[24]

A falência inocente era aquela vivida por comerciantes que sofriam grandes perdas vindas do mar ou em terra, não se constatando dolo ou malícia, hipótese em que não seriam punidos criminalmente.[25]

---

[23] REQUIÃO, Rubens. Curso de direito falimentar. 17. ed. atual. São Paulo: Saraiva, 1998, v. 1, p. 17.
[24] REQUIÃO, Rubens. Curso de direito falimentar. 17. ed. atual. São Paulo: Saraiva, 1998, v. 1, p. 17.
[25] REQUIÃO, Rubens. Curso de direito falimentar. 17. ed. atual. São Paulo: Saraiva, 1998, v. 1, p. 17-18.

Além do procedimento criminal para a falência culposa e fraudulenta, o Alvará estabelecia o procedimento para liquidação do patrimônio do comerciante insolvente. Deveria o comerciante inocente procurar a Junta do Comércio e confessar a sua falência, entregando as chaves de seu estabelecimento, os seus bens e os livros. A Junta nomearia um de seus deputados para inventariar os bens do falido e vendê-los, partilhando o resultado entre os credores. Com o pagamento da dívida, o falido poderia *ressuscitar*, como uma *nova pessoa*.[26]

Após o julgamento, caso se verificasse tratar de falência fraudulenta ou culposa, a falência era remetida ao Juiz Conservador do Comércio que mandava prender o devedor.

Na França, em 1673, surge a Ordenação que tratava da falência. Tal norma foi substituída pelo Código Comercial de Napoleão, de 1807-1808, que dividia os falidos em três categorias: os que faliam por desgraça, que mereciam a proteção legal; os que faliam por incontinência, que deveriam ser corrigidos, e os que faliam por fraude, que deveriam ser julgados ela Justiça Criminal.[27] Em 1838 e 1889, houve reforma na legislação falimentar, no sentido de abrandar as penas impostas ao falido, considerando as hipóteses de falência decorrentes da ausência de adaptação ao progresso econômico.[28]

1.1.2 No Brasil: do Código Comercial de 1850 ao Decreto-lei nº 7.661/45

No período colonial, vigoraram no Brasil as normas portuguesas. Assim, a falência era regida pelas Ordenações. Com a independência, ainda vigoravam tais regras, por força da Lei de 20 de outubro 1823, com a ressalva estabelecida pela Lei da Boa Razão, o Alvará de 18 de agosto de 1769, que mandava aplicar, de forma subsidiária, as leis das *nações cristãs*,

---

[26] FERREIRA, Waldemar. Tratado de direito comercial. São Paulo: Saraiva, 1965. v. 14º, p. 26-28.
[27] FERREIRA, Waldemar. Tratado de direito comercial. São Paulo: Saraiva, 1965. v. 14º, p. 31-32.
[28] LACERDA, J. C. Sampaio de. Manual de direito falimentar. 14. ed. rev. e atual. por Jorge de Miranda Magalhães. Rio de Janeiro: Freitas Bastos, 1999, p. 43-44.

iluminadas e polidas. Desse fato justifica-se a influência do Código Comercial de Napoleão no direito falimentar brasileiro.[29]

A Constituição do Império, de 1824, previa a criação de legislação civil e criminal. O Código Criminal foi promulgado em 1830 e tratava dos crimes falimentares, que seriam qualificados pela lei do comércio.[30]

Assim, em 1850, foi promulgado o Código Comercial, primeira legislação brasileira a tratar da atividade comercial e do comerciante. Era dividido em três partes: a primeira tratava do Comércio em geral; a segunda, do Comércio Marítimo; a terceira, por sua vez, se intitulava "Das Quebras" e tinha por objeto o tratamento da falência. O processo de falência era regulado pelo Decreto nº 738, de 25 de novembro 1850.

De acordo com o artigo 797 do Código Comercial: "(...) *todo o comerciante que cessa os seus pagamentos, entende-se quebrado ou falido*."

O Código Comercial tratava ainda da concordata, na sua modalidade suspensiva, ou seja, uma modalidade de moratória que poderia ser requerida pelo devedor durante o processo de falência.

Inspirado no Código Comercial francês, foi instituído no Brasil o contrato de união, por meio do qual, os credores dispunham em conjunto sobre a forma de liquidação do passivo. Rubens Requião explica que, após a instrução do processo, os credores eram reunidos em duas assembleias: na primeira, o magistrado responsável pelo processo, trazia um relatório sobre o estado da falência e exibia a relação de credores, oportunidade em que se nomeava uma comissão para realizar a verificação dos créditos; a segunda, finalizava-se a consolidação da lista de credores e, havendo pedido do devedor, deliberavam sobre a concordata.[31]

Em 1864, por força da falência da Casa Bancária Vieira Souto, se estabeleceu o sistema de liquidação dos estabelecimentos bancários.[32]

Em 1882, por meio do Decreto-legislativo nº 3065, se instituiu a concordata preventiva, que será abordada no próximo item deste trabalho.

---

[29] LACERDA, J. C. Sampaio de. Manual de direito falimentar. 14. ed. rev. e atual. por Jorge de Miranda Magalhães. Rio de Janeiro: Freitas Bastos, 1999, p. 45.
[30] LACERDA, J. C. Sampaio de. Manual de direito falimentar. 14. ed. rev. e atual. por Jorge de Miranda Magalhães. Rio de Janeiro: Freitas Bastos, 1999, p. 45.
[31] REQUIÃO, Rubens. Curso de direito falimentar. 17. ed. atual. São Paulo: Saraiva, 1998, v. 1, p. 21-22.
[32] REQUIÃO, Rubens. Curso de direito falimentar. 17. ed. atual. São Paulo: Saraiva, 1998, v. 1, p. 22-23.

Importante mencionar a crítica formulada por Waldemar Ferreira: "(...) *O de 1850, acolhido pelo comércio com esperanças, demonstrou-se, com o tempo, lento, complicado, dispendioso, a importar sempre na ruína do falido e no sacrifício dos credores.*"[33]

Nasceu então, a necessidade de reforma na legislação. Assim, Carlos Augusto de Carvalho foi indicado para elaborar um projeto de uma nova lei de falência no prazo mais curso possível. Cumpriu a missão em quatorze dias e em 24 de outubro de 1890, foi promulgado o Decreto nº 917, que derrogou o Código Comercial de 1850, na parte III, bem como, revogou o Decreto nº 738, de 1850.

Dentre as principais mudanças, estão: a impontualidade como forma de caracterização do estado de falência, desde que não houvesse relevante razão de direito e a figura do síndico, nomeado pelo juiz, entre os credores do falido. Somente em caso de absoluta falta de credores é que se nomeariam pessoas estranhas.[34] Manteve-se, mesmo sob duras críticas, o contrato de união entre os credores.[35]

Infelizmente, grandes também foram as críticas ao Decreto nº 917, de 1890, razão pela qual, foi reformado pela Lei nº 859, de 16 de agosto de 1902. A principal mudança introduzida foi a substituição da nomeação dos síndicos: o juiz passaria a nomeá-lo de acordo com uma lista de quarenta nomes elaborada pelas Juntas Comerciais e não mais dentre os credores do falido. O objetivo era coibir o conluio entre o devedor e os credores.[36]

Referida reforma, menos de um ano depois de sua entrada em vigor, já recebeu inúmeras críticas. Isto porque, constataram-se negociatas e disputas para formação das listas pelas Juntas Comerciais, chegando os síndicos a serem alcunhados de "Ali Babá" e de "os 40 ladrões".[37]

Diante das muitas queixas à legislação falimentar vigente à época, decidiu-se fazer mais uma reforma. O projeto foi apresentado por José Xavier Carvalho de Mendonça e deu origem à Lei nº 2.024 de 17 de

---

[33] FERREIRA, Waldemar. Tratado de direito comercial. São Paulo: Saraiva, 1965. v. 14º, p. 34.
[34] REQUIÃO, Rubens. Curso de direito falimentar. 17. ed. atual. São Paulo: Saraiva, 1998, v. 1, p. 23.
[35] FERREIRA, Waldemar. Tratado de direito comercial. São Paulo: Saraiva, 1965. v. 14º, p. 38.
[36] REQUIÃO, Rubens. Curso de direito falimentar. 17. ed. atual. São Paulo: Saraiva, 1998, v. 1, p. 23.
[37] FERREIRA, Waldemar. Tratado de direito comercial. São Paulo: Saraiva, 1965. v. 14º, p. 41.

dezembro de 1908. Esta lei vigorou por mais de vinte e um anos e recebeu vários elogios dos estudiosos da época.

Waldemar Ferreira elenca os seus principais aspectos: i) a impontualidade passa a não ser a única forma de caracterização da insolvência, surgindo a falência por atos, fatos e contratos; ii) o Ministério Público deixa de ter legitimidade para requerer a falência; iii) a escolha dos síndicos volta a ser realizada dentre os credores do falido, de preferência os de maior valor e idôneos, residentes no foro da falência; iv) a exclusão do contrato de união de credores; v) a regulação das habilitações retardatárias, das revogações de atos anuláveis, reabilitação do falido, revisão de créditos, entre outros.[38]

Em 1928, foi apresentado um novo projeto de Lei de Falências dessa vez elaborado por Waldemar Ferreira, que foi aprovado e constituiu o Decreto nº 5.746, de 9 de dezembro de 1929.

Em 31 de outubro de 1939, Trajano de Miranda Valverde apresentou projeto de nova Lei de Falências que acabou não sendo submetido à votação.

Em 1943, uma comissão nomeada pelo então Ministro da Justiça Alexandre Marcondes Filho, formada por Philadelpho Azevedo, Hahnemann Guimarães, Noé Azevedo, Canuto Mendes de Almeida, Silvio Marcondes de Luís Lopes Coelho, elaborou outro projeto que culminou no Decreto-lei nº 7.661/45, de 31 de julho de 1945.

O Decreto-lei nº 7.661/45 representou uma profunda mudança na legislação falimentar vigente à época, chegando a receber a alcunha de "regime autoritário de falência" por Waldemar Ferreira, que entendia que o novo regime tinha o propósito de beneficiar o devedor em detrimento dos credores.[39]

O autor elencou as principais alterações: i) os sócios de responsabilidade ilimitada não são mais considerados falidos com a sociedade da qual fazem parte, apesar de sofrer os efeitos dela; ii) desaparece a figura do liquidatário, pessoa eleita pelos credores para acompanhar a liquidação. Assim, a liquidação passa a ser de atribuição exclusiva do síndico, nomeado dentre os maiores credores; iii) instituição da chamada concordata de autoridade, sem qualquer participação dos credores na sua concessão.[40]

---

[38] FERREIRA, Waldemar. Tratado de direito comercial. São Paulo: Saraiva, 1965. v. 14º, p. 44-45.
[39] FERREIRA, Waldemar. Tratado de direito comercial. São Paulo: Saraiva, 1965. v. 14º, p. 48-49.
[40] FERREIRA, Waldemar. Tratado de direito comercial. São Paulo: Saraiva, 1965. v. 14º, p. 49.

Referido decreto foi alterado pela Lei nº 7.274, de 10 de dezembro de 1984.

O Decreto-lei nº 7.661/45 dividia-se em dois grandes institutos: a falência e a concordata. A concordata será especificamente tratada no próximo item deste trabalho.

A falência, de acordo com a legislação de 1945, era o estado jurídico de insolvência do devedor comerciante. Deveria ser reconhecida judicialmente, por meio de requerimento apresentado pelo próprio devedor, por credor titular de crédito de qualquer valor, pelo sócio ou pelo cônjuge, herdeiro ou inventariante, no caso de comerciante individual falecido.

A declaração judicial da falência dependia da prova da configuração de uma das hipóteses de insolvência, que eram: a impontualidade, sem relevante razão de direito, deixa de pagar obrigação líquida no vencimento (art. 1º, Decreto-lei nº 7.661/45) e, os atos de falência, ou seja, a prática de uma das condutas elencadas no artigo 2º do Decreto-lei nº 7.661/45.

Reconhecida a falência e declarada por sentença, se iniciaria a arrecadação dos bens do falido e sua avaliação, bem como a verificação dos créditos para formação do quadro geral de credores.

Ressalte-se que a venda dos bens somente poderia ser iniciada após a publicação do quadro geral de credores e a apresentação de relatório específico pelo síndico, previsto no artigo 63, XIX, do Decreto-Lei n. 7.661/45, o que implicava, quase sempre, no perecimento dos bens que compunham a massa falida. Realizado o ativo, iniciava-se a fase de satisfação do passivo de acordo com a classificação legal.

Havia ainda, a possibilidade de reabilitação do falido, chamada, pelo Decreto-lei nº 7.661/45, de "extinção das obrigações do falido", desde que cumpridos os requisitos ali estabelecidos.

Referida norma tratava, ainda, dos crimes falimentares, apurados mediante inquérito judicial.

O Decreto-lei nº 7.661/45 vigorou por mais de sessenta anos, mas com o passar dos tempos, revelou-se extremamente burocrático e ineficaz. Isto porque, quanto à falência, em raras hipóteses, alcançava o objetivo de satisfação dos credores. Com relação à concordata, não era instrumento útil para superação da crise do comerciante e acabava, na maioria dos casos, em falência.

Waldo Fazzio Junior tece duras críticas:

O Decreto-lei nº 7.661/45, produzido logo após a guerra mundial concluída em 1945, concebia um modelo de empresa próprio da economia nacional defasada que refletia as coordenadas da ordem capitalista instaurada, em 1944, a partir da Conferência de Bretton Woods. Concebia o crédito como, simplesmente, mais uma espécie de relação obrigacional, desconsiderava a repercussão da insolvência no mercado e concentrava-se no ajustamento das relações entre os credores e o ativo do devedor.

Por uma sistemática processual que prestigiava a morosidade e condenava ao relento os créditos não públicos, e enfatizando o componente punitivo do concurso coletivo, a LFC (Lei de Falências e Concordatas) já não dava conta dos intrincados problemas diuturnamente gerados pelos processos de concordata e de falência, cada vez mais complexos, burocratizados e inócuos.[41]

Por todas essas razões, em 1993, foi apresentado o Projeto de Lei nº 4.376/93, com o texto de uma nova Lei de Falências. Referido projeto tinha por objetivo realizar uma profunda modificação no regime de regulação da crise do comerciante no Brasil, inspirado também pelo surgimento do conceito de empresa que viria o substituir o de comércio e o de comerciante.

Referido projeto sofreu inúmeras emendas e tramitou por mais de vinte e cinco anos, até que, em 9 de fevereiro de 2005, foi promulgada a Lei nº 11.101/2005, hoje em vigor no Brasil e que será tratada neste trabalho.

1.2 Concordata

1.2.1 Do Direito Romano às Codificações Europeias

A falência, como já visto, era tida como uma forma de punir o devedor. Nos procedimentos ora estudados, prevalecia o caráter repressivo e punitivo, já que a falência era vista como um crime.

Com a evolução, muitas legislações passaram a admitir que o estado falimentar poderia advir de motivos alheios à vontade do devedor, de infortúnios sobre os quais o devedor não tinha controle.

---

[41] Lei de falência e recuperação de empresas. 5. ed. São Paulo: Atlas, 2010, p. 1.

Por isso, começam a surgir alternativas para auxiliar o devedor na superação da crise, possibilitando a continuação de seu negócio.

Nesse sentido, Sampaio de Lacerda esclarece: "(...) *passou-se a cogitar de meios que moderassem a severidade para com os devedores desventurados, mas que, ao mesmo tempo, não sacrificassem os direitos e interesses dos credores e de terceiro.*"[42]

Ricardo Negrão aponta uma mudança de paradigma: "(...) *É o fim utilitário do instrumento que interessa e não mais a punição ou vingança social a impor penas difamatórias que o passado conheceu.*"[43]

Nessa toada, o instituto mais conhecido e aplicado foi a concordata, a par da existência de outros que serão mencionados a seguir.

Rubens Requião define concordata: "*O instituto da concordata visa resolver a situação econômica de insolvência do devedor, ou prevenindo e evitando a falência (concordata preventiva) ou suspendendo a falência (concordata suspensiva), para proporcionar a recuperação e restauração da empresa comercial.*"[44]

A concordata não surgiu no direito romano, mas havia dois institutos que se assemelhavam. O primeiro deles era o *pactum ut minus solvatur*, segundo o qual, em caso de falecimento do devedor, os herdeiros, em acordo com os credores, entregavam os bens do devedor para pagamento das dívidas por ele deixadas. Observe-se que, naqueles tempos, os herdeiros respondiam pelas dívidas do falecido e, se o patrimônio deixado por ele não fosse suficiente, a memória ficava marcada com a infâmia. Assim, por esse pacto, os credores renunciariam a parte de seu crédito para que as obrigações fossem quitadas. A decisão era tomada pela maioria dos credores, computados pelo valor do crédito. Ainda, havia necessidade de homologação do magistrado.[45]

O segundo instituto era o *induciae quinquennales*. Tratava-se de um benefício concedido pelo imperador ao devedor infeliz e de boa-fé que sustentava que a impossibilidade de pagar os credores era momentânea. O benefício tinha prazo máximo de cinco anos. Ainda, durante esse período, as ações movidas pelos credores e o curso da prescrição eram suspensos. Era a chamada *praescriptio ou exceptio moratória* que, mais tarde, passou a

---

[42] Manual de direito falimentar. 14. ed. rev. e atual. por Jorge de Miranda Magalhães. Rio de Janeiro: Freitas Bastos, 1999, p. 242.

[43] A eficácia do processo judicial na recuperação da empresa. São Paulo: Saraiva, 2010, p. 21.

[44] Curso de direito falimentar. São Paulo: Saraiva, 1995, v. 2, p. 3.

[45] Manual de direito falimentar. 14. ed. rev. e atual. por Jorge de Miranda Magalhães. Rio de Janeiro: Freitas Bastos, 1999, p. 243.

depender da deliberação dos credores, computados pelo valor do crédito, por ordem de Justiniano.[46]

Rubens Requião sustenta que os modelos romanos representam apenas embriões da concordata. Para ele, é no século XIII que a concordata se delineia com delineia com a reunião de credores que tem por objetivo firmar um pacto com o falido para superar a insolvência. Para tanto, havia necessidade da adesão da maioria, bem como, da homologação do juiz.[47]

No século XV, a concordata foi acolhida pela Lei das Sete Partidas, em Portugal, e depois foi incorporada às Ordenações. Waldemar Ferreira transcreve o texto legal:

> (...) antes de ceder seus bens, o devedor de muitos, os juntar a todos, e pedir certo prazo para pagar, poderá acontecer que o conceda a maior parte dêles, embora os outros não queiram; e se há de entender maior parte os que têm maior quantidade de suas dívidas. Se ocorrer discórdia entre os que concederem e os que negarem o prazo, sendo iguais uns e outros, assim a quantidade das dívidas como o número de pessoas, deverá prevalecer os votos dos que derem prazo, porque parece que se moverão por piedade: sendo todavia iguais em dívidas e desiguais em pessoas, valerá o que determinar o maior número destas.[48]

A concordata foi adotada, ainda, pelo Código Napoleão, na França, em 1808.

1.2.2 No Brasil: do Código Comercial de 1850 ao Decreto-lei nº 7.661/45

No Brasil, a concordata esteve presente desde o Código Comercial de 1850. Este Código previa, em sua Terceira Parte, duas modalidades para recuperação do devedor comerciante em crise: i) a concordata, abrangendo os credores quirografários e excluindo os credores de natureza real, privilegiados e hipotecários e; ii) a moratória, que poderia ser utilizada

---

[46] Manual de direito falimentar. 14. ed. rev. e atual. por Jorge de Miranda Magalhães. Rio de Janeiro: Freitas Bastos, 1999, p. 243.
[47] Curso de direito falimentar. São Paulo: Saraiva, 1995, v. 2, p. 8-9.
[48] Tratado de direito comercial. São Paulo: Saraiva, 1965. v. 15º, p. 260.

pelo comerciante que demonstrasse a sua boa-fé e, ainda, que a crise pela qual passava advinha de fatos extraordinários, bem como, que possuía patrimônio para pagar integralmente seus credores, necessitando, apenas, de prazo para tanto.[49]

Na vigência do Código Comercial de 1850, a concordata somente era admitida na modalidade suspensiva, ou seja, após a decretação da falência com o objetivo de possibilitar ao devedor a retomada do seu negócio. Já a moratória era sempre preventiva, pois servia para evitar que o devedor tivesse sua falência decretada.

A concessão da concordata dependia da concordância de mais da metade dos credores, em número, e mais de 2/3 (dois terços) de todos os créditos, computados pelo valor, como previsto no artigo 847 do Código Comercial de 1850.

Rubens Requião descreve fato histórico interessante sobre a concordata:

> (...) Esse preceito tornou-se famoso, pois impediu que o Visconde de Mauá – exemplo edificante do espírito empresarial dos brasileiros – obtivesse concordata de seus credores. Tendo sofrido grande infortúnio em seus negócios, o que levou à falência de seu poderoso império econômico – não pôde reunir na assembleia os 3.000 credores dispersos pelo mundo a fora, tornando-se impossível consequentemente sua concordata. Esse acontecimento levou-o a representar ao Parlamento, em 1879, expondo a iniquidade do preceito legal. Precipitou-se, então, o movimento de revisão da Terceira Parte do Código, resultando na Lei nº 3.065, de 1882. Para a concessão da concordata exigia-se, daí por diante, a maioria dos credores que comparecessem à assembleia, tornando então exequível a concordata por abandono.[50]

Assim, pela Lei nº 3.065, de 1882, reduziu-se o quórum de aprovação da concordata suspensiva.

A Terceira Parte do Código Comercial de 1850 foi derrogada e substituída pelo Decreto nº 917, de 1890. Nele, havia previsão de alguns meios para recuperação do devedor comerciante.

---

[49] A eficácia do processo judicial na recuperação da empresa. São Paulo: Saraiva, 2010, p. 21-22.
[50] Curso de direito falimentar. 17. ed. atual. São Paulo: Saraiva, 1998, v. 1, p. 22.

O primeiro deles era a concordata por abandono, na modalidade suspensiva, por meio da qual, o devedor adjudicava os seus bens aos credores para satisfação do passivo, livrando-se o devedor, de todos os efeitos da falência.[51]

A segunda era a concordata por pagamento, também suspensiva, proposta por qualquer dos sócios, pela qual o devedor se mantinha na administração do seu negócio e apresentava proposta de pagamento aos credores. Referida proposta deveria ser aprovada por 3/4 da totalidade do passivo[52].

Havia ainda as modalidades preventivas: a moratória que só poderia ser proposta por aquele que comprovasse a existência de fatos extraordinários e imprevisíveis para justificar a insolvência[53]; a concordata preventiva, pela qual o juiz convocava a reunião de credores para aprovação da proposta apresentada pelo devedor. Havia necessidade de aprovação por 3/4 dos créditos para que o juiz pudesse homologá-la.[54]

Havia ainda, o acordo extrajudicial que deveria ser assinado pelos credores que representassem mais de 3/4 do total do passivo e homologado pelo juiz.[55]

A Lei nº 859, de 1902, excluiu a possibilidade de propor concordata por abandono, bem como, a moratória.[56]

O Decreto nº 2.024, de 1908, extinguiu a concordata extrajudicial e estabeleceu apenas duas espécies de concordata, a preventiva, que servia para evitar a decretação da falência, e a suspensiva, que era proposta incidentalmente no processo falimentar já instaurado.

A Lei nº 5.746, de 1929, apenas alterou o quórum de aprovação para concessão da concordata, mantendo as duas espécies.

O Decreto-lei nº 7.661/45, por sua vez, representou verdadeira mudança de paradigma no conceito de concordata. De acordo com essa norma, a concordata deixa de depender da vontade dos credores e passa a ser considerada um direito do devedor comerciante que preenchesse os requisitos legais.

---

[51] A eficácia do processo judicial na recuperação da empresa. São Paulo: Saraiva, 2010, p. 24.
[52] Curso de direito falimentar. São Paulo: Saraiva, 1995, v. 2, p. 11.
[53] A eficácia do processo judicial na recuperação da empresa. São Paulo: Saraiva, 2010, p. 25.
[54] Curso de direito falimentar. São Paulo: Saraiva, 1995, v. 2, p. 11-12.
[55] A eficácia do processo judicial na recuperação da empresa. São Paulo: Saraiva, 2010, p. 25.
[56] Curso de direito falimentar. São Paulo: Saraiva, 1995, v. 2, p. 10.

Nesse sentido, é o comentário de Sampaio Lacerda: "(...) *Visou, com isso, a lei, evitar os acordos extraprocesso, entre alguns credores e o devedor, quebrando o princípio da igualdade que deve haver entre os credores.*"[57]

Assim, a concordata passa a ser concedida mesmo sem a concordância dos credores. Fundamental é a observação de Waldemar Ferreira:

> (...) a concessão da concordata independerá inteiramente da vontade dos credores. Estes, ainda que todos, em conjunto, se oponham ao pedido, embargando-o, poderão ser vencidos, se o Juiz o julgar procedente: sua sentença, disse a exposição ministerial justificativa da lei, "substitui a manifestação da vontade dos credores". Empregou-se, nessa frase, verbo impróprio. Evidentemente, a sentença não *substitui* a manifestação dos credores. Seria inadmissível; ademais, de manifesta impossibilidade. A sentença, em verdade, *dispensa* aquela manifestação da vontade. Isso, sim; e quem a dispensou foi a lei, que dela abstraiu.[58]

Conclui o autor: "Eis porque a concordata não é concordata."[59]

De acordo com o Decreto-lei nº 7.661/45, havia duas espécies de concordata: a preventiva, proposta pelo devedor antes da decretação da falência com o objetivo de preveni-la; e a suspensiva, proposta no curso da falência, com o objetivo de suspendê-la.

Tanto a concordata preventiva como a suspensiva podiam ser: remissória, dilatória ou mista. Remissória quando o devedor apresentasse proposta de desconto no valor do débito. Dilatória quando a proposta fosse apenas a concessão de prazo para pagamento. Mista, quando o devedor requeresse remissão parcial da dívida e dilação de prazo.

A concordata suspensiva remissória previa desconto de 35% sobre os valores dos créditos habilitados. A remissória-dilatória ou mista previa remissão de 50% dos créditos para pagamento no prazo máximo de dois anos.

A concordata preventiva admitia as seguintes possibilidades: i) remissória, com o pagamento à vista, com desconto de 50% dos créditos;

---

[57] Manual de direito falimentar. 14. ed. rev. e atual. por Jorge de Miranda Magalhães. Rio de Janeiro: Freitas Bastos, 1999, p. 245.
[58] Tratado de direito comercial. São Paulo: Saraiva, 1965. v. 15º, p. 269.
[59] Tratado de direito comercial. São Paulo: Saraiva, 1965. v. 15º, p. 269.

ii) dilatória: pagamento do valor total da dívida em vinte e quatro meses;
iii) remissória-dilatória ou mista: pagamento de 60% do passivo no prazo de seis meses, 75%, no prazo de doze meses e 90%, no praz de dezoito meses.

Não se admitia mais a concordata extrajudicial que passou a ser considerada ato de falência, pois, na modalidade extrajudicial, não havia possibilidade de se fiscalizar a observância do princípio da *par conditio creditorum*, ou seja, do tratamento paritário dos credores. O devedor em crise deveria requerer concordata judicial.

1.3 A Lei nº 11.101/2005: a Falência e a Recuperação de Empresas

A Lei nº 11.101/2005 foi promulgada em 09 de fevereiro de 2005 e entrou em vigor em 09 de junho do mesmo ano. É dividida em cinco grandes partes: a primeira trata dos institutos comuns à Recuperação Judicial e à Falência; a segunda trata somente da Recuperação Judicial; a terceira trata da Falência; a quarta, da Recuperação Extrajudicial e a quinta, das disposições penais. Além das disposições preliminares e finais.

No que tange à falência, algumas mudanças foram trazidas pela nova legislação, com o objetivo de tornar o processo falimentar mais célere e eficaz, possibilitando, inclusive a preservação da empresa e consequente manutenção da atividade empresarial.

A primeira mudança fundamental está no pedido de falência fundado na impontualidade injustificada, ou seja, na hipótese de impossibilidade de pagamento de suas obrigações pelo devedor empresário. Na vigência do Decreto-lei nº 7.661/45, qualquer credor, titular de crédito de qualquer valor, poderia requerer a falência do devedor, mesmo que não tivesse executado a dívida, daí surgiu a ideia de que a falência era utilizada como meio de cobrança. A Lei nº 11.101/2005 resolveu a questão estabelecendo que, no caso de impontualidade, o credor somente ajuizará pedido de falência se o seu crédito for de valor superior a 40 (quarenta) salários mínimos, medida que se mostrou eficaz para coibir a vontade voraz de credores que utilizavam o processo falimentar como forma de coagir o devedor ao pagamento da obrigação inadimplida.

As outras alterações relevantes estão relacionadas ao processo falimentar propriamente dito, à fase de liquidação do ativo e satisfação do passivo.

Possibilitou-se o início da realização do ativo, ou seja, da venda dos bens do falido antes da formação do quadro geral de credores. A medida era necessária, já que o procedimento de verificação de créditos demanda certo tempo para sua finalização, especialmente, quando há muitos credores envolvidos, o que ocasionava o perecimento dos bens que compunham a massa falida. Assim, a realização da venda dos bens logo após a sua arrecadação e avaliação mostrou-se eficaz à manutenção do valor econômico dos bens e, consequentemente, à negociação em melhores condições.

Ainda, com o objetivo de preservar o exercício da atividade empresarial, em cumprimento à função social da empresa, estabeleceu-se uma ordem de preferência na venda dos bens do falido. Essa ordem privilegia a venda do estabelecimento em bloco. Assim, não obtido sucesso na venda em bloco, parte-se para venda de cada uma das unidades em separado. Após, a venda de blocos de bens e, somente no caso de insucesso, a venda dos bens separadamente.

É notório que aquele que adquire o estabelecimento em bloco ou cada uma das unidades produtivas de um negócio tem a intenção de continuar exercendo a mesma atividade ou atividade semelhante, o que servirá para fazer cumprir o postulado no princípio da preservação da empresa, da fonte produtora e dos empregos dos trabalhadores.

Outra alteração legislativa importante é a que estabelece que o adquirente de bens da massa falida os recebe livre de ônus. Assim, não há mais sucessão do arrematante nas obrigações do falido. Os credores se sub-rogam no produto da venda dos bens, ficando o arrematante livre, inclusive, para contratar os mesmos empregados do falido, mediante novos contratos de trabalho.

Essa medida foi objeto de Ação Direta de Inconstitucionalidade (ADI nº 3937/DF) proposta pelo Partido Democrático Trabalhista (PDT) e julgada improcedente pelo Supremo Tribunal Federal, em todos os seus termos, prevalecendo o entendimento de que a ausência de sucessão do arrematante nas obrigações do devedor representa um importante incentivo para a continuidade da atividade empresarial.

Por fim, a Lei nº 11.101/2005 realizou alterações na classificação dos créditos. A primeira foi a inclusão de limite para pagamento dos créditos trabalhistas. Pelo novo sistema, os credores trabalhistas com créditos de até 150 (cento e cinquenta) salários mínimos são classificados em primeiro lugar dentre os concursais, mas o saldo será classificado como quirografário. Tal medida também foi objeto da ação acima mencionada, julgada improcedente pelo Supremo Tribunal Federal.

Ainda, os créditos com garantia real passaram a ocupar o segundo lugar dentre os concursais, até o limite do bem gravado, enquanto os créditos fiscais foram classificados em terceiro lugar.

Com relação à recuperação de empresas, as mudanças foram mais amplas. A mais importante delas foi a extinção da concordata em todas as suas modalidades e a criação de procedimentos de Recuperação de Empresas.

A Lei nº 11.101/2005 estabelece dois procedimentos para que o empresário ou sociedade empresária possam superar a crise: i) a Recuperação Judicial, no procedimento comum, que será objeto de estudo neste trabalho e, no procedimento especial reservado aos microempresários e empresários de pequeno porte; ii) a Recuperação Extrajudicial, representada por acordo extrajudicial firmado entre o devedor e seus credores com a possibilidade de homologação judicial.

Ressalte-se que tais procedimentos são sempre preventivos, abolindo-se, em definitivo, a possibilidade de recuperação da atividade após a decretação da falência, o que somente seria possível com a extinção das obrigações do falido.

Como já esclarecido, a Lei nº 11.101/2005 privilegia a aquisição do estabelecimento em bloco, com o objetivo de incentivar a continuação da atividade empresarial exercida pelo falido. O sócio da sociedade falida, outra sociedade controlada por ele, seus parentes ou agentes poderiam adquirir o estabelecimento durante o processo de falência, mas assumiriam a qualidade de sucessor do falido nas suas obrigações.

A Recuperação Extrajudicial é um procedimento para homologação de acordo firmado entre o devedor e seus credores, na sua totalidade ou divididos em uma ou mais classes, para satisfação das obrigações do devedor em crise.

Pelo novo regime, admite-se que o credor procure o devedor extrajudicialmente para realizar composição amigável. Em caso de aprovação unânime, a homologação judicial é facultativa. Existe ainda a possibilidade de aprovação por maioria dos credores, mais de 3/5 dos créditos sujeitos ao plano de recuperação extrajudicial, hipótese em que a homologação judicial é necessária para vincular os credores ausentes ou dissidentes ao plano aprovado pela maioria.

Percebe-se que a Lei nº 11.101/05 retomou o conceito de acordo extrajudicial do início do século passado, coibido pelo Decreto-lei nº 7.661/45 que considerava tal acordo como ato de falência.

A Recuperação Judicial, por sua vez, é um procedimento para superação da crise do devedor fundado na contratualidade. O devedor apresenta em juízo um plano de recuperação judicial, uma proposta para superação da crise. Tal proposta é submetida à vontade dos credores. Havendo a aprovação pela maioria qualificada, o plano estará aprovado e a recuperação judicial deve ser concedida. Não havendo a aprovação, o juiz decretará a falência.

Mais uma vez, retomam-se os conceitos do Código Comercial de 1850 e das legislações posteriores, abolindo-se a ideia de concordata como favor legal estabelecida pelo Decreto-lei nº 7.661/45.

Ricardo Negrão resume as principais inovações da legislação atual: *"Distancia-se a legislação de 2005 de todas as revogadas em alguns pontos essenciais: (a) ampliação do universo de credores, até então limitado aos credores quirografários; (b) não limitação dos meios recuperatórios; (c) criação de ambiente próprio à negociação entre credores e devedor; (d) clara definição da finalidade do processo recuperatório".*[60]

Retoma-se também a discussão acerca da natureza jurídica de tal procedimento, bem como sobre as implicações da vontade da maioria sobre a minoria ausente ou dissidente. Esse será o objeto do presente trabalho.

---

[60] A eficácia do processo judicial na recuperação da empresa. São Paulo: Saraiva, 2010, p. 36.

2. Recuperação Judicial na Lei Nº 11.101/2005

2.1 Objetivos

Como já mencionado, a Lei nº 11.101/2005[61], estabelece duas formas de recuperação de empresas: a recuperação judicial, em seus procedimentos comum e especial para microempresa e empresa de pequeno porte; e a recuperação extrajudicial, que nada mais é do que o procedimento para homologação de acordo extrajudicial firmado entre o devedor e seus credores. O presente trabalho tratará da recuperação judicial.

O artigo 47 da LFR define o objetivo do processo de recuperação judicial.

> Art. 47. A recuperação judicial tem por objetivo viabilizar a superação da situação de crise econômico-financeira do devedor, a fim de permitir a manutenção da fonte produtora, do emprego dos trabalhadores e dos interesses dos credores, promovendo, assim, a preservação da empresa, sua função social e o estímulo à atividade econômica.

A LFR define como objetivo da recuperação judicial *viabilizar a superação da situação de crise econômico financeira do devedor.* Alcançado tal objetivo, entende o legislador que se poderá ainda: *manter a fonte produtora, o emprego*

---

[61] Para fins didáticos, a Lei nº 11.101/2005 será mencionada como LFR.

dos trabalhadores e os interesses dos credores, o que acarretará *a preservação da empresa, o cumprimento de sua função social e o estimulo à atividade econômica.*
Importante é a observação de Waldo Fazzio Junior:

> A recuperação judicial não se restringe à satisfação dos credores nem ao mero saneamento da crise econômico-financeira em que se encontra a empresa destinatária. Alimenta a pretensão de conservar a fonte produtora e resguardar o emprego, ensejando a realização da função social da empresa, que, afinal de contas é mandamento constitucional.[62]

Manoel Justino Bezerra Filho trata da importância de se observar a ordem estabelecida pelo legislador no artigo 47 da LFR:

> (...) a Lei, não por acaso, estabelece uma ordem de prioridade nas finalidades que diz perseguir, colocando como primeiro objetivo a "manutenção da fonte produtora", ou seja, a manutenção da atividade empresarial em sua plenitude tanto quanto possível, com o que haverá possibilidade de manter também o "emprego dos trabalhadores". Mantida a atividade empresarial e o trabalho dos empregados, será possível então satisfazer os "interesses dos credores". Esta é a ordem de prioridades que a Lei estabeleceu – o exame abrangente da Lei poderá indicar se o objetivo terá condições de ser alcançado.[63]

Percebe-se que a superação da situação de crise econômico-financeira do devedor será o ponto chave para se alcançar todos os demais objetivos propostos pelo legislador.

Assim, primeiramente, é importante definir o conceito de *crise econômico-financeira*. A LFR não conceitua tal expressão.

Fábio Ulhoa Coelho faz a distinção entre crise econômica, financeira e patrimonial. Explica o autor: *"Por crise econômica deve-se entender a retração considerável nos negócios desenvolvidos pela sociedade."*[64]

---

[62] Lei de falência e recuperação de empresas. 5. ed. São Paulo: Atlas, 2010, p. 113.
[63] Lei de recuperação de empresas e falência comentada: Lei nº 11.101/2005: comentário artigo por artigo. 11. ed. rev. ampl. e atual. São Paulo: Editora Revista dos Tribunais, 2015, p. 155.
[64] Curso de direito comercial: direito de empresa. 15. ed. São Paulo: Saraiva, 2014, v.3, p. 241.

A crise econômica seria aquela relacionada à atividade exercida. É representada pelo desinteresse dos consumidores no produto ou serviço oferecido pelo empresário; pelo alto custo na produção, fazendo com que o preço deixe de ser competitivo; dentre outros fatores.

A crise financeira, por sua vez, está relacionada à impossibilidade de realizar pagamentos, representada pela falta de liquidez.[65]

Sobre o assunto, importante é a lição de Waldo Fazzio Junior:

> A iliquidez projeta-se, no universo jurídico obrigacional, pelo seu efeito: a impontualidade, atestada ou não por protesto de títulos. Alude à chamada "crise de caixa". É uma conjuntura em que o devedor solvente não consegue solver com pontualidade. Tem patrimônio suficiente para superar suas obrigações, mas não consegue realizar, imediatamente, os valores necessários para cobrir os débitos nos respectivos vencimentos, por razões de etiologia diversas.[66]

Por fim, a crise patrimonial é representada pela insolvência, ou seja, pela ausência de ativo para satisfação do passivo.[67] O empresário estará insolvente quando o seu patrimônio for inferior às suas obrigações.

Ao que parece, a crise patrimonial é a mais grave delas. Waldo Fazzio Junior explica que a recuperação judicial visa evitar a insolvência, permitindo que a crise econômico-financeira não se agrave ao ponto de provocar tal estado patrimonial.[68]

Por outro lado, Fábio Ulhoa Coelho esclarece que a insolvência nem sempre representa uma condição temerária. Explica o autor: "(...) *O patrimônio líquido negativo pode significar apenas que a empresa está passando por uma fase de expressivos investimentos na ampliação de seu parque fabril, por exemplo. Quando concluída a obra e iniciadas as operações da nova planta, verifica-se o aumento de receita e de resultado suficiente para afastar a crise patrimonial."*[69]

---

[65] COELHO, Fábio Ulhoa. Curso de direito comercial: direito de empresa. 15. ed. São Paulo: Saraiva, 2014, v. 3, p. 241.
[66] Lei de falência e recuperação de empresas. 5. ed. São Paulo: Atlas, 2010, p. 123.
[67] COELHO, Fábio Ulhoa. Curso de direito comercial: direito de empresa. 15. ed. São Paulo: Saraiva, 2014, v. 3, p. 242.
[68] Lei de falência e recuperação de empresas. 5. ed. São Paulo: Atlas, 2010, p. 123.
[69] Curso de direito comercial: direito de empresa. 15. ed. São Paulo: Saraiva, 2014, v.3, p. 242.

Afirma o autor que a crise somente pode ser caracterizada pela presença das três formas, ou seja, crise econômica, financeira e patrimonial.[70]

Waldo Fazzio Junior, por sua vez, entende que a presença da crise patrimonial é característica da inviabilidade da empresa: "(...) *Empresa insolvente não é viável, ou seja, recuperável. A insolvência em sentido estrito ultrapassa o âmbito meramente financeiro; é patrimonial. Representa estágio negativo mais grave* (...)".[71]

Levanta-se aqui, questão essencial relacionada à viabilidade da empresa. De acordo com a teoria da empresa, é ela atividade econômica organizada para a produção ou circulação de bens e serviços, conceito que se extrai do artigo 966 do Código Civil.[72]

A atividade empresarial, por sua vez, é econômica, ou seja, tem por objetivo a partilha de resultados entre os seus exercentes. O resultado almejado é o lucro.

Assim, a empresa será viável quanto puder atingir o objetivo que é gerar lucros. Perceba-se que esse é o objetivo daquele que exerce a atividade empresarial. Porém, é cediço que o exercício da empresa não possui reflexos somente em quem a exerce, mas também na coletividade a ela relacionada: empregados, consumidores, Estado. Daí a importância da recuperação judicial e da verificação da viabilidade econômica.

Fábio Ulhoa Coelho salienta que a recuperação judicial traz um ônus para toda a sociedade, na medida em que: "(...) *o ônus da reorganização das empresas no Brasil recai na sociedade brasileira como um todo. O crédito bancário e os produtos e serviços oferecidos e consumidos ficam mais caros porque parte dos juros e preços se destina a socializar os efeitos da recuperação das empresas.*"[73]

Assim, continua o autor: "(...) *a recuperação da empresa não deve ser vista como um valor jurídico a ser buscado a qualquer custo. Pelo contrário, as más empresas devem falir para que as boas não se prejudiquem.*"[74]

No mesmo sentido é o posicionamento de Newton De Lucca:

---

[70] COELHO, Fábio Ulhoa. Curso de direito comercial: direito de empresa. 15. ed. São Paulo: Saraiva, 2014, v.3, p. 243.
[71] Lei de falência e recuperação de empresas. 5. ed. São Paulo: Atlas, 2010, p. 124.
[72] Dispõe o art. 966 do Código Civil: Considera-se empresário quem exerce profissionalmente atividade econômica organizada para a produção ou circulação de bens ou de serviços.
[73] Curso de direito comercial: direito de empresa. 15. ed. São Paulo: Saraiva, 2014, v.3, p. 396.
[74] COELHO, Fábio Ulhoa. Curso de direito comercial: direito de empresa. 15. ed. São Paulo: Saraiva, 2014, v.3, p. 244.

Torna-se indispensável que exista, portanto, uma real e inequívoca viabilidade econômica da empresa em dificuldade, a fim de que se tenha um fundamento axiológico razoável para poder legitimar o cerceamento da reação legal daqueles cujos direitos foram conspurcados... Caso contrário, estar-se-á premiando, mais uma vez, as manobras cavilosas daqueles maus empresários que elegem, sem nenhum pudor, a instituição do calote como a mais emblemática em suas vidas (...).[75]

É uníssono o entendimento de que somente as empresas viáveis devem ser recuperadas. A grande questão que se coloca é: em que situação fática a empresa será considerada viável? Ainda, quem é responsável por analisar a viabilidade econômica da empresa em recuperação judicial?

Waldo Fazzio Junior afirma que há parâmetros objetivos para aferição da viabilidade e que tais parâmetros são verdadeiros pressupostos para concessão da recuperação judicial. São eles: "(...) *importância social e econômica da atividade do devedor no contexto local, regional ou nacional; mão de obra e tecnologia empregadas; volume do ativo e do passivo; tempo de constituição e funcionamento do negócio; e faturamento anual e nível de endividamento da empresa.*"[76]

No mesmo sentido, são os vetores apresentados por Fábio Ulhoa Coelho: importância social, mão de obra e tecnologia empregadas, volume do ativo e passivo, idade da empresa e porte econômico.[77]

Os parâmetros apresentados serão analisados, no processo de recuperação judicial, a partir dos documentos juntados aos autos na petição inicial, bem como no momento da apresentação do plano de recuperação judicial.

O artigo 51 da LFR elenca o rol de documentos que instruirão a peça exordial. Dentre eles, estão as demonstrações contábeis, os extratos das

---

[75] DE LUCCA, Newton e SIMÃO FILHO, Adalberto (coord.).Comentários à nova lei de recuperação de empresas e de falências. São Paulo: Quartier Latin, 2005, p. 210.
[76] Lei de falência e recuperação de empresas. 5. ed. São Paulo: Atlas, 2010, p. 127-128.
[77] Curso de direito comercial: direito de empresa. 15. ed. São Paulo: Saraiva, 2014, v.3, p. 397-399.

contas bancárias, a relação de ações judiciais em que o devedor é parte, dentre outros.[78]

Ainda, no momento da apresentação do plano de recuperação judicial, o artigo 53 da LFR determina a apresentação de demonstração da viabilidade econômica do devedor.[79]

Pela sistemática da LFR, que será estudada neste trabalho, o plano de recuperação judicial será apresentado pelo devedor aos credores que terão prazo para se manifestar. A aprovação ou rejeição do plano é realizada pelos credores. Em regra, o magistrado está adstrito à decisão dos credores.

Assim, em última análise, pela sistemática atual, são os credores que analisam a viabilidade econômica do devedor. Esse tem sido o entendimento adotado pelo Superior Tribunal de Justiça:

---

[78] Dispõe o art. 51 da LFR: A petição inicial de recuperação judicial será instruída com: I – a exposição das causas concretas da situação patrimonial do devedor e das razões da crise econômico-financeira; II – as demonstrações contábeis relativas aos 3 (três) últimos exercícios sociais e as levantadas especialmente para instruir o pedido, confeccionadas com estrita observância da legislação societária aplicável e compostas obrigatoriamente de: a) balanço patrimonial; b) demonstração de resultados acumulados; c) demonstração do resultado desde o último exercício social; d) relatório gerencial de fluxo de caixa e de sua projeção; III – a relação nominal completa dos credores, inclusive aqueles por obrigação de fazer ou de dar, com a indicação do endereço de cada um, a natureza, a classificação e o valor atualizado do crédito, discriminando sua origem, o regime dos respectivos vencimentos e a indicação dos registros contábeis de cada transação pendente; IV – a relação integral dos empregados, em que constem as respectivas funções, salários, indenizações e outras parcelas a que têm direito, com o correspondente mês de competência, e a discriminação dos valores pendentes de pagamento; V – certidão de regularidade do devedor no Registro Público de Empresas, o ato constitutivo atualizado e as atas de nomeação dos atuais administradores; VI – a relação dos bens particulares dos sócios controladores e dos administradores do devedor; VII – os extratos atualizados das contas bancárias do devedor e de suas eventuais aplicações financeiras de qualquer modalidade, inclusive em fundos de investimento ou em bolsas de valores, emitidos pelas respectivas instituições financeiras; VIII – certidões dos cartórios de protestos situados na comarca do domicílio ou sede do devedor e naquelas onde possui filial; IX – a relação, subscrita pelo devedor, de todas as ações judiciais em que este figure como parte, inclusive as de natureza trabalhista, com a estimativa dos respectivos valores demandados.

[79] Dispõe o art. 53 da LFR: O plano de recuperação será apresentado pelo devedor em juízo no prazo improrrogável de 60 (sessenta) dias da publicação da decisão que deferir o processamento da recuperação judicial, sob pena de convolação em falência, e deverá conter: I – discriminação pormenorizada dos meios de recuperação a ser empregados, conforme o art. 50 desta Lei, e seu resumo; II – demonstração de sua viabilidade econômica; e III – laudo econômico-financeiro e de avaliação dos bens e ativos do devedor, subscrito por profissional legalmente habilitado ou empresa especializada.

(...) Deveras, o magistrado não é a pessoa mais indicada para aferir a viabilidade econômica de planos de recuperação judicial, sobretudo aqueles que já passaram pelo crivo positivo dos credores em assembleia, haja vista que as projeções de sucesso da empreitada e os diversos graus de tolerância obrigacional recíproca estabelecida entre credores e devedor não são questões propriamente jurídicas, devendo, pois, acomodar-se na seara negocial da recuperação judicial. (REsp nº 1.359.311-SP, Rel. Min. Luis Felipe Salomão).

Essa conclusão, todavia, tem sido combatida, de forma veemente. Nesse sentido é a lição de Newton De Lucca:

Imagine-se um plano de recuperação visivelmente inconsistente que venha a ser aprovado pela assembleia de credores (não por convicção íntima destes no êxito do plano, de resto um grotesco mistifório, mas sim à míngua de alguma alternativa para eles que não a declaração da falência do devedor...): Estaria o juiz obrigado a aceitá-lo?
Também aqui, a meu ver, a resposta deverá ser igualmente negativa. Não vejo como possa entender-se que o magistrado, convencido da inconsistência do plano, esteja obrigado a fazer o papel de *inocente útil*, referendando uma solução que, de antemão, sabe ser absolutamente inadequada (...).[80]

No mesmo sentido, ensina Fábio Ulhoa Coelho:

Pela lei brasileira, os juízes, em tese, não poderiam deixar de homologar os planos aprovados pela Assembleia dos Credores, quando alcançado o quórum qualificado da lei. Mas, como a aprovação dos planos inconsistentes levará à desmoralização do instituto, entende-se que, sendo o instrumento aprovado um *blá-blá-blá* inconteste, o juiz poderá deixar de homologá-lo e incumbir

---

[80] DE LUCCA, Newton e SIMÃO FILHO, Adalberto (coord.). Comentários à nova lei de recuperação de empresas e de falências. São Paulo: Quartier Latin, 2005, p. 33.

o administrador judicial, por exemplo, de procurar construir com o devedor e os credores mais interessados um plano alternativo.[81]

Verifica-se necessária, para se alcançar os objetivos traçados pela LFR, uma séria e criteriosa análise sobre a viabilidade econômica da empresa em recuperação.

O presente trabalho abordará, com mais profundidade, o plano de recuperação judicial, sua natureza, elementos de existência, requisitos de validade e condições de eficácia.

2.2 Princípios

A LFR, em seu artigo 47[82], menciona expressamente que a recuperação judicial tem por objetivo a preservação da empresa, sua função social e o estímulo à atividade econômica.

A preservação da empresa e a sua função social são dois princípios basilares do Direito Comercial.

Ricardo Negrão observa que o destinatário da norma contida no artigo 47 da LFR, já citado, é o juiz, na medida em que cabe a ele dizer o direito aplicável.[83]

Thomaz H. Junqueira de A. Pereira, por sua vez, ensina: *"Princípios desempenham uma função particularmente importante quando são invocados como argumentos no sentido da existência de um direito ou obrigação em um caso concreto em que não haja uma regra jurídica que claramente o determine. (...)".*[84]

---

[81] Comentários à lei de falências e de recuperação de empresas. 9. ed. São Paulo: Saraiva, 2013, p. 224.

[82] Art. 47. A recuperação judicial tem por objetivo viabilizar a superação da situação de crise econômico-financeira do devedor, a fim de permitir a manutenção da fonte produtora, do emprego dos trabalhadores e dos interesses dos credores, promovendo, assim, a preservação da empresa, sua função social e o estímulo à atividade econômica.

[83] NEGRÃO, Ricardo. A preservação da função social como objetivo da recuperação judicial de empresa. In: BRUSCHI, Gilberto Gomes (coord.). Direito processual empresarial: estudos em homenagem ao professor Manoel de Queiroz Pereira Calças. Rio de Janeiro: Elsevier, 2012, p. 692.

[84] PEREIRA, Thomaz H. Junqueira de A. A função dos princípios do direito recuperacional e falimentar brasileiro. In: BRUSCHI, Gilberto Gomes (coord.). Direito processual empresarial: estudos em homenagem ao professor Manoel de Queiroz Pereira Calças. Rio de Janeiro: Elsevier, 2012, p. 969.

Assim, os princípios explicitamente mencionados na LFR servirão de fundamento para que o juiz decida os processos de recuperação judicial, especialmente, as questões não reguladas expressamente pela LFR.

O primeiro princípio previsto é o da preservação da empresa. Fábio Ulhoa Coelho ressalta que este princípio trata da: "(...) *proteção da atividade econômica, como objeto de direito cuja existência e desenvolvimento interessam não somente ao empresário, ou aos sócios da sociedade empresária, mas a um conjunto de sujeitos. (...)*".[85]

Salienta o autor que o conceito de empresa aqui empregado é o conceito técnico, aquele que a identifica como a atividade econômica organizada para a produção ou circulação de bens ou de serviços.[86]

No mesmo sentido, é a lição de Sheila C. Neder Cerezetti:

> (...) em face de uma situação de crise econômico-financeira da empresa, o legislador houve por bem considerar que sua liquidação afetaria não apenas os próprios detentores do capital da sociedade e os credores diretamente a ela relacionados. O fundamento para a afirmação da necessária preservação da empresa encontra-se na constatação de que a empresa constitui um centro ao redor do qual gravitam diversos interesses, que, não obstante muitas vezes colidentes, devem ser respeitados durante sua vida regular e sua e sua eventual crise.[87]

Assim, a LFR traz como fundamento da recuperação judicial a manutenção da atividade produtiva, na medida em que é o exercício dessa atividade que proporcionará a manutenção do emprego dos trabalhadores.

Esse princípio é observado, por exemplo, na regra contida no artigo 60 da LFR, *in verbis*:

> Artigo 60. Se o plano de recuperação judicial aprovado envolver alienação judicial de filiais ou de unidades produtivas isoladas do

---

[85] Princípios do direito comercial. São Paulo: Saraiva, 2012, p. 40.
[86] Princípios do direito comercial. São Paulo: Saraiva, 2012, p. 40.
[87] Princípio da preservação da empresa. In: COELHO, Fábio Ulhoa. Tratado de direito comercial: falência e recuperação de empresa e direito marítimo. São Paulo: Saraiva, 2015, v. 7, p. 28.

devedor, o juiz ordenará a sua realização, observado o disposto no art. 142 desta Lei.

Parágrafo único. O objeto da alienação estará livre de qualquer ônus e não haverá sucessão do arrematante nas obrigações do devedor, inclusive as de natureza tributária, observado o disposto no § 1º do art. 141 desta Lei.

De acordo com tal dispositivo legal, o plano de recuperação judicial pode conter, como um dos meios de recuperação, a venda de filiais ou unidades produtivas do devedor, o que acontecerá observando-se os preceitos da lei.

O parágrafo único do referido artigo garante que o arrematante que adquirir a filial ou unidade produtiva não sucederá o devedor em suas obrigações, podendo continuar a exploração do negócio, inclusive contratando os mesmos empregados, nos termos previstos no artigo 141 da LFR.[88]

Trata-se de medida que atende ao princípio da preservação da empresa, e tem o nítido objetivo de estimular que investidores adquiram estabelecimentos comerciais de sociedades ou empresários em recuperação judicial, sem o risco de serem responsabilizados por dívidas deste.

Outro princípio trazido pela LFR é o da função social da empresa que decorre da função social da propriedade prevista na Constituição Federal, como ensina Fábio Ulhoa Coelho:

> A propriedade dos bens de produção deve cumprir a função social, no sentido de não se concentrarem, apenas na titularidade de empresários, todos os interesses juridicamente protegidos que

---

[88] Art. 141. Na alienação conjunta ou separada de ativos, inclusive da empresa ou de suas filiais, promovida sob qualquer das modalidades de que trata este artigo: I – todos os credores, observada a ordem de preferência definida no art. 83 desta Lei, sub-rogam-se no produto da realização do ativo; II – o objeto da alienação estará livre de qualquer ônus e não haverá sucessão do arrematante nas obrigações do devedor, inclusive as de natureza tributária, as derivadas da legislação do trabalho e as decorrentes de acidentes de trabalho. § 1º O disposto no inciso II do **caput** deste artigo não se aplica quando o arrematante for: I – sócio da sociedade falida, ou sociedade controlada pelo falido; II – parente, em linha reta ou colateral até o 4º (quarto) grau, consanguíneo ou afim, do falido ou de sócio da sociedade falida; ou III – identificado como agente do falido com o objetivo de fraudar a sucessão. § 2º Empregados do devedor contratados pelo arrematante serão admitidos mediante novos contratos de trabalho e o arrematante não responde por obrigações decorrentes do contrato anterior.

os circundam. A Constituição Federal reconhece, por meio deste princípio implícito, que são igualmente dignos de proteção jurídica os interesses metaindividuais, de toda a sociedade ou de parcela desta, potencialmente afetados pelo modo com que se empregam os bens de produção.[89]

Ainda, sobre esse princípio, fundamental é a lição de Waldírio Bulgarelli:

> É natural que, como centro polarizador da atividade econômica moderna já chamada de *cédula-mater* da economia em nossos tempos, convergisse para a empresa uma variada gama de interesses, dizendo respeito aos trabalhadores, aos credores, ao Estado (quer na sua função mais mesquinha de arrecadador de impostos, quer como incentivador das atividades produtoras, quer ainda como intérprete das aspirações populares ou do bem público), aos sócios ou acionistas em relação aos empresário coletivo; aos consumidores, à comunidade etc. E sem dúvida que a regulação ou proteção desses interesses chega a extravasar a área delimitada do Direito Comercial indo alcançar outros ramos do Direito. Era natural também que se acrescessem os deveres da empresa para com a sociedade e consequentemente sua responsabilidade, ficando-se autorizado a conferir-lhe, por isso, uma *função social* consequente com a ideia natural de bem público. Por essa razão, vem-se dando ênfase a essa posição da empresa no cenário da Sociedade, que ultrapassa de muito a antiga colocação como mera organização produtiva, no âmbito da teoria dos atos de comércio.[90]

É cediço que o empresário ou sócios da sociedade empresária, ao optarem por exercer a atividade empresarial, têm como interesse primário os lucros que dela virão. Ocorre que o exercício de atividade econômica atinge diversos outros interesses: o interesse dos empregados, que empregarão sua força de trabalho; o interesse do Estado, com a arrecadação de tributos; o interesse dos consumidores, com o aumento da oferta e da concorrência, podendo gerar uma diminuição no preço dos produtos e

---

[89] Princípios do direito comercial. São Paulo: Saraiva, 2012, p. 37.
[90] BULGARELLI, Waldirio. Tratado de direito empresarial. 2. ed. São Paulo: Atlas, 1995, p. 165-166.

serviços oferecidos; enfim, interesses que ultrapassam o interesse primário daqueles que projetaram o negócio. Trata-se de interesses metaindividuais, coletivos e difusos.

Assim, ao utilizarem os fatores de produção para obtenção do lucro, aqueles que exercem a atividade empresarial não podem violar os demais interesses envolvidos.

Nesse sentido, ensina Fábio Ulhoa Coelho: *"Cumpre sua função social a empresa que gera empregos, tributos e riqueza, contribui para o desenvolvido econômico, social e cultural da comunidade em que atua, de sua região ou país, adota práticas empresariais sustentáveis visando à proteção do meio ambiente e ao respeito aos direitos dos consumidores. (...)"*.[91]

Na recuperação judicial, deve-se procurar contemplar todos esses interesses, buscando a superação da crise econômico-financeira sem preterir nenhum deles.

Nesse sentido, ensina Sheila C. Neder Cerezetti: *"Sob essa perspectiva, a função social da empresa passa a ser identificada nas situações em que, não obstante a crise, a empresa pode ser caracterizada como um organismo economicamente viável por meio da recuperação."*[92]

Fábio Ulhoa Coelho traz ainda o princípio do impacto social da crise da empresa. Explica o autor que os interesses envolvidos no exercício da atividade empresarial podem ser imaginados como três círculos em torno dela: o primeiro, mais próximo ao centro, é representado pelos interesses dos sócios e empresários; o segundo, pelos *bystanders*, ou seja, o interesse dos trabalhadores, dos consumidores, do Fisco, dos fornecedores de insumos, ou seja, daqueles que se relacionam com a sociedade; o terceiro círculo é representado pelos interesses metaindividuais, difusos ou coletivos de todos aqueles que se beneficiam com o desenvolvido econômico regional ou local decorrente da empresa.[93]

Há outro princípio basilar que é o *par conditio creditorum*, segundo o qual os credores devem receber um tratamento paritário no processo concursal. Está intimamente relacionado à classificação de créditos no processo de

---

[91] Princípios do direito comercial. São Paulo: Saraiva, 2012, p. 37.
[92] Princípio da preservação da empresa. In: COELHO, Fábio Ulhoa. Tratado de direito comercial: falência e recuperação de empresa e direito marítimo. São Paulo: Saraiva, 2015, v. 7, p. 32.
[93] Princípios do direito comercial. São Paulo: Saraiva, 2012, p. 57-58.

falência, visto que o Estado estabeleceu uma ordem de pagamento a ser observada pelo administrador judicial.

Alberto Camiña Moreira, ao tratar dos credores na falência, ensina que:

> Organizar a ordem legal de pagamento de créditos é organizar os (potenciais) prejuízos que os credores sofrem na falência; ou melhor, distribuir os prejuízos entre os diversos credores. Tal tarefa assume nítido caráter valorativo, e, por isso, é entregue, exclusivamente, ao legislador. Não compete ao juiz modificar a ordem legal (...) A dignidade da pessoa humana já é considerada pelo legislador ao estabelecer a ordem de pagamento dos credores (...).[94]

Assim, os credores são classificados para garantir que aquele que mais necessita tenha preferência no seu recebimento. Dentro de cada uma das classes deve haver um rateio proporcional.

Na recuperação judicial, relutou-se a admitir a aplicação de tal princípio, na medida em que, não há ordem estabelecida em lei para que o devedor pague os seus credores. Com exceção aos prazos para pagamento dos créditos trabalhistas, previstos no artigo 54 da LFR, não há qualquer outra regra nesse sentido.

Há, outrossim, uma classificação de créditos para fins de votação na assembleia geral de credores, como determina o artigo 41 da LFR[95].

A importância desse princípio no processo recuperacional está intimamente ligado à possibilidade do devedor estabelecer condições de pagamento diversas para credores incluídos na mesma classe.

As Jornadas de Direito Comercial do Conselho da Justiça Federal aprovaram dois enunciados sobre a questão.

O Enunciado 57 da I Jornada trata do tratamento dispensado aos credores no plano de recuperação judicial: "O plano de recuperação judicial

---

[94] Os credores na falência. In: COELHO, Fábio Ulhoa. Tratado de direito comercial: falência e recuperação de empresa e direito marítimo. São Paulo: Saraiva, 2015, v. 7, p. 135-136.

[95] Art. 41. A assembléia-geral será composta pelas seguintes classes de credores: I – titulares de créditos derivados da legislação do trabalho ou decorrentes de acidentes de trabalho; II – titulares de créditos com garantia real; III – titulares de créditos quirografários, com privilégio especial, com privilégio geral ou subordinados; IV – titulares de créditos enquadrados como microempresa ou empresa de pequeno porte. (Incluído pela Lei Complementar nº 147, de 2014).

deve prever tratamento igualitário para os membros da mesma classe de credores que possuam interesses homogêneos, sejam estes delineados em função da natureza do crédito, da importância do crédito ou de outro critério de similitude justificado pelo proponente do plano e homologado pelo magistrado."

O Enunciado 81 da II Jornada, por sua vez, procurou dirimir qualquer dúvida sobre a aplicação do referido princípio ao processo recuperacional: "Aplica-se à recuperação judicial, no que couber, o princípio *par condicio creditorum.*"

Deve o devedor, no momento da elaboração do plano de recuperação judicial, estabelecer condições equânimes aos credores que possuem interesses homogêneos, sob pena de violar esse postulado.

Dessa forma, todos os princípios mencionados nortearão a recuperação judicial para que se alcance o fim precípuo que é a superação da crise econômico-financeira do devedor.

2.3 Devedor Sujeito

No direito brasileiro, a recuperação judicial é um fenômeno restrito à atividade empresarial. Não se admite a sua adoção por quem não é empresário. Aquele que não é empresário estará sujeito ao procedimento denominado "execução por quantia certa contra devedor insolvente", regulado Código de Processo Civil de 1973, ainda aplicável para esse tema[96].

O artigo 1º da LFR[97] determina que a lei tratará da recuperação judicial, extrajudicial e falência do empresário e da sociedade empresária, referidos como devedor.

Assim, um dos pressupostos para a propositura da recuperação judicial é ser empresário ou sociedade empresária.

---

[96] Art. 1052, CPC/15: Até a edição de lei especial, as execuções contra devedor insolvente, em curso ou que venham a ser propostas, permanecem reguladas pelo Livro II, Título IV, da Lei n. 5.869, de 11 de janeiro de 1973.

[97] Art. 1º. Esta Lei disciplina a recuperação judicial, a recuperação extrajudicial e a falência do empresário e da sociedade empresária, doravante referidos simplesmente como devedor.

O artigo 966 do Código Civil[98] define empresário como sendo aquele que exerce atividade econômica organizada para produção ou circulação de bens ou de serviços. Este é o empresário individual.

Empresário individual é pessoa física que exerce atividade econômica organizada para produção ou circulação de bens ou de serviços. O empresário individual deve realizar a sua inscrição no Registro Público de Empresas Mercantis, a cargo das Juntas Comerciais, no local da sua sede, antes do exercício da sua atividade. Será equiparado à pessoa jurídica para fins fiscais.

O empresário individual, como pessoa física, não goza do benefício da separação patrimonial, respondendo pelos riscos da atividade com todo o seu patrimônio.

A sociedade, por sua vez, é definida no artigo 981 do Código Civil.[99] Trata-se de pessoa jurídica formada pela união de duas ou mais pessoas que pretendem contribuir com o seu patrimônio para o exercício de atividade econômica e partilha dos resultados.

Em regra, todo aquele que exerce atividade econômica é empresário. Dessa forma, a sociedade que exerce atividade econômica organizada para a produção ou circulação de bens ou de serviços é considerada empresária, como preceitua o artigo 982 do Código Civil.[100]

Excepcionalmente, a sociedade poderá ser classificada como simples, quando exercer atividades econômicas de natureza não empresarial, como a profissão intelectual, de natureza científica literária ou artística, cujo exercício não configure elemento de empresa[101] e as cooperativas.

---

[98] Art. 966. Considera-se empresário quem exerce profissionalmente atividade econômica organizada para a produção ou a circulação de bens ou de serviços.

[99] Art. 981. Celebram contrato de sociedade as pessoas que reciprocamente se obrigam a contribuir, com bens ou serviços, para o exercício de atividade econômica e a partilha, entre si, dos resultados.

[100] Art. 982. Salvo as exceções expressas, considera-se empresária a sociedade que tem por objeto o exercício de atividade própria de empresário sujeito a registro (art. 967); e, simples, as demais. Parágrafo único. Independentemente de seu objeto, considera-se empresária a sociedade por ações; e, simples, a cooperativa.

[101] Art. 966. (...) Parágrafo único. Não se considera empresário quem exerce profissão intelectual, de natureza científica, literária ou artística, ainda com o concurso e auxiliares ou colaboradores, salvo se o exercício da profissão constituir elemento de empresa.

A sociedade empresária está sujeita à recuperação judicial. A sociedade simples, por não possuir natureza empresarial, está excluída do regime recuperacional.

As sociedades empresárias deverão adotar um dos tipos societários previstos em nossa legislação, quais sejam: sociedade em nome coletivo, em comandita simples, limitada, anônima e em comandita por ações[102].

Por fim, a EIRELI – Empresa individual de responsabilidade limitada – também está sujeita à recuperação judicial. Trata-se de pessoa jurídica de direito privado constituída por único titular que destina parte de seu patrimônio para o exercício de atividade empresarial. Essa modalidade de pessoa jurídica foi introduzida no ordenamento jurídico brasileiro pela Lei nº 12.441/2011, que inseriu o artigo 980-A ao Código Civil.

A EIRELI será constituída por única pessoa titular da totalidade do capital social. Pode também ser constituída pela concentração das quotas de sociedade empresária ou pela transformação do empresário individual. Referido capital não poderá ser inferior a 100 (cem) vezes o maior salário mínimo vigente.

Apesar de não haver menção da sujeição da EIRELI à recuperação judicial, em razão da ausência de alteração expressa da LFR pela Lei nº 12.441/2011, não há dúvidas sobre tal fato, visto que o artigo 980-A, em seu § 6º[103], equipara a EIRELI às sociedades limitadas.

Assim, a EIRELI também possui legitimidade ativa para o pedido de recuperação judicial e extrajudicial.

Em síntese, estão sujeitos à recuperação judicial o empresário individual, pessoa física, a sociedade empresária e a EIRELI, pessoas jurídicas. Ressalte-se que a sujeição à recuperação judicial está relacionada ao exercício regular da atividade empresarial, ou seja, o empresário irregular

---

[102] Art. 983. A sociedade empresária deve constituir-se segundo um dos tipos regulados nos arts. 1.039 a 1.092; a sociedade simples pode constituir-se de conformidade com um desses tipos, e, não o fazendo, subordina-se às normas que lhe são próprias. Parágrafo único. Ressalvam-se as disposições concernentes à sociedade em conta de participação e à cooperativa, bem como as constantes de leis especiais que, para o exercício de certas atividades, imponham a constituição da sociedade segundo determinado tipo.

[103] Art. 980-A. A empresa individual de responsabilidade limitada será constituída por uma única pessoa titular da totalidade do capital social, devidamente integralizado, que não será inferior a 100 (cem) vezes, o maior salário mínimo vigente no País. (...) § 6º. Aplicam-se à empresa individual de responsabilidade limitada, no que couber, as regras previstas para as sociedades limitadas.

e a sociedade em comum, aquela irregular pela ausência de registro não podem também requerê-la, por força do disposto no *caput* do artigo 48, LFR[104].

Ainda, aquele que não exerce atividade empresarial está excluído do regime recuperacional, seja a pessoa física que não exerce atividade empresarial, seja a pessoa jurídica que exerce atividade econômica não empresarial: a sociedade simples, dentre elas as cooperativas, reguladas pela Lei nº 5.764/71, bem como, as pessoas jurídicas que não exercem atividade econômica: a associação, a fundação, a organização religiosa e os partidos políticos.

Ademais, a Lei nº 11.101/2005 apresenta situações especiais de sujeição. A primeira delas é a das companhias aéreas. Os artigos 198 e 199[105] autorizam expressamente as companhias aéreas ajuizarem pedido de recuperação judicial, extrajudicial ou ter a falência decretada. Tais dispositivos inovam, pois, o Decreto-lei nº 7.661/45, que regulou a falência até a entrada em vigor da atual LFR, excluía essas sociedades do regime falimentar.

Outra situação especial é a prevista no art. 2º da LFR[106] que traz o rol dos excluídos do regime recuperacional. Ressalte-se que todas as pessoas jurídicas descritas neste dispositivo são sociedades empresárias, mas são excluídas por expressa disposição de Lei. Fábio Ulhoa Coelho[107] classifica esse dispositivo legal em duas categorias: os absolutamente e os relativamente excluídos.

O inciso I do art. 2º da LFR determina que a lei não se aplica às empresas públicas e às sociedades de economia mista. Tais sociedades são pessoas

---

[104] Art. 48. Poderá requerer recuperação judicial o devedor que, no momento do pedido, exerça regularmente suas atividades há mais de 2 (dois) anos e que atenda aos seguintes requisitos, cumulativamente: (...).

[105] Art. 198. Os devedores proibidos de requerer concordata nos termos da legislação específica em vigor na data da publicação desta Lei ficam proibidos de requerer recuperação judicial ou extrajudicial nos termos desta Lei. Art. 199. Não se aplica o disposto no art. 198 desta Lei às sociedades a que se refere o art. 187 da Lei n. 7.565, de 19 de dezembro de 1986.

[106] Art. 2º. Esta Lei não se aplica a: I – empresa pública e sociedade de economia mista; II – instituição financeira pública ou privada, cooperativa de crédito, consórcio, entidade de previdência complementar, sociedade operadora de plano de assistência à saúde, sociedade seguradora, sociedade de capitalização e outras entidades legalmente equiparadas às anteriores.

[107] COELHO, Fábio Ulhoa. Curso de direito comercial: direito de empresa. 15. ed. São Paulo: Saraiva, 2014. v. 3. p. 258.

jurídicas de direito privado com participação do Estado na composição do capital social. Em razão dessa participação, a eventual insolvência será regida pelas regras do Direito Administrativo.

O inciso II do art. 2º da LF restringe a aplicação do regime recuperacional às instituições financeiras públicas e privadas, cooperativas de crédito, consórcios, entidades de previdência complementar, sociedades operadoras de plano de assistência à saúde, sociedades seguradoras, sociedades de capitalização e outras entidades legalmente equiparadas às anteriores.

As sociedades mencionadas no referido dispositivo são sociedades empresárias expressamente excluídas do regime recuperacional. Fábio Ulhoa Coelho[108] ensina que tais sociedades são relativamente excluídas, pois podem falir em determinas hipóteses, apesar de estarem impossibilitadas de requerer recuperação judicial e extrajudicial.

As instituições financeiras são regidas pela Lei nº 6.024/74 que regula o procedimento de intervenção e liquidação extrajudicial das instituições financeiras. O art. 53[109] proíbe tais sociedades de requererem concordata. O art. 198[110] da LF, por sua vez, confirma a manutenção da proibição com relação à recuperação judicial e extrajudicial.

Por outro lado, o art. 21[111] da Lei nº 6.024/74 autoriza o liquidante a requerer a falência da entidade quando o seu ativo não for suficiente para cobrir pelo menos a metade do valor dos créditos quirografários, ou quando houver fundados indícios de crimes falimentares.

Assim, as instituições financeiras não podem requerer recuperação judicial ou extrajudicial, mas podem ter sua falência decretada, desde que

---

[108] COELHO, Fábio Ulhoa. Curso de direito comercial: direito de empresa. 15. ed. São Paulo: Saraiva, 2014. v. 3, p. 259.

[109] Art. 53. As sociedades ou empresas que integram o sistema de distribuição de títulos ou valores mobiliários no mercado de capitais, assim como as sociedades ou empresas corretoras de câmbio, não poderão como as instituições financeiras impetrar concordata.

[110] Art. 198. Os devedores proibidos de requerer concordata nos termos da legislação específica em vigor na data da publicação desta Lei ficam proibidos de requerer recuperação judicial ou extrajudicial nos termos desta Lei.

[111] Art. 21. À vista do relatório ou da proposta previstos no art. 11, apresentados pelo liquidante na conformidade do artigo anterior, o Banco Central do Brasil poderá autorizá-lo a: a) prosseguir na liquidação extrajudicial; b) requerer a falência da entidade, quando o seu ativo não for suficiente para cobrir pelo menos a metade do valor dos créditos quirografários, ou quando houver fundados indícios de crimes falimentares.

seja requerida com autorização do Banco Central do Brasil, a pedido do liquidante.

As cooperativas de crédito são equiparadas às instituições financeiras, nos termos do art. 17[112] da Lei nº 4.595/64, razão pela qual também se aplicam as regras da Lei nº 6.024/74.[113]

Quanto aos consórcios, a LFR não foi clara ao mencionar se a exclusão se refere às administradoras de consórcios reguladas pela Lei nº 11.795/2008 ou do consórcio de sociedades previsto no art. 278 da Lei nº 6.404/76.

A Lei nº 11.795/2008 trata dos contratos de consórcio, consubstanciados pela reunião de pessoas físicas e jurídicas em grupo para contribuição recíproca e aquisição futura de eventuais bens ou serviços. Os contratos dessa natureza são administrados por instituições financeiras às quais se aplica o regime da Lei nº 6.024/74.

Já o consórcio de sociedades, regido pelo art. 278[114] da Lei nº 6.404/76 é a reunião de sociedades empresárias para a realização de determinado empreendimento. O consórcio não adquire personalidade jurídica e as obrigações entre as consorciadas continuam independentes. Dessa forma, poderá haver a recuperação judicial de uma ou mais sociedades consorciadas, mas não do consórcio em si, o que o exclui do regime recuperacional.

As entidades de previdência complementar são regidas pela Lei Complementar nº 109/2001. São sociedades anônimas constituídas com o objetivo de instituir e operar planos de previdência privada. O art. 47[115] traz proibição expressa quanto à possibilidade de concordata. Como já

---

[112] Art. 17. Consideram-se instituições financeiras, para os efeitos da legislação em vigor, às pessoas jurídicas públicas ou privadas, que tenham como atividade principal ou acessória a coleta, intermediação ou aplicação de recursos financeiros próprios ou de terceiros, em moeda nacional ou estrangeira, e a custódia de valor de propriedade de terceiros.

[113] Nesse sentido é o posicionamento de MAMEDE, Gladston. Direito empresarial brasileiro: falência e recuperação de empresas. 5. ed. São Paulo: Atlas. v. 4. p. 15.

[114] Art. 278. As companhias e quaisquer outras sociedades, sob o mesmo controle ou não, podem constituir consórcio para executar determinado empreendimento, observado o disposto neste capítulo. § 1º. O consórcio não tem personalidade jurídica e as consorciadas se obrigam nas condições previstas nos respectivos contratos, podendo cada uma por suas obrigações, sem presunção de solidariedade. § 2º. A falência de uma consorciada não se estende às demais, subsistindo o consórcio com as outras contratantes; os créditos que porventura tiver a falida serão apurados e pagos na forma prevista no contrato de consórcio.

[115] Art. 47. As entidades fechadas não poderão solicitar concordata e não estão sujeitas à falência, mas somente a liquidação extrajudicial.

visto, o art. 198 da LFR confirma a proibição com relação à recuperação judicial e extrajudicial.

O art. 62 da mesma Lei Complementar nº 109/2001[116] determina a aplicação subsidiária da Lei nº 6.024/74 aos procedimentos de liquidação extrajudicial, exclusivamente para as entidades abertas, recebendo estas, portanto, o mesmo tratamento dispensado às instituições financeiras. As entidades de previdência complementar fechadas não se sujeitam ao regime da LRF.

As sociedades operadoras de plano de assistência à saúde são regidas pela Lei nº 9.656/98. São sociedades empresárias que prestam serviço de assistência à saúde sob a fiscalização da ANS – Agência Nacional de Saúde, agência reguladora especialmente criada por lei para esse fim.

O art. 23 da Lei nº 9.656/98 determina que as operadoras de plano de assistência à saúde não podem requerer concordata e, portanto, não podem requerer recuperação judicial e extrajudicial e, ainda, não estarão sujeitas ao regime falimentar, salvo se o ativo apurado no procedimento de liquidação não for suficiente para pagamento de, pelo menos, metade do passivo, pagamento das despesas administrativas e operacionais inerentes ao processamento da liquidação extrajudicial ou nas hipóteses de fundados indícios de prática de crime falimentar.

As sociedades seguradoras, por sua vez, são regidas pelo Decreto-lei nº 73/66 que em seu art. 26[117] exclui tais sociedades do regime da concordata e, consequentemente, da recuperação judicial e extrajudicial. Exclui ainda do regime falimentar, salvo se o ativo não for suficiente para o pagamento de, pelo menos, a metade dos credores quirografários, ou quando houver fundados indícios da ocorrência de crime falimentar.

As sociedades de capitalização são regidas pelo Decreto-lei nº 261/67 e são definidas como sociedades que tenham como objetivo fornecer ao público a constituição de planos de capitalização, nos termos autorizados

---

[116] Art. 62. Aplicam-se à intervenção e à liquidação das entidades de previdência complementar, no que couber, os dispositivos da legislação sobre a intervenção e liquidação extrajudicial das instituições financeiras, cabendo ao órgão regulador e fiscalizador as funções atribuídas ao Banco Central do Brasil.

[117] Art. 26. As sociedades seguradoras não poderão requerer concordata e não estão sujeitas à falência, salvo, neste último caso, se decretada a liquidação extrajudicial, o ativo não for suficiente para o pagamento de pelo menos a metade dos credores quirografários, ou quando houver fundados indícios da ocorrência de crime falimentar.

pelo Governo Federal. A essas entidades se aplicam as regras do Decreto-lei nº 73/66.

Por fim, o inciso II do referido artigo 2º da LFR, menciona a possibilidade de outras entidades legalmente equiparadas às anteriores, manifestando o desejo do legislador de estabelecer um rol exemplificativo.

Nesse sentido, a Lei n. 12757/12 exclui as concessionárias de energia elétrica do regime da recuperação judicial e extrajudicial enquanto vigente o contrato de concessão.

Pode-se concluir que estão sujeitos ao regime falimentar e recuperacional, o empresário individual, EIRELI e sociedade empresária. Com relação às sociedades, incluem-se as companhias aéreas e excluem-se as empresas públicas e sociedades de economia mista, com relação ao regime falimentar e recuperacional, bem como, as demais sociedades mencionadas no art. 2º, II, somente com relação ao regime recuperacional, permitindo-se a decretação da falência nos casos previstos nas respectivas legislações específicas.

2.4 Competência

O artigo 3º da LFR[118] define o foro competente para conhecer o pedido de recuperação judicial ou extrajudicial formulado pelo devedor. Distingue duas situações: i) o devedor com sede no Brasil e que possui mais de um estabelecimento e; ii) o devedor com sede no exterior e filial no Brasil.

No primeiro caso, o devedor que possui sede no Brasil e só dispõe de um estabelecimento comercial deverá requerer sua recuperação judicial no juízo do local onde está estabelecido.

Porém, havendo mais de um estabelecimento, deve o devedor ajuizar o pedido no juízo do local do principal estabelecimento. Essa regra também era estabelecida no artigo 7º do Decreto-lei nº 7.661/45.

A LFR não definiu o conceito de principal estabelecimento, cabendo à doutrina fazê-lo.

Paulo Fernando Campos Salles de Toledo esclarece:

---

[118] Art. 3º. É competente para homologar o plano de recuperação extrajudicial, deferir a recuperação judicial ou decretar a falência o juízo do local do principal estabelecimento do devedor ou da filial de empresa que tenha sede fora do Brasil.

Para uma primeira corrente, o principal estabelecimento seria o do domicílio estatutário, ou seja, aquele fixado como tal no contrato social ou nos estatutos. O ponto falho da ideia é que essa fixação poderia ser feita aleatoriamente, e até em fraude aos credores. Uma segunda alternativa corresponderia à sede administrativa da empresa, o centro gerador das decisões negociais. Mas isto poderia facilitar (o exemplo é clássico) ao devedor de má-fé a mudança formal de sua sede às vésperas da impetração de recuperação judicial, fugindo, assim, ao juízo naturalmente competente, e igualmente prejudicando os credores.[119]

O impasse em conceituar "principal estabelecimento" está em adotar um critério para defini-lo: poderia se considerar a sede estatutária ou contratual, porém tal critério é passível de manipulação pelo devedor, que poderia alterá-la a qualquer tempo, como bem lhe conviesse; ainda, poderia se adotar o critério econômico, fundado na ideia de que o principal estabelecimento é aquele mais importante para a sociedade, do ponto de vista econômico e patrimonial.

Oscar Barreto Filho esclarece a diferença entre principal estabelecimento e estabelecimento matriz: *"O conceito de estabelecimento matriz é jurídico, prende-se à idéia de centro de direção dos negócios; a noção de estabelecimento principal é econômica, pois diz respeito à concentração de valores patrimoniais."*[120]

A posição que vem prevalecendo é aquela que considera o critério econômico.

Oscar Barreto Filho enuncia: *"Deve, portanto, preponderar na conceituação do estabelecimento principal o critério quantitativo do ponto de vista econômico, qual seja, aquele em que o comerciante exerce maior atividade mercantil, e que, portanto, é mais expressivo em termos patrimoniais."*[121]

No mesmo sentido é a lição de Paulo Fernando Campos Salles de Toledo: "(...) *Desse modo, para os fins previstos no art. 3º em foco, essa expressividade irá*

---

[119] TOLEDO, Paulo F.C. Salles de; ABRÃO, Carlos Henrique. Comentários à lei de recuperação de empresas e falência. 5. ed. rev. atual. e ampl. São Paulo: Saraiva, 2012, p. 63.

[120] BARRETO FILHO, Oscar. Teoria do estabelecimento comercial: fundo de comércio ou fazenda mercantil. 2. ed. São Paulo: Saraiva, 1988, p. 145.

[121] BARRETO FILHO, Oscar. Teoria do estabelecimento comercial: fundo de comércio ou fazenda mercantil. 2. ed. São Paulo: Saraiva, 1988, p. 145-146.

relacionar-se ao local em que estiverem concentrados em maior número os bens da empresa, ou em que estiver radicada boa parte de seus credores".[122]

Dessa forma, o pedido de recuperação judicial deve ser proposto no juízo do local do principal estabelecimento do devedor, ou seja, daquele mais importante do ponto de vista econômico e patrimonial.

O devedor com sede no exterior, mas com filial ou sucursal no Brasil, pode requerer recuperação judicial. Nesse caso, o fará no foro do local onde está estabelecida sua filial no Brasil. Havendo diversas filiais, adota-se também o critério do principal estabelecimento, devendo o pedido ser ajuizado na filial de maior relevância econômica.

2.5 Créditos

2.5.1 Créditos Sujeitos

Ao ajuizar o pedido de recuperação judicial, o devedor pretende obter uma solução para a crise, de forma que consiga honrar os seus compromissos. Por isso, os credores são essenciais para que o objetivo seja alcançado.

Assim, relevante é o estudo dos créditos abrangidos pela recuperação judicial, já que, a partir disso, se definirá o passivo sujeito ao futuro plano de recuperação judicial e as pessoas que participarão da sua aprovação ou rejeição.

De acordo com o artigo 49 da LFR[123] estão sujeitos à recuperação judicial todos os créditos existentes na data do pedido, ainda que não vencidos.

A regra geral é a de que todas as obrigações constituídas até a data do ajuizamento do pedido estarão sujeitas ao plano de recuperação judicial. Aqui, duas observações importantes: i) o legislador adotou como critério a "existência" do crédito, ou seja, a sua constituição, e não o seu vencimento. Sendo a obrigação constituída até a data do ajuizamento do pedido, estará sujeita ao processo recuperacional; ii) os créditos constituídos após o ajuizamento do pedido não estarão sujeitos e deverão ser cumpridos pelo devedor na forma contratada. O plano de recuperação judicial não surtirá

---

[122] Comentários à lei de recuperação de empresas e falência. 5. ed. rev. atual. e ampl. São Paulo: Saraiva, 2012, p. 63-64.
[123] Art. 49. Estão sujeitos à recuperação judicial todos os créditos existentes na data do pedido, ainda que não vencidos. (...).

nenhum efeito sobre eles. Da mesma forma, os seus titulares não poderão participar da recuperação judicial.

Relevante mencionar a situação das obrigações de trato sucessivo, ou seja, aquelas que foram constituídas até a data do ajuizamento do pedido, mas cujo cumprimento será realizado, em diversos momentos, no futuro.

Gladston Mamede entende que a relação jurídica deve ser alcançada como um todo, sujeitando-se à recuperação judicial, todas as obrigações dela decorrentes.[124]

Manoel Justino Bezerra Filho tem entendimento diverso, no sentido de que os créditos vencidos após o ajuizamento do pedido não estariam sujeitos à recuperação judicial, como se verifica:

> (...) No que diz respeito a aluguéis de imóveis, estão sujeitos à recuperação judicial apenas os aluguéis vencidos, pois os vincendos não podem ser considerados "créditos existentes na data do pedido" e, portanto, são exigíveis em seu vencimento, sob pena de despejo por falta de pagamento. Da mesma forma, contas de consumo de energia elétrica, água, telefone e semelhantes, estão sujeitas ao plano de recuperação, se já vencidas no momento do ajuizamento; as vincendas não estão sujeitas e serão cobradas normalmente, inclusive com corte no fornecimento, se for o caso (...).[125]

Nesse sentido tem decidido o Tribunal de Justiça de São Paulo[126].

Assim, excepcionalmente, nas obrigações de trato sucessivo ou de prestação continuada, as prestações vencidas até a data do pedido de recuperação judicial estarão sujeitas, enquanto aquelas vencidas após o pedido estarão excluídas do plano de recuperação judicial.

---

[124] MAMEDE, Gladston. Direito empresarial brasileiro: falência e recuperação de empresas. 5. ed. São Paulo: Atlas, 2012, v. 4, p. 129.
[125] Lei de recuperação de empresas e falência: Lei 11.101/2005 comentada artigo por artigo. 7. ed. rev. atual. e ampl. São Paulo: Ed. RT, 2011, p. 137.
[126] Apelação. Locação. Despejo por falta de pagamento cumulado com cobrança de aluguéis e outros encargos. Recuperação Judicial superveniente. Necessidade de habilitação dos créditos originados até a data do pedido de recuperação. Devidos os débitos posteriores ao pedido. Mantida a sentença em relação aos débitos posteriores. Apelo parcialmente provido. (Relator(a): Pereira Calças; Comarca: Lins; Órgão julgador: 29ª Câmara de Direito Privado; Data do julgamento: 27/05/2015; Data de registro: 28/05/2015).

Outra questão importante, é a relativa aos créditos constituídos após o pedido de recuperação judicial mas cujos fatos geradores são anteriores. Exemplo recorrente é a condenação do devedor ao pagamento de verbas trabalhistas por meio de sentença proferida após o requerimento da recuperação judicial mas que tem por objeto serviços prestados pelo empregado antes do pedido. Firmou-se o entendimento de que o critério de sujeição ao processo de recuperação judicial será a data do fato constitutivo do direito e não a data da condenação judicial.[127]

Dessa forma, sujeitam-se à recuperação judicial todos os créditos existentes na data do ajuizamento do pedido, seja de natureza contratual ou extracontratual, trabalhista, civil ou empresarial, com garantia real ou fidejussórias. Não se sujeitam os contratos previstos nas hipóteses previstas nos §§ 3º e 4º do artigo 49, da LRF, bem como os créditos tributários e as obrigações previstas no artigo 5º da LFR que são consideradas inexigíveis, todos serão estudados a seguir.

2.5.2 Créditos Não Sujeitos e Obrigações Não Exigíveis

O artigo 49, em seus §§ 3º e 4º, da LFR[128], traz as exceções, ou seja, as hipóteses de obrigações existentes na data do pedido, mas excluídas do processo de recuperação judicial. São elas:

i) os créditos derivados de propriedade fiduciária de bens móveis ou imóveis;

---

[127] Enunciado 100 da III Jornada de Direito Comercial: – Consideram-se sujeitos à recuperação judicial, na forma do art. 49 da Lei n. 11.101/2005, os créditos decorrentes de fatos geradores anteriores ao pedido de recuperação judicial, independentemente da data de eventual acordo, sentença ou trânsito em julgado.

[128] Art. 49. (...) § 3º Tratando-se de credor titular da posição de proprietário fiduciário de bens móveis ou imóveis, de arrendador mercantil, de proprietário ou promitente vendedor de imóvel cujos respectivos contratos contenham cláusula de irrevogabilidade ou irretratabilidade, inclusive em incorporações imobiliárias, ou de proprietário em contrato de venda com reserva de domínio, seu crédito não se submeterá aos efeitos da recuperação judicial e prevalecerão os direitos de propriedade sobre a coisa e as condições contratuais, observada a legislação respectiva, não se permitindo, contudo, durante o prazo de suspensão a que se refere o § 4º do art. 6º desta Lei, a venda ou a retirada do estabelecimento do devedor dos bens de capital essenciais a sua atividade empresarial. § 4º Não se sujeitará aos efeitos da recuperação judicial a importância a que se refere o inciso II do art. 86 desta Lei. (...).

ii) os créditos derivados de contrato de arrendamento mercantil;
iii) os créditos derivados de compromisso de venda e compra de imóvel com cláusula de irrevogabilidade ou irretratabilidade, inclusive em incorporações imobiliárias;
iv) os créditos derivados de compra e venda com reserva de domínio;
v) os créditos decorrentes de adiantamento a contrato de câmbio.

As quatro primeiras hipóteses, previstas no art. 49, § 3º, da LFR, tratam de créditos vinculados à propriedade de bens móveis ou imóveis. Ressalte-se que os créditos com garantia real decorrentes de penhor, hipoteca ou anticrese estão sujeitos à recuperação judicial, uma vez que não se enquadram em nenhuma das exceções mencionadas.

A primeira hipótese é a que trata dos créditos decorrentes de propriedade fiduciária de bens móveis ou imóveis. A propriedade fiduciária está definida no artigo 1.361, do Código Civil[129] como sendo a propriedade resolúvel de bem móvel fungível transferida pelo devedor ao credor, como garantia. A propriedade fiduciária de bem imóvel é regulada pela Lei nº 9.514/97.

A propriedade do bem dado em garantia de outra obrigação é transferida do devedor para o credor, incidindo uma cláusula resolutiva, ou seja, a propriedade do credor se resolve no momento em que a obrigação for liquidada.

A propriedade fiduciária é transmitida por meio de contrato de alienação fiduciária em garantia, aplicável tanto ao bem móvel quanto ao imóvel.

Considerando que o devedor fiduciante esteja passando por crise, deixe de cumprir a obrigação e venha a ajuizar pedido de recuperação judicial, o proprietário fiduciário exercerá o seu direito de propriedade sobre o bem dado em garantia, não se sujeitando aos efeitos do processo recuperacional, por força do artigo 49, § 3º, da LFR. Isto porque, entendeu o legislador falimentar que o direito de propriedade fiduciária deve prevalecer, razão pela qual o credor fiduciário foi excluído do regime e estará livre para exigir o cumprimento das obrigações pactuadas com o devedor.

Questão polêmica é a relacionada à cessão fiduciária de créditos. Jorge Lobo assim define o contrato:

---

[129] Art. 1.361. Considera-se fiduciária a propriedade resolúvel de coisa móvel infungível que o devedor, com escopo de garantia, transfere ao credor. (...).

Isto posto, adentrando na controvérsia, entendo que a cessão fiduciária em garantia de recebíveis é a transferência, limitada e resolúvel, que faz o devedor-fiduciante ao credor-fiduciário, do domínio e posse direta, mediante tradição efetiva, de direitos creditórios oriundos de títulos de crédito próprios e impróprios ou de contratos em garantia do pagamento de obrigação a que acede, resolvendo-se o direito do credor-fiduciário com a liquidação da dívida garantida e a reversão imediata e automática da propriedade ao devedor-fiduciante uma vez satisfeito o débito.[130]

Na cessão fiduciária, o devedor transfere ao credor, em garantia de obrigação assumida, a propriedade de títulos de créditos ou créditos oriundos de contratos, ou seja, de recebíveis. Sobre tais créditos, o credor adquire a propriedade resolúvel.

A polêmica reside na sujeição de tais credores à recuperação judicial, já que o referido artigo 49, § 3º, da LFR, trata somente da propriedade fiduciária de bens móveis e imóveis.

Fábio Ulhoa Coelho entende que o conceito de bem móvel alcança também os direitos obrigacionais:

> (...) Concluindo, não há discrepância, na doutrina, sobre a extensão do conceito de "bens móveis", no sentido de alcançar também os "direitos obrigacionais" (salvo apenas se referidos a bens imóveis). Por isso, o art. 49, §3º, da Lei n. 11.101/2005 deve ser interpretado em consonância com o art. 83, III, do CC, para fins de assentar que a cessão fiduciária de direitos creditórios *também* está excluída dos efeitos da recuperação judicial do cedente.[131]

Dessa forma, a cessão fiduciária de créditos teria a mesma natureza de propriedade fiduciária e, portanto, estaria excluída do regime da

---

[130] Texto em : TOLEDO, Paulo F.C. Salles de; ABRÃO, Carlos Henrique. Comentários à lei de recuperação de empresas e falência. 5. ed. rev. atual. e ampl. São Paulo: Saraiva, 2012, p. 185.
[131] Comentários à lei de falências e de recuperação de empresas. 9. ed. São Paulo: Saraiva, 2013, p. 184.

recuperação judicial. Esse é o entendimento do Superior Tribunal de Justiça.[132]

O segundo caso de exclusão previsto no art. 49, § 3º, da LFR, é o do credor decorrente de contrato de arrendamento mercantil.

De acordo com a Lei nº 6.099/74, pelo contrato de arrendamento mercantil, uma pessoa jurídica arrenda a outra pessoa, física ou jurídica, bem para uso desta. A propriedade do bem é do arrendante, mas a posse direta do bem é do arrendatário. As partes pactuam uma remuneração pelo uso do bem pelo arrendatário e um prazo para duração do vínculo contratual. Findo o prazo, o arrendatário pode optar entre devolver o bem, adquiri-lo, mediante o pagamento de valor residual ou, ainda, prorrogar o prazo contratual.

Estando o arrendatário em crise e não conseguindo arcar com a remuneração, o arrendante não se sujeitará aos efeitos da recuperação judicial e poderá exercer os direitos na forma pactuada.

A terceira hipótese é a decorrente de compromisso de compra e venda de bem imóvel, com cláusula de irrevogabilidade ou irretratabilidade, inclusive em incorporações imobiliárias. Pelo compromisso de compra e venda de bem imóvel, o vendedor conserva a propriedade do bem até o pagamento integral do preço.

Assim, inadimplida a obrigação pelo comprador e ajuizando pedido de recuperação judicial, o vendedor ficará excluído do regime recuperacional, podendo exercer o seu direito de propriedade sobre o imóvel.

Da mesma forma, a compra e venda com reserva de domínio. Trata-se de cláusula especial inserida no contrato de compra e venda de bem móvel,

---

[132] AGRAVO REGIMENTAL CONTRA DECISÃO LIMINAR EM CONFLITO DE COMPETÊNCIA. RECUPERAÇÃO JUDICIAL. EXECUÇÃO DE CÉDULAS DE CRÉDITO GARANTIDAS POR AVAL E ALIENAÇÃO FIDUCIÁRIA. POSSIBILIDADE. INCLUSÃO DOS COOBRIGADOS NO POLO PASSIVO. PERTINÊNCIA. NÃO SUBMISSÃO AOS EFEITOS DA RECUPERAÇÃO JUDICIAL. 1. A cessão fiduciária de direitos sobre títulos de crédito, possuindo a natureza jurídica de propriedade fiduciária, não se sujeita aos efeitos da recuperação judicial (art. 49, § 3º, da Lei 11.101/2005). Não ocorrência, na hipótese, de peculiaridade apta a recomendar o afastamento circunstancial da regra. 2. Os credores do devedor em recuperação judicial conservam seus direitos e privilégios contra os coobrigados, fiadores e obrigados de regresso (art. 49, § 1º, da Lei 11.101/2005). 3. Agravo regimental desprovido. (AgRg no CC 124.489/MG, Rel. Ministro RAUL ARAÚJO, SEGUNDA SEÇÃO, julgado em 09/10/2013, DJe 21/11/2013).

prevista no artigo 521 do Código Civil[133], por meio da qual o vendedor se reserva da propriedade do bem até o pagamento integral do preço. O comprador que inadimplir a obrigação e requerer recuperação judicial não poderá incluir tal credor no plano de recuperação judicial, na medida em que aqui também prevalece o direito de propriedade sobre o bem.

O art. 49, § 3º, da LFR, em sua parte final, faz a seguinte ressalva: "(...) *seu crédito não se submeterá aos efeitos da recuperação judicial e prevalecerão os direitos de propriedade sobre a coisa e as condições contratuais, observada a legislação respectiva, não se permitindo, contudo, durante o prazo de suspensão a que se refere o § 4º do art. 6º desta Lei, a venda ou a retirada do estabelecimento do devedor dos bens de capital essenciais a sua atividade empresarial.*"

Assim, em todos os casos acima explicitados, se o bem vinculado ao crédito for *bem de capital essencial ao exercício da atividade empresarial* o credor não poderá vendê-lo ou retirá-lo do estabelecimento do devedor pelo prazo de 180 dias contados da decisão que defere o processamento da recuperação judicial.

Gladston Mamede entende que bens de capital: "(...) *são bens cuja finalidade específica é a produção, por meio de sua utilização na atividade empresarial e não a mera especulação ou conservação.* (...) *Portanto, maquinário, instrumental e todos os outros bens que, na empresa, servem à realização ao seu objeto social.*"[134]

Para o autor, são considerados bens de capital somente aqueles utilizados na consecução do objeto social, ou seja, aqueles essenciais para o exercício da atividade empresarial pelo devedor.

Manoel Justino Bezerra Filho, por sua vez, estabelece um conceito mais amplo: "(...) *qualquer bem objeto de alienação fiduciária, arrendamento mercantil ou reserva de domínio deve ser entendido como essencial à atividade empresarial, até porque adquirido pela sociedade empresária somente pode ser destinado à atividade exercida pela empresa. Este caráter de essencialidade, em caso de empresa em recuperação, deve permitir um entendimento mais abrangente do que aquele normalmente aplicado.*"[135]

---

[133] Art. 521. Na venda de coisa móvel, pode o vendedor reservar para si a propriedade, até que o preço esteja integralmente pago.
[134] Direito empresarial brasileiro: falência e recuperação de empresas. 5. ed. São Paulo: Atlas, 2012, v. 4, p. 132.
[135] Lei de recuperação de empresas e falência: lei 11.101/2005 comentada artigo por artigo. 7. ed. rev. atual. e ampl. São Paulo: Ed. RT, 2011, p. 139.

Dentro do conceito amplo, se incluem também, os insumos, ou seja, a matéria prima utilizada no processo produtivo, além do estoque de mercadorias disponíveis para venda, e que, comumente, são dados em garantia pelos devedores.

Sobre tal discussão, Fábio Ulhoa Coelho estabelece um critério para definição do alcance da expressão:

> (...) Claro, a se prestigiar o critério da "paralisação das atividades empresariais" como definidor dos bens de produção, como sugerido, poderá haver hipóteses em que o insumo, mesmo o incorporado aos produtos comercializados ou fabricados pela sociedade empresária em recuperação, se classifique nessa categoria de bens. Se o estoque de matéria-prima está alienado fiduciariamente e não há condições mercadológicas para sua reposição no caso de execução da garantia, pode esta acarretar a paralisação da atividade empresarial.[136]

A adoção de conceito amplo ou restrito de bem de capital é relevante, pois determinará a possibilidade ou não de o devedor se ver privado do bem em razão do exercício do direito de propriedade do credor, e deve ser definido pelo julgador na hipótese concreta, mediante a análise das circunstâncias do caso.

A última hipótese de exclusão prevista no artigo 49, § 4º, da LFR, é a relativa aos créditos decorrentes de adiantamento a contrato de câmbio.

O artigo 75 da Lei nº 4.728/65[137] trata do contrato de câmbio, bem como da possibilidade de adiantamento a contrato de câmbio realizado por instituição financeira.

---

[136] Comentários à lei de falências e de recuperação de empresas. 9. ed. São Paulo: Saraiva, 2013, p. 181.

[137] Art. 75. O contrato de câmbio, desde que protestado por oficial competente para o protesto de títulos, constitui instrumento bastante para requerer a ação executiva. § 1° Por esta via, o credor haverá a diferença entre a taxa de câmbio do contrato e a da data em que se efetuar o pagamento, conforme cotação fornecida pelo Banco Central, acrescida dos juros de mora. § 2º Pelo mesmo rito, serão processadas as ações para cobrança dos adiantamentos feitos pelas instituições financeiras aos exportadores, por conta do valor do contrato de câmbio, desde que as importâncias correspondentes estejam averbadas no contrato, com anuência do vendedor. § 3º No caso de falência ou concordata, o credor poderá pedir a restituição das importâncias adiantadas, a que se refere o parágrafo anterior.

É cediço que o contrato de câmbio é essencial à realização de operações de exportação e importação dentro do país. Por meio dele, as instituições financeiras recebem e efetuam pagamentos em moeda estrangeira.

Por muitas vezes, empresários possuem recebíveis em moeda estrangeira e a instituição financeira pode antecipar os valores a receber, configurando-se, assim, o adiantamento ao contrato de câmbio. Havendo o inadimplemento da obrigação pelo devedor estrangeiro, o empresário brasileiro deverá arcar com o valor adiantado perante a instituição financeira que o antecipou.

A Lei nº 4.728/65, em seu artigo 75, § 3º, estabelece que, na hipótese de falência ou concordata do empresário brasileiro que recebeu a antecipação, o credor, a instituição financeira, poderá requerer a restituição do valor adiantado.

Com o advento da Lei nº 11.101/2005, a possibilidade de pedido de restituição ficou restrita à falência. No caso de recuperação judicial, optou o legislador por excluir a instituição financeira credora do rol dos sujeitos ao regime, por força do referido artigo 49, § 4º, da LFR.

Dessa forma, o credor de adiantamento a contrato de câmbio pode exigir os seus direitos nos termos contratados, não estando sujeitos aos efeitos da recuperação judicial.

Manoel Justino Bezerra Filho faz uma crítica à exclusão desses credores:

> (...) a nova lei de recuperação favorece o capital financeiro em prejuízo da atividade produtiva, por um lado. Por outro lado, dificulta o financiamento à atividade empresária, ao estimular por parte do credor a exigência de garantias reais. Finalmente, ao colocar o capital financeiro em posição privilegiada, induz o Banco a, dentro da lógica capitalista, forçar a falência da sociedade empresária em crise, para que receba os valores decorrentes da realização da garantia, sobre a qual pesará apenas o valor dos salários em atraso, até o limite de 150 salários mínimos.[138]

No mesmo sentido, é a lição de Manoel de Queiroz Pereira Calças:

---

[138] O Estado, a empresa e o mercado: novas tendências de direito econômico e comercial. Revista de Direito Bancário e do Mercado de Capitais. v. 39/2008. p. 24-31, jan.-mar./2008.

Há, pois, necessidade de se refletir sobre a viabilidade de alteração da disciplina legal dos créditos tutelados por direitos reais em garantia, procurando-se equilibrar os interesses das instituições financeiras e os das empresas que por ela são financiadas, objetivando-se equacionar o escopo lucrativo das instituições financeiras com o princípio da preservação da empresa. O princípio constitucional da função social da empresa deve inspirar o legislativo nacional a ponderar com equidade os interesses das instituições financeiras e os interesses das empresas em geral, a fim de melhor disciplinar a questão concernente à cessão fiduciária de créditos de empresas em recuperação judicial.[139]

Assim, nos parece que a questão dos créditos financeiros na recuperação judicial precisa ser melhor analisada, de forma a culminar, inclusive, numa possível reforma legislativa que traga equilíbrio entre os interesses das instituições financeiras e os interesses das empresas em crise.

Além dos créditos excluídos por força do artigo 49, §§ 3º e 4º, da LFR, também estão excluídos do regime recuperacional os créditos fiscais, como determinado no artigo 187 do Código Tributário Nacional.[140]

Assim, o devedor não poderá incluí-los no plano de recuperação judicial e os respectivos credores não sofrerão nenhum efeito decorrente do processo.

O artigo 68 da LFR[141] estabelece que as Fazendas Públicas e o INSS poderão conceder parcelamento aos devedores em recuperação judicial, inclusive com prazos 20% (vinte por cento) maiores para os microempresários e empresários de pequeno porte.

---

[139] Créditos submetidos à recuperação judicial. In: LUCCA, Newton; VASCONCELOS, Miguel Pestana de. (org.). Falência, insolvência e recuperação de empresas – Estudos luso-brasileiros. São Paulo: Quartier Latin do Brasil, 2015, v. 1, p. 104.

[140] Art. 187. A cobrança judicial do crédito tributário não é sujeita a concurso de credores ou habilitação em falência, recuperação judicial, concordata, inventário ou arrolamento. (...).

[141] Art. 68. As Fazendas Públicas e o Instituto Nacional do Seguro Social – INSS poderão deferir, nos termos da legislação específica, parcelamento de seus créditos, em sede de recuperação judicial, de acordo com os parâmetros estabelecidos na Lei 5.172, de 25 de outubro de 1966 – Código Tributário Nacional. Parágrafo único. As microempresas e empresas de pequeno porte farão jus a prazos 20% (vinte por cento) superiores àqueles regularmente concedidos às demais empresas.

A Lei n. 13.043/2014, ao alterar a Lei n. 10.522/2002[142], por sua vez, trata da possibilidade de parcelamento dos tributos federais pelas empresas em recuperação judicial, permitindo o pagamento em até 84 parcelas progressivas.

Por fim, também estão excluídas do regime recuperacional, as obrigações previstas no artigo 5º da LFR[143], quais sejam: i) as obrigações a título gratuito e; ii) as despesas que os credores fizerem para tomar parte na recuperação judicial, exceto custas judiciais decorrentes de litígio com o devedor.

As obrigações a título gratuito são aquelas para as quais não se estabeleceu remuneração. Explica Gladston Mamede:

> A disposição não se limita à doação ou cessão gratuita. A expressão *obrigação a título gratuito* tem tradução mais ampla. O rol das obrigações a título gratuito é muito vasto: promessa de recompensa, comodato, mútuo sem juros; somem-se a todos os contratos que tenha sido ajustados sob forma gratuita (não onerosa): depósito não remunerado, o mandato não remunerado, prestação de serviços gratuita.[144]

A segunda hipótese representa os valores dispendidos pelos credores para realizar a habilitação de crédito ou a representação judicial nos autos do processo recuperacional. Tais valores também não serão exigidos do devedor.

---

[142] Art. 10-A. O empresário ou a sociedade empresária que pleitear ou tiver deferido o processamento da recuperação judicial, nos termos dos arts. 51, 52 e 70 da Lei nº 11.101, de 9 de fevereiro de 2005, poderão parcelar seus débitos com a Fazenda Nacional, em 84 (oitenta e quatro) parcelas mensais e consecutivas, calculadas observando-se os seguintes percentuais mínimos, aplicados sobre o valor da dívida consolidada: (Incluído pela Lei nº 13.043, de 2014) I - da 1a à 12a prestação: 0,666% (seiscentos e sessenta e seis milésimos por cento); II - da 13a à 24a prestação: 1% (um por cento; III - da 25a à 83a prestação: 1,333% (um inteiro e trezentos e trinta e três milésimos por cento); e IV - 84a prestação: saldo devedor remanescente.

[143] Art. 5º Não são exigíveis do devedor, na recuperação judicial ou na falência: I – as obrigações a título gratuito; II – as despesas que os credores fizerem para tomar parte na recuperação judicial ou na falência, salvo as custas judiciais decorrentes de litígio com o devedor.

[144] Direito empresarial brasileiro: falência e recuperação de empresas. 5. ed. São Paulo: Atlas, 2012, v. 4, p. 30.

O artigo 5º, II, LFR, excepciona a hipótese de pagamento de custas judiciais decorrentes de litígio com o devedor. Trata-se das custas e despesas processuais cujo pagamento foi determinado em decisão judicial proferida em autos de processo em que o devedor foi vencido. Esses valores deverão ser incluídos no montante do crédito sujeito à recuperação.

Por fim, importante é a observação de Gladston Mamede: "(...) parece-se que a frase *'não exigíveis do devedor'*, inscrita no *caput* do artigo 5º da Lei 11.101/05, interpreta-se não como *suspensão da exigibilidade*, mas como *extinção da exigibilidade* em relação ao empresário ou sociedade empresária."

Assim, tais valores não podem ser cobrados do devedor, seja nos autos da recuperação judicial, seja em outro processo.

2.5.3 Créditos com Garantia Real e Decorrentes de Penhor Sobre Recebíveis

Como já salientado, os créditos com garantia real estão sujeitos à recuperação judicial. Assim, as obrigações garantidas com penhor, hipoteca e anticrese serão incluídas no plano de recuperação judicial e os credores participarão do procedimento para aprovação ou rejeição desse plano.

O artigo 49, § 5º, da LFR[145], trata da hipótese de penhor sobre recebíveis ou títulos. Dispõe sobre a necessidade de manutenção dos valores relativos às garantias liquidadas em contas bancárias vinculadas ao processo de recuperação judicial durante o período de 180 dias contados da decisão que defere o processamento do pedido.

Tratando-se de penhor sobre recebíveis e, considerando o inadimplemento das obrigações garantidas pelo penhor, em regra, poderia o credor pignoratício adjudicar tais valores para satisfação de seu crédito, respeitado o procedimento previsto para tanto.

Ocorre que, como o crédito com garantia real está sujeito à recuperação judicial, o credor pignoratício nada pode fazer em relação ao devedor, pois deverá se sujeitar ao plano de recuperação judicial aprovado. Assim, surgiu

---

[145] Art. 49 (...) § 5º Tratando-se de crédito garantido por penhor sobre títulos de crédito, direitos creditórios, aplicações financeiras ou valores mobiliários, poderão ser substituídas ou renovadas as garantias liquidadas ou vencidas durante a recuperação judicial e, enquanto não renovadas ou substituídas, o valor eventualmente recebido em pagamento das garantias permanecerá em conta vinculada durante o período de suspensão de que trata o § 4º do art. 6º desta Lei.

a necessidade de se estabelecer uma solução para a hipótese de liquidação dos recebíveis dados em garantia.

O art. 49, § 5º, da LFR, prevê que as garantias liquidadas podem ser substituídas, liberando-se o valor em favor do devedor. Porém, enquanto não ocorrer tal substituição, os valores liquidados permanecerão em conta vinculada ao processo de recuperação judicial. Essa vinculação é chamada de "trava bancária".

Esse é o entendimento pacificado no Tribunal de Justiça de São Paulo, pela Súmula 60: "Na recuperação judicial, é inadmissível a liberação de travas bancárias com penhor de recebíveis e, em consequência, o valor recebido em pagamento das garantias deve permanecer em conta vinculada durante o período de suspensão previsto no § 4º do art. 6º da referida lei."

Em síntese, sujeitam-se à recuperação judicial, todos os créditos existentes na data do ajuizamento do pedido, seja de natureza contratual ou extracontratual, trabalhista, civil ou empresarial, com garantia real ou fidejussória, desde que não se enquadrem nas hipóteses previstas nos §§ 3º e 4º do artigo 49, da LFR. Não se sujeitam, ainda, os créditos tributários e as obrigações previstas no artigo 5º da LFR que são consideradas inexigíveis.

2.5.4 Direitos dos Credores em Relação aos Coobrigados, Fiadores e Obrigados de Regresso

O último ponto relevante é o previsto no artigo 49, § 1º, da LFR.[146] Tratando-se de obrigação sujeita à recuperação judicial, que possua avalista, fiador, devedor solidário ou coobrigado, de acordo com o referido dispositivo legal, o credor conserva os seus direitos em face de tais codevedores, independentemente do processo de recuperação judicial.

Assim, ainda que haja aprovação do plano de recuperação judicial, os credores podem exercer seus direitos em face de codevedores, na forma originalmente contratada. O Superior Tribunal de Justiça já pacificou a questão, com a edição da Súmula 581.[147]

Observe-se que tais direitos permanecem intactos mesmo que o codevedor seja sócio da sociedade em recuperação. A dúvida surgiu em

---

[146] Art. 49. (...) § 1º Os credores do devedor em recuperação judicial conservam seus direitos e privilégios contra os coobrigados, fiadores e obrigados de regresso (...).

[147] Súmula 581-STJ: A recuperação judicial do devedor principal não impede o prosseguimento das ações e execuções ajuizadas contra terceiros devedores solidários ou coobrigados em geral, por garantia cambial, real ou fidejussória.

razão do disposto no artigo 6º da LFR[148] que determina a suspensão das ações e execuções movidas em face do devedor, inclusive aquelas ajuizadas pelos credores particulares do sócio solidário.

Sustentou-se que, por força de tal dispositivo, se o devedor solidário fosse o sócio da sociedade em recuperação, a ação ou execução poderia ser suspensa em face dele. Tal entendimento não prevaleceu, entendendo o Superior Tribunal de Justiça[149] que a expressão "sócio solidário" prevista no artigo 6º da LFR se refere aos sócios de sociedade de responsabilidade ilimitada, como a sociedade em nome coletivo e as sociedades em comandita em relação aos sócios comanditados.

Assim, o credor pode exercer seus direitos em face dos coobrigados, sendo irrelevante o vínculo que tal codevedor possui com o devedor em recuperação judicial.

2.6 Procedimento

2.6.1 Legitimidade

De acordo com o artigo 1º da LFR[150] estão sujeitos à recuperação judicial, o empresário e a sociedade empresária. Como já estudado, a EIRELI –

---

[148] Art. 6º A decretação da falência ou o deferimento do processamento da recuperação judicial suspende o curso da prescrição e de todas as ações e execuções em face do devedor, inclusive aquelas dos credores particulares do sócio solidário. (...).

[149] AGRAVO REGIMENTAL. DIREITO EMPRESARIAL E PROCESSUAL CIVIL. RECURSO ESPECIAL. EXECUÇÃO AJUIZADA EM FACE DE SÓCIO-AVALISTA DE PESSOA JURÍDICA EM RECUPERAÇÃO JUDICIAL. SUSPENSÃO DA AÇÃO. IMPOSSIBILIDADE. 1. O *caput* do art. 6º da Lei n. 11.101/05, no que concerne à suspensão das ações por ocasião do deferimento da recuperação, alcança apenas os sócios solidários, presentes naqueles tipos societários em que a responsabilidade pessoal dos consorciados não é limitada às suas respectivas quotas/ações. 2. Não se suspendem, porém, as execuções individuais direcionadas aos avalistas de título cujo devedor principal é sociedade em recuperação judicial, pois diferente é a situação do devedor solidário, na forma do § 1º do art. 49 da referida Lei. De fato, "[a] suspensão das ações e execuções previstas no art. 6º da Lei n. 11.101/2005 não se estende aos coobrigados do devedor" (Enunciado n. 43 da I Jornada de Direito Comercial CJF/STJ). 3. Agravo regimental não provido. (AgRg no REsp 1342833/SP, Rel. Ministro LUIS FELIPE SALOMÃO, QUARTA TURMA, julgado em 15/05/2014, DJe 21/05/2014).

[150] Art. 1º Esta Lei disciplina a recuperação judicial, a recuperação extrajudicial e a falência do empresário e da sociedade empresária, doravante referidos simplesmente como devedor.

Empresa Individual de Responsabilidade Limitada – também está sujeita ao processo recuperacional.

Assim, tem legitimidade para ajuizar o pedido de recuperação judicial o devedor: empresário individual, sociedade empresária ou EIRELI – Empresa Individual de Responsabilidade Limitada.

Admite-se a possibilidade de litisconsórcio ativo. Trata-se da hipótese da recuperação judicial requerida por devedores pertencentes ao mesmo grupo econômico.

Nesse caso, tem-se entendido pela possibilidade de pedido de recuperação judicial conjunto e processamento unificado em relação a todos os integrantes do grupo.[151]

As sociedades previstas no artigo 2º da LFR[152] não têm legitimidade ativa, pois, são regidas por lei especial, quais sejam: empresa pública, sociedade de economia mista, instituição financeira pública ou privada, cooperativa de crédito, consórcio, entidade de previdência complementar, sociedade operadora de plano de assistência à saúde, sociedade seguradora, sociedade de capitalização e outras entidades legalmente equiparadas às anteriores.

O artigo 48, § 1º, da LFR[153], admite a possibilidade de ajuizamento do pedido de recuperação judicial pelo cônjuge sobrevivente, herdeiros do devedor, inventariante ou sócio remanescente. Trata-se de hipótese remota de pouca aplicação prática.

---

[151] Nesse sentido, vem entendendo o Tribunal de Justiça de São Paulo: Agravo de instrumento. Recuperação judicial. Competência fixada em razão da sede do principal estabelecimento das agravadas e de prevenção gerada por pedido de falência anteriormente distribuído pela própria agravante contra as agravadas (art. 6º § 8º, da Lei nº 11.101/05). Litisconsórcio ativo. Possibilidade. Precedentes. Perícia técnica para apurar a viabilidade das agravadas. Questão não jurídica que refoge à competência do Poder Judiciário. Apresentação de plano único de recuperação judicial. Necessidade. Eventuais distorções dos créditos individuais que devem ser apreciadas e corrigidas caso a caso. Decisão mantida. Agravo a que se nega provimento. (Relator(a): Pereira Calças; Comarca: São Paulo; Órgão julgador: 1ª Câmara Reservada de Direito Empresarial; Data do julgamento: 09/12/2014; Data de registro: 12/12/2014).

[152] Art. 2º Esta Lei não se aplica a: I – empresa pública e sociedade de economia mista; II – instituição financeira pública ou privada, cooperativa de crédito, consórcio, entidade de previdência complementar, sociedade operadora de plano de assistência à saúde, sociedade seguradora, sociedade de capitalização e outras entidades legalmente equiparadas às anteriores.

[153] Art. 48. (...) § 1º A recuperação judicial também poderá ser requerida pelo cônjuge sobrevivente, herdeiros do devedor, inventariante ou sócio remanescente.

A recuperação judicial pode ser requerida pelo cônjuge sobrevivente, herdeiro ou inventariante do empresário individual. Isto porque, somente o empresário individual é pessoa física e, em caso de seu falecimento, o cônjuge, os herdeiros ou o inventariante pode ter interesse em dar continuidade à atividade empresarial exercida pelo falecido, mas que enfrenta crise.

Ainda, o sócio remanescente pode ajuizar o pedido de recuperação judicial da sociedade da qual faz parte.

A expressão "sócio remanescente" pode ser aplicada no caso de falecimento ou retirada dos demais sócios, ficando o autor do pedido como único sócio da sociedade. A questão é peculiar, pois, em caso de retirada dos demais sócios, por exemplo, o sócio remanescente ficaria com a totalidade das quotas ou ações da sociedade e, portanto, teria poderes para decidir em nome dela. Optando por requerer recuperação judicial, deve fazê-lo em nome da sociedade e não em seu nome próprio.

No caso de falecimento dos demais sócios, e estando a sociedade em crise, poderia o sócio remanescente requerer recuperação judicial em seu próprio nome, caso não tivesse a maioria do capital social para aprovar a deliberação e ajuizar o pedido em nome da sociedade.

Fábio Ulhoa Coelho interpreta a expressão "sócio remanescente" como sinônimo de sócio dissidente ou minoritário, entendendo que o sócio dissidente na deliberação sobre a conveniência ou não do pedido de recuperação judicial poderia ajuizá-lo em seu próprio nome. O juiz, por cautela, ouvirá os demais sócios para certificar-se de que não se trata de manipulação fraudulenta do requerente.[154]

O Ministério Público e os credores não podem requerer recuperação judicial por falta de previsão legal. Ricardo Negrão entende que uma reforma legislativa para admitir tais possibilidades seria bem-vinda.[155]

No processo de recuperação judicial não há réu. Gladston Mamede esclarece a questão:

> Embora haja um autor, empresário ou sociedade empresária, não há réu ou réus. Não se pede a recuperação judicial contra alguém,

---

[154] Comentários à lei de falências e de recuperação de empresas. 9. ed. São Paulo: Saraiva, 2013, p. 173-174.

[155] NEGRÃO, Ricardo. Manual de direito comercial e de empresas. 7. ed. São Paulo: Saraiva, 2012.v. 3, p. 168-169.

mas a favor da empresa. Os credores não são réus. Mais que isso, por se tratar de juízo coletivo, há uma pluralidade de pessoas ocupando um dos polos da relação: a universalidade dos credores. Embora não sejam réus, há falar em legitimidade passiva, reconhecendo haver pessoas que se sujeitam ao pedido, sendo atraídas para o processo e alcançadas por seus efeitos, ainda que não se habilitem para o mesmo. Se deferida a recuperação judicial da empresa, os termos da respectiva decisão interlocutória não poderão ser recusados pelos credores (artigos 58 e 59 da Lei 11.101/2005), deixando essa sujeição e, assim, a legitimação passiva para o processo.[156]

Dessa forma, apesar dos credores se sujeitarem ao processo de recuperação judicial, não podem ser considerados réus, pois, não são citados e não apresentam resposta.

Jorge Lobo entende pela possibilidade de os credores apresentarem contestação no prazo de quinze dias contados da publicação do edital contendo a decisão que deferir o processamento do pedido. Fundamenta seu entendimento no direito à ampla defesa e ao contraditório constitucionalmente garantidos pelo artigo 5º, XXXIV, *a*, XXXV e LV, da Constituição Federal. Acolhida a contestação, o magistrado deverá cassar o despacho de processamento do pedido e anular todos os atos praticados, sem decretar a falência, por falta de previsão legal para tanto.[157] A jurisprudência não vem adotando tal posicionamento.

2.6.2 Requisitos

O artigo 48 da LFR[158] estabelece os requisitos para o pedido de recuperação judicial. Todos eles devem ser atendidos de forma cumulativa.

---

[156] Direito empresarial brasileiro: falência e recuperação de empresas. 5. ed. São Paulo: Atlas, 2012, v. 4, p. 125-126.
[157] Ver texto de Jorge Lobo em: TOLEDO, Paulo F.C. Salles de; ABRÃO, Carlos Henrique. Comentários à Lei de recuperação de empresas e falência. 5. ed. rev. atual. e ampl. São Paulo: Saraiva, 2012, p. 199.
[158] Art. 48. Poderá requerer recuperação judicial o devedor que, no momento do pedido, exerça regularmente suas atividades há mais de 2 (dois) anos e que atenda aos seguintes requisitos, cumulativamente: I – não ser falido e, se o foi, estejam declaradas extintas, por sentença transitada em julgado, as responsabilidades daí decorrentes; II – não ter, há menos de 5 (cinco) anos, obtido concessão de recuperação judicial; III – não ter, há menos de 5

O primeiro deles está no *caput* do referido dispositivo legal, qual seja: exercer a atividade empresarial regularmente. O devedor que pretender valer-se do processo de recuperação judicial deve demonstrar o exercício regular da atividade, ou seja, deve estar devidamente inscrito no Registro Público de Empresas Mercantis, a cargo da Junta Comercial. O empresário irregular ou a sociedade em comum não preenchem tal requisito, pois, exercem a atividade empresarial de forma irregular.

O segundo requisito também está previsto no *caput* do artigo 48, da LFR. O devedor deve exercer sua atividade há mais de dois anos. Manoel Justino Bezerra Filho explica:

> À semelhança do que exigia a lei anterior (art. 158, I), este art. 48 inicia a listagem dos impedimentos ao pedido de recuperação, excluindo de seu âmbito o empresário com menos de dois anos de atividade regular, entendendo que não seria razoável que, em prazo inferior a este, viesse o devedor a colocar-se em situação na qual necessitasse de socorro judicial para recuperação. Tal fato denotaria uma inabilidade tão acentuada para a atividade empresarial que a Lei prefere que, em casos assim, seja negada a possibilidade de recuperação.[159]

Assim, não obedecido o prazo legal, a recuperação judicial não pode ser admitida, devendo ser indeferida, como se tratará a seguir.

O artigo 48, § 2º, da LFR, inserido pela Lei nº 12.873/2013, tratou, especificamente, do empresário rural. Isto porque, a sociedade que exerce atividade rural pode ou não ser empresária, nos termos do artigo 984 do

---

(cinco) anos, obtido concessão de recuperação judicial com base no plano especial de que trata a Seção V deste Capítulo; IV – não ter sido condenado ou não ter, como administrador ou sócio controlador, pessoa condenada por qualquer dos crimes previstos nesta Lei. § 1º A recuperação judicial também poderá ser requerida pelo cônjuge sobrevivente, herdeiros do devedor, inventariante ou sócio remanescente. § 2º Tratando-se de exercício de atividade rural por pessoa jurídica, admite-se a comprovação do prazo estabelecido no *caput* deste artigo por meio da Declaração de Informações Econômico-fiscais da Pessoa Jurídica – DIPJ que tenha sido entregue tempestivamente.

[159] Lei de recuperação de empresas e falência: Lei 11.101/2005 comentada artigo por artigo. 7. ed. rev. atual. e ampl. São Paulo: Ed. RT, 2011, p. 134.

Código Civil.[160] Trata-se de verdadeira opção conferida pelo legislador ao exercente de tal atividade. Optando por registrar-se na Junta Comercial, a sociedade será considerada empresária e, portanto, poderá requerer recuperação judicial.

Considerando que a realização do registro da atividade rural no Registro Público de Empresas tem natureza constitutiva, sendo portanto, regular a atividade exercida antes de tal formalização, e, para que não houvesse dúvida acerca da contagem do prazo estabelecido no *caput* do artigo 48 da LFR, dispõe o § 2º do referido dispositivo, que a comprovação do exercício da atividade há mais de dois anos pode ser realizada por meio da Declaração de Informações Econômico-fiscais da Pessoa Jurídica – DIPJ, hoje substituída pela Escrituração Contábil Fiscal (ECF), que tenha sido entregue tempestivamente, possibilitando, assim, a computação do prazo de exercício da atividade rural mesmo antes de assumir a natureza de empresária.

Saliente-se que a regra mencionada no §2º beneficia exclusividade o empreendedor rural. É cediço que o registro, para qualquer empresário ou sociedade empresária, tem natureza declaratória. Assim, não é possível realizar o registro após o início das atividades e pretender aproveitar o período anterior de atividade sem registo para fins de contagem do prazo necessário para o ajuizamento do pedido de recuperação judicial, já que, nesse caso, a atividade anterior era irregular.

O terceiro requisito está previsto no inciso I do artigo 48 da LFR. Trata-se da impossibilidade de pedido de recuperação ajuizado por devedor falido não reabilitado. Com tal dispositivo, o legislador pôs fim à possibilidade de qualquer modalidade de procedimento de recuperação ou concordata suspensiva, como permitido no Decreto-lei n. 7.661/45.

Dessa forma, o falido não poderá se valer da recuperação judicial, devendo buscar a retomada de sua atividade por meio da extinção de suas obrigações, obedecendo às hipóteses previstas no artigo 158 da LFR.[161]

---

[160] Art. 984. A sociedade que tenha por objeto o exercício de atividade própria de empresário rural e seja constituída, ou transformada, de acordo com um dos tipos de sociedade empresária, pode, com as formalidades do art. 968, requerer inscrição no Registro Público de Empresas Mercantis da sua sede, caso em que, depois de inscrita, ficará equiparada, para todos os efeitos, à sociedade empresária.

[161] Art. 158. Extingue as obrigações do falido: I – o pagamento de todos os créditos; II – o pagamento, depois de realizado todo o ativo, de mais de 50% (cinquenta por cento) dos

O quarto e o quinto requisitos estão previstos nos incisos II e III do artigo 48, da LFR, que determinam que o devedor não tenha, há menos de 5 anos, obtido concessão de recuperação judicial pelo procedimento comum ou pelo procedimento especial para microempresa e empresa de pequeno porte.

No Decreto-lei n. 7.661/45 havia dispositivo semelhante estabelecendo prazo de 5 anos para novo pedido de concordata.

Justifica-se a adoção do prazo na excepcionalidade do processo de recuperação judicial. O ajuizamento de pedidos sucessivos pode denotar a inviabilidade econômica da empresa e não é admitido na nossa legislação.

Observe-se que o dispositivo legal traz como critério a *concessão* e não o *ajuizamento* do pedido de recuperação judicial. Assim, indeferida a petição inicial, outro pedido poderá ser ajuizado a qualquer tempo. Porém, concedida a recuperação, ou seja, preenchidas as hipóteses previstas no artigo 58 da LFR[162], que serão estudadas a seguir, o devedor deverá aguardar o prazo de 5 anos para ajuizar novo pedido recuperacional.

Por fim, o último requisito, contido no inciso IV do artigo 48 da LFR, prevê não ter sido o devedor condenado ou não ter, como administrador ou sócio controlador, condenado por qualquer dos crimes previstos nesta Lei.

O devedor, ao ajuizar o pedido de recuperação judicial, deve comprovar, documentalmente, que atende, cumulativamente, os requisitos legais aqui estudados para o deferimento do processamento do pedido.

2.6.3 Petição Inicial, Decisão que Defere o Processamento do Pedido e seus Efeitos

O artigo 51 da LFR elenca os documentos que devem instruir a petição inicial do pedido de recuperação judicial. São eles:

---

créditos quirografários, sendo facultado ao falido o depósito da quantia necessária para atingir essa porcentagem se para tanto não bastou a integral liquidação do ativo; III – o decurso do prazo de 5 (cinco) anos, contado do encerramento da falência, se o falido não tiver sido condenado por prática de crime previsto nesta Lei; IV – o decurso do prazo de 10 (dez) anos, contado do encerramento da falência, se o falido tiver sido condenado por prática de crime previsto nesta Lei.

[162] Art. 58. Cumpridas as exigências desta Lei, o juiz concederá a recuperação judicial do devedor cujo plano não tenha sofrido objeção de credor nos termos do art. 55 desta Lei ou tenha sido aprovado pela assembleia-geral de credores na forma do art. 45 desta Lei.

Art. 51. A petição inicial de recuperação judicial será instruída com:
I – a exposição das causas concretas da situação patrimonial do devedor e das razões da crise econômico-financeira;
II – as demonstrações contábeis relativas aos 3 (três) últimos exercícios sociais e as levantadas especialmente para instruir o pedido, confeccionadas com estrita observância da legislação societária aplicável e compostas obrigatoriamente de:
a) balanço patrimonial;
b) demonstração de resultados acumulados;
c) demonstração do resultado desde o último exercício social;
d) relatório gerencial de fluxo de caixa e de sua projeção;
III – a relação nominal completa dos credores, inclusive aqueles por obrigação de fazer ou de dar, com a indicação do endereço de cada um, a natureza, a classificação e o valor atualizado do crédito, discriminando sua origem, o regime dos respectivos vencimentos e a indicação dos registros contábeis de cada transação pendente;
IV – a relação integral dos empregados, em que constem as respectivas funções, salários, indenizações e outras parcelas a que têm direito, com o correspondente mês de competência, e a discriminação dos valores pendentes de pagamento;
V – certidão de regularidade do devedor no Registro Público de Empresas, o ato constitutivo atualizado e as atas de nomeação dos atuais administradores;
VI – a relação dos bens particulares dos sócios controladores e dos administradores do devedor;
VII – os extratos atualizados das contas bancárias do devedor e de suas eventuais aplicações financeiras de qualquer modalidade, inclusive em fundos de investimento ou em bolsas de valores, emitidos pelas respectivas instituições financeiras;
VIII – certidões dos cartórios de protestos situados na comarca do domicílio ou sede do devedor e naquelas onde possui filial;
IX – a relação, subscrita pelo devedor, de todas as ações judiciais em que este figure como parte, inclusive as de natureza trabalhista, com a estimativa dos respectivos valores demandados. (...).

O Enunciado 78 da II Jornada de Direito Comercial do Conselho da Justiça Federal chama atenção para a importância do pedido de recuperação ser instruído com a relação completa de credores, inclusive os não sujeitos ao processo recuperacional.[163]

A exigência de tais documentos tem por escopo demonstrar a real situação econômico-financeira do devedor aos interessados no pedido: juiz, credores, empregados, fornecedores etc.

O juiz, verificando a ausência de um dos documentos acima descritos, deve determinar a emenda da inicial, descrevendo, de forma individualizada, os elementos faltantes.[164]

Não sendo emendada a petição inicial, o juiz indeferirá a petição inicial, extinguindo o processo sem julgamento do mérito.

Não se admite, por absoluta falta de amparo legal, a decretação da falência pela ausência dos requisitos previstos nos artigos 48 da LFR ou dos documentos elencados no artigo 51 da LFR.

De acordo com o artigo 52 da LFR, estando em termos a documentação exigida pelo artigo 51 da LFR supracitado, o juiz deferirá o processamento da recuperação judicial, determinando a realização de determinadas providências.

Fábio Ulhoa Coelho ensina que o processo de recuperação judicial se divide em três fases: a fase postulatória, ou seja, a fase de apresentação do pedido que se inicia com a petição inicial e termina com a decisão que defere o processamento do pedido; a fase deliberativa destinada à apresentação, discussão e aprovação do plano de recuperação judicial e; a fase de execução destinada à fiscalização do cumprimento do plano de recuperação judicial, que se inicia com a decisão concessiva e se estende até a sentença de encerramento.[165]

Assim, o devedor deve, na petição inicial, demonstrar que preenche os requisitos previstos no artigo 48 da LFR e juntar os documentos elencados no artigo 51 da LFR. Ajuizado o pedido, constatando-se a apresentação de

---

[163] Enunciado 78: O pedido de recuperação judicial deve ser instruído com a relação completa de todos os credores do devedor, sujeitos ou não à recuperação judicial, inclusive fiscais, para um completo e adequado conhecimento da situação econômico-financeira do devedor.

[164] Súmula 56 do TJSP: Na recuperação judicial, ao determinar a complementação da inicial, o juiz deve individualizar os elementos faltantes.

[165] Comentários à lei de falências e da recuperação de empresas. 9. ed. São Paulo: Saraiva, 2013, p. 203.

todos os requisitos legais, o juiz deferirá o processamento da recuperação judicial, concluindo a fase postulatória do pedido.

Desde 2015 tramita no Congresso Nacional o Projeto de Lei n 2.586/2015, apresentado pelo Deputado Federal Carlos Bezerra, que tem por objetivo alterar a redação do artigo 52 da LFR, nos seguintes termos:

> Art. 52. Estando em termos a documentação exigida no art. 51 desta Lei, o juiz deferirá o processamento da recuperação judicial *se entender que a medida atenderá os pressupostos do artigo 47 desta Lei* e, no mesmo ato: (...) (grifamos.)

De acordo com o Projeto de Lei mencionado, poderia o juiz entender pelo indeferimento do processamento da recuperação judicial naqueles casos em que não se atendam os pressupostos do artigo 47 da LFR, quais sejam: a manutenção da fonte produtora, dos empregos dos trabalhadores e a proteção dos interesses dos credores.

Na justificação do Projeto de Lei, o Deputado Carlos Bezerra afirma que o juiz deve, sempre que possível, avaliar se os princípios que norteiam a LFR estão sendo satisfeitos. Afirma que, sendo possível ao magistrado, com base nos documentos apresentados, vislumbrar a viabilidade da empresa, deve conceder a recuperação judicial; não sendo possível, entende-se que não há razão para protelar a decretação da falência do devedor.

Ressalte-se que, apesar de tal entendimento, o referido Projeto de Lei não propõe a alteração do artigo 73 da LFR, não prevendo a convolação da recuperação judicial em falência, nesse caso.

O Tribunal de Justiça do Rio de Janeiro tem entendido pela impossibilidade de indeferimento do processamento da recuperação judicial se preenchidos os requisitos estabelecidos no artigo 51 da LFR,

PLANO DE RECUPERAÇÃO JUDICIAL

não cabendo ao magistrado analisar a viabilidade econômica do devedor.[166].

[166] APELAÇÃO. PEDIDO DE RECUPERAÇÃO JUDICIAL. INDEFERIMENTO DO PROCESSAMENTO. IMPOSSIBILIDADE. CUMPRIMENTO DO ART. 51, I, DA LEI 11.101/2005. DESCABIMENTO DA ANÁLISE DA VIABILIDADE ECONÔMICA DA EMPRESA. A recuperação judicial constitui uma ação judicial destinada a sanear a situação de crise econômico-financeira do empresário devedor, viabilizando a manutenção de suas atividades. Com isso, a nova Lei de Falências trouxe a possibilidade de reestruturação aos empresários economicamente viáveis que passem por dificuldades passageiras, mantendo os empregos e os pagamentos aos credores. Nesse dispositivo, está expresso o princípio maior da recuperação da empresa que informa a essência do instituto: o princípio da preservação da empresa. A manutenção da fonte produtora e de circulação de riquezas é uma preocupação enorme do legislador, diante do papel fundamental que a atividade econômica representa na estabilidade e no desenvolvimento social. A recuperação empresarial só assiste a empresários ou sociedades empresárias que cumpram os requisitos legais trazidos no art. 48 e demonstrem a sua viabilidade econômica. Não é porque vige o princípio da preservação da empresa que qualquer recuperação judicial será deferida. O artigo 53, II, da Lei 11.101/05, evidencia essa lógica. *O juiz não pode, porém, analisar a viabilidade econômica da empresa para deferir ou não o processamento da recuperação, na oportunidade mencionada no artigo 52 da Lei 11.101/05*. No caso em tela, houve o indeferimento do processamento do pedido de recuperação judicial feito pela sociedade apelante por não ter sido preenchido o requisito legal do art. 51, I, da Lei 11.101/2005. Da leitura da peça inicial, verifica-se que houve a exposição das causas concretas da situação patrimonial da sociedade apelante e as razões de sua crise econômico-financeira. Com efeito, a sociedade apelante narra, em síntese, que a origem de sua crise econômico-financeira deu-se com a assunção da mantença de duas instituições de ensino (UGF e UniverCidade), uma vez que teve que assumir obrigações com valores elevados e, em razão de tal cenário, sofreu com paralizações de atividade do corpo docente, o que acabou culminando no descredenciamento de tais instituições perante o Ministério da Educação e queda brutal de suas receitas. Afirma ainda que vem diligenciando administrativamente e judicialmente, com a interposição de recurso administrativo e a impetração de mandado de segurança, para a reversão da decisão do Ministério da Educação para que ambas as instituições voltem a funcionar. Tal narrativa atende perfeitamente aos ditames do art. 51, I, da Lei 11.101/2005, sendo certo que nessa fase processual o juiz avaliará apenas o preenchimento dos requisitos formais, não podendo se imiscuir no mérito da viabilidade econômica da empresa e, portanto, atendidos os requisitos formais, o processamento da recuperação judicial deverá ser deferido. *A doutrina e jurisprudência majoritárias entendem que não cabe ao magistrado interferir na viabilidade do plano de recuperação judicial e sua atuação se resume a verificação dos requisitos formais, bem como exercer controle quanto à legalidade do plano, devendo ser privilegiado o debate travado entre os principais interessados: o devedor e seus credores. Ora, se não cabe o controle da viabilidade do plano de recuperação no momento da concessão da recuperação judicial, quando possui uma grande quantidade de elementos para fazer a análise da viabilidade econômica da empresa, especialmente à luz do teor do plano de recuperação, não será na fase de deferimento do processamento que o magistrado estará autorizado a adentrar nesse mérito, até porque carecerá de elementos contundentes e conhecimento técnico para tanto*. Dessa forma, considerando o cumprimento do art. 51, I, da Lei 11.101/2005, bem como a impossibilidade de controle nessa fase processual da viabilidade econômica da empresa, deve ser deferido o processamento

No mesmo sentido, é o entendimento do Tribunal de Justiça de São Paulo.[167]

Tem-se questionado, entretanto, a possibilidade de realização de prova pericial para aferição da viabilidade econômica da empresa.[168]

Em caso julgado pela 1ª Vara de Falências e Recuperação Judicial do Foro Central da Comarca de São Paulo, nos autos do pedido de Recuperação Judicial de NT Agência de Viagens e Turismo Ltda., autos nº 1048869-46.2015.8.26.0100, foi proferida decisão determinando a constatação do efetivo funcionamento da atividade econômica da devedora, bem como sobre a correspondência entre a documentação apresentada pela devedora e os livros fiscais. Fundamentou o magistrado:

> (...) Vistos. 1. Fls. 298/735: recebo como emenda à inicial. Anote-se o novo valor atribuído à causa. 2. Conforme dispõe o art. 51 da Lei nº 11.101/05, a petição inicial do pedido de recuperação judicial deve ser instruída com demonstrações contábeis do balanço patrimonial, de demonstração de resultados acumulados e desde o último exercício social, bem como de relatório gerencial de fluxo de caixa e de sua projeção. Exige-se, ainda, um relatório completo da

---

da recuperação judicial requerida pela sociedade apelante. Provimento do recurso. (TJRJ – 0105323-98.2014.8.19.0001 – APELACAO 1ª Ementa – DES. RENATA COTTA – Julgamento: 25/02/2015 – TERCEIRA CAMARA CIVEL) (grifamos).

[167] VOTO N° 17.849 Agravo. Recuperação Judicial. Decisão que determina a realização de prova pericial do relatório gerencial de fluxo de caixa e de sua projeção, sem deferir o processamento do pleito recuperatório. Apresentada a petição inicial de recuperação judicial com todos os documentos exigidos pelo art. 51 da LRF, compete ao juiz examinar a legitimidade e proceder ao exame formal dos documentos. *Não compete ao juiz aferir a realidade das informações contábeis e financeiras constantes dos documentos que instruem a inicial*. Deferido o processamento da recuperação, os credores, o Ministério Público, a Assembleia-Geral e o Administrador Judicial poderão aferir a realidade dos documentos que a devedora apresentou. Agravo provido, para revogar a decisão que determinou a realização da perícia e deferir o processamento da recuperação. (Relator(a): Pereira Calças; Comarca: Regente Feijó; Data do julgamento: 06/04/2010; Data de registro: 22/04/2010; Outros números: 6926914000) (grifamos).

[168] Arthur Mendes Lobo e Antônio Evangelista de Souza Netto entendem que: "Considerando que a viabilidade econômica de uma empresa é um dado técnico, aferível mediante conhecimentos científicos da área econômica e contábil, em caso de dúvida, de objeção após a apresentação do plano ou de divergência apontada em assembleia geral de credores sobre esse fato, deve o magistrado, mediante requerimento, deferir a produção de prova pericial. (Nulidades no processo de recuperação judicial. Revista de Processo. v. 237/2014, p. 337-366, nov. 2014).

situação da empresa do ponto de vista econômico e comercial. Tais documentos são essenciais para que o juízo tenha condições iniciais de conhecer as reais condições da empresa devedora, especialmente no que concerne à sua viabilidade financeira, econômica e comercial. Isso porque, o objetivo da lei é garantir a continuidade da atividade empresarial em razão dos benefícios sociais dela decorrentes, como geração e circulação de riquezas, recolhimento de tributos e, principalmente, geração de empregos e rendas. O simples deferimento do processamento da recuperação judicial, por si só, gera como consequência automática, a suspensão de todas as ações ou execuções contra o devedor pelo prazo de 180 dias (*stay period*), dentre outras consequências legais importantes expostas no art. 52 da LRF. *Diante da relevância da decisão de deferimento do processamento da recuperação judicial, o legislador a condicionou à exatidão dos documentos referidos no art. 51 da LRF. Busca a legislação de regência evitar, portanto, o deferimento do processamento de empresa inviáveis, inexistentes, desativadas ou que não reúnam condições de alcançar os benefícios sociais almejados pela lei. Entretanto, a análise ainda que preliminar da referida documentação pressupõe conhecimento técnico, a fim de que se possa saber o real significado dos dados informados pela devedora, bem como a correspondência de tais dados com a realidade dos fatos.* É necessária, ainda, a constatação da situação da empresa *in loco*, de modo a se saber suas *reais condições de funcionamento*. Tudo isso é fundamental para que *o instrumento legal da recuperação da empresa seja utilizado de maneira correta, cumprindo sua função social, sem a imposição desarrazoada de ônus e prejuízos à comunidade de credores*. Conforme idéia mundialmente aceita, um sistema rígido de controle de recuperação de empresas e direitos dos credores é elemento fundamental para o bom funcionamento da economia e para a redução dos riscos e dos cursos da instabilidade financeira no mercado. Nesse sentido, *não obstante a Lei nº 11.101/05 não tenha previsto expressamente uma perícia prévia de análise da documentação apresentada pela empresa requerente da recuperação judicial, o fato é que tal perícia deve ser inferida como consequência lógica do requisito legal estabelecido como condição para o deferimento do seu processamento, qual seja, a regularidade da documentação apresentada pela devedora. Ademais, tal interpretação atende aos fins econômicos, sociais e jurídicos do instituto da recuperação judicial.* A experiência tem demonstrado que o inadvertido deferimento do processamento da recuperação judicial, apenas com base na análise formal dos documentos apresentados pela devedora, tem servido como instrumento de agravamento da situação dos credores, sem qualquer benefício para a atividade empresarial diante da impossibilidade real de atingimento dos fins sociais esperados pela lei. Não se busca, evidentemente, uma análise exauriente e aprofundada da empresa, mas tão somente uma verificação sumária da correspondência mínima existente entre os dados apresentados pela devedora e a sua realidade fática. Deferido o processamento, caberá aos credores decidir sobre a conveniência do plano de recuperação a ser apresentado pela devedora. Nesse primeiro momento, repita-se, busca-se apenas e tão somente conferir a regularidade material da documentação apresentada pela devedora. *Não dispondo a Vara de equipe técnica multidisciplinar para análise da adequação da documentação juntada pela empresa devedora, se faz necessária a nomeação de perito para realização de avaliação prévia e urgente, a fim de fornecer elementos suficientes para que o juízo decida sobre o deferimento do processamento do pedido, com todas as importantes consequência decorrentes de tal decisão.* Diante do exposto, antes de decidir sobre o deferimento do processamento do pedido de recuperação judicial, *determino a realização de constatação da real situação de funcionamento da empresa, bem como de perícia prévia sobre a documentação apresentada pela requerente, de modo a se constatar sua correspondência com os seus livros fiscais e comerciais.* Nomeio para realização desse trabalho técnico preliminar a LAURIA SOCIEDADE DE ADVOGADOS, CNPJ/MF nº 12.320.489/0001-68, representada por Marco Antonio Parisi Lauria, OAB/SP 185.030, Av. São Gabriel, nº 495, cj. 62 CEP 01435-001, Jd. Paulista, nesta Capital. O laudo de constatação e de perícia preliminar deverá ser apresentado em juízo no prazo máximo de 05 dias. Intime-se o perito, com urgência. Após, tornem os autos para decisão. Intime-se. (grifamos.)

Nessa toada, Daniel Carnio Costa sustenta que a comprovação da viabilidade da empresa é condição da ação de recuperação judicial:

Do ponto de vista do processo, esse pressuposto lógico deve ser interpretado como uma condição da ação de recuperação judicial ligada ao interesse processual, na modalidade de adequação – conforme, aliás, já referido acima. Importante notar, entretanto, que as condições da ação devem estar presentes desde o início até o fim do processo. Vale dizer: se não estiver presente no momento do ajuizamento do pedido, o indeferimento da petição inicial será a medida adequada. E, se durante o curso do processo, se verificar o desaparecimento da condição da ação, deve o juiz considerar essa circunstância, inclusive de ofício, já que se trata de matéria de ordem pública, para extinguir o processo sem julgamento do mérito. No caso de processo de recuperação judicial de empresas já foi visto que a inviabilidade patente da empresa, aferida pela análise que o juiz deve fazer dos documentos exigidos pelo art. 51 da Lei 11.101/05, implica no indeferimento da petição inicial.[169]

Assim, demonstra-se que há entendimentos, ainda que incipientes, no sentido de estabelecer alguma forma de aferição da real situação econômico-financeira do devedor no momento do deferimento do processamento da recuperação judicial, sem prejuízo do juízo de valor realizado pelos credores no momento da aprovação ou rejeição do plano de recuperação judicial.

Outra questão relevante é a que trata da natureza jurídica da decisão que defere o processamento da recuperação judicial.

Na vigência do Decreto-lei nº 7.661/45, o Superior Tribunal de Justiça tinha entendimento consolidado no sentido de que a decisão que deferia o processamento da concordata era irrecorrível.[170]

Com base nesse entendimento, nos primeiros anos de vigência da LFR, decidiu-se que a decisão prevista no artigo 52 tinha natureza despacho de mero expediente, sendo, portanto, também irrecorrível.

O Tribunal de Justiça de São Paulo, em acórdão de Relatoria do Desembargador Pereira Calças, manifestou mudança nesse entendimento

---

[169] Reflexões sobre processos de insolvência: divisão equilibrada de ônus, superação do dualismo pendular e gestão democrática de processos. In: ELIAS, Luís Vasco (coord.). 10 anos da lei de recuperação de empresas e falência: reflexões sobre a reestruturação empresarial no Brasil. São Paulo: Quartier Latin, 2015, p. 107.

[170] Súmula 264: É irrecorrível o ato judicial que apenas manda processar a concordata preventiva. (SEGUNDA SEÇÃO, julgado em 08/05/2002, DJ 20/05/2002, p. 188).

admitindo a natureza de decisão interlocutória e, portanto, o cabimento do recurso de Agravo de Instrumento.[171]

Dessa forma, neste Tribunal consolidou-se o posicionamento no sentido de permitir a interposição de recurso contra a decisão que defere o processamento da recuperação judicial somente para discutir a legitimidade ativa, a presença dos requisitos legais, bem como dos documentos essenciais à propositura do pedido.[172]

---

[171] AGRAVO DE INSTRUMENTO. RECUPERAÇÃO JUDICIAL. Pronunciamento judicial que apenas defere o processamento da recuperação judicial. Recurso pretendendo a revogação do deferimento, sob a alegação central de não exercício regular da atividade empresária pela recuperanda há mais de dois anos no momento do pedido. Ato que tem a natureza de decisão interlocutória com potencial para causar gravame aos credores e terceiros interessados, além de poder afrontar a lei de ordem pública. Alteração do entendimento que proclamava a irrecorribilidade do ato previsto no artigo 52 da Lei n° 11.101/2005. Agravo conhecido. Falta de recolhimento do porte de retorno equivalente a preparo incompleto, que não autoriza a imediata aplicação da deserção, configurada hipótese de insuficiência. Agravante que, intimado, complementa do preparo com o recolhimento do porte de retorno. Deserção não reconhecida. O requisito do artigo 48, "caput", da Lei n° 11.101/2005, "exercício regular das atividades empresariais há mais de dois anos no momento do pedido de recuperação judicial", não exige inscrição na Junta Comercial por tal período mínimo. Integrando a requerente da recuperação judicial grupo econômico existente há 15 anos, e sendo constituída há menos de dois anos mediante transferência de ativos das empresas do grupo para prosseguir no exercício de atividade já exercida por tais empresas, é de se ter como atendido o pressuposto do biênio mínimo de atividade empresarial no momento do pedido. Agravo conhecido e desprovido, mantida a decisão que deferiu o processamento da recuperação judicial." (Relator(a): Pereira Calças; Comarca: São Paulo; Data do julgamento: 04/03/2009; Data de registro: 19/03/2009; Outros números: 6041604800).

[172] RECUPERAÇÃO JUDICIAL. Agravo contra decisão que defere pedido de processamento da recuperação. Preliminares recursais. Recorribilidade da decisão que defere pedido de recuperação judicial. Regra: irrecorribilidade. Súmula 264 STJ. Exceção: possibilidade de recurso, quando se ataca ausência de condição ou pressuposto da ação. Legitimidade do agravante. A própria recuperanda reconhece o agravante como credor trabalhista. Preliminares rejeitadas. (Relator(a): Teixeira Leite; Comarca: Suzano; Órgão julgador: 1ª Câmara Reservada de Direito Empresarial; Data do julgamento: 21/05/2013; Data de registro: 23/05/2013). No mesmo sentido: RECUPERAÇÃO JUDICIAL. Decisão que defere o processamento do pedido, na forma do art. 52 da LFR. Decisão agravável, apenas para discutir o acerto no exame dos pressupostos da fase postulatória, quais sejam, legitimidade para o pedido e instrução nos termos da lei. Decisão que não se confunde com a concessão da recuperação judicial. Questões sobre a inviabilidade econômica, ou a inclusão de outras empresas do mesmo grupo econômico que deverão ser deduzidas em sede de objeção, na forma dos artigos 55 e 56 da LFR. Inexistência de óbice formal ao simples deferimento do pedido de recuperação, postulado perante a Comarca em que se situa a sede de uma das recuperandas, que teria a mais

Determina o artigo 52 da LFR que a decisão que deferir o processamento da recuperação judicial determinará algumas providências.

A primeira delas é a nomeação do administrador judicial que será estudado no próximo item deste capítulo.

Ainda, determina a dispensa da apresentação de certidões negativas para que o devedor exerça suas atividades, exceto para contratação com o Poder Público ou para recebimento de benefícios ou incentivos fiscais ou creditícios.

Outra determinação importante é aquela que ordena a suspensão de todas as ações e execuções movidas em face do devedor em recuperação judicial pelo prazo de 180 dias, com exceção daquelas ações de conhecimento que versem sobre quantia ilíquida, ações de conhecimento de natureza trabalhista, bem como as execuções fiscais. Admite-se, porém, a reserva de importância estimada pelo juízo competente para apuração do crédito no processo de recuperação judicial, a fim de evitar prejuízo aos credores, tudo nos termos do que determina o artigo 6º da LFR.[173] A suspensão será comunicada pelo devedor em cada um dos processos, nos juízos de origem, por força do artigo 52, § 3º, da LFR.

A decisão que deferir o processamento da recuperação judicial determinará ao devedor a apresentação de contas demonstrativas mensais enquanto durar o processo, ordenará a intimação do Ministério Público e a comunicação às Fazendas Públicas, nos âmbitos federal, estadual e municipal.

Por fim, o magistrado determinará a publicação de edital no órgão oficial, contendo a íntegra da decisão, a relação nominal de credores juntada pelo devedor, bem como a advertência sobre os prazos para habilitação de créditos, e para apresentação de objeções ao plano de recuperação judicial que será apresentado pelo devedor, tudo como se estudará a seguir.

A partir de tal decisão, o devedor somente poderá desistir do pedido de recuperação judicial se obtiver a aprovação desse requerimento na assembleia geral de credores, como determina o artigo 52, § 4º, da LFR.

---

relevante expressão econômica. Recurso improvido. (Relator(a): Francisco Loureiro; Comarca: Campinas; Órgão julgador: 1ª Câmara Reservada de Direito Empresarial; Data do julgamento: 25/09/2014; Data de registro: 26/09/2014).

[173] Art. 6º. A decretação da falência ou o deferimento do processamento da recuperação judicial suspende o curso da prescrição e de todas as ações e execuções em face do devedor, inclusive aquelas dos credores particulares do sócio solidário (...).

2.6.4 Administrador Judicial

O administrador judicial é um auxiliar do juízo na condução dos processos de recuperação judicial e de falência. Será nomeado pelo juiz, na decisão que defere o processamento da recuperação judicial, nos termos do artigo 52, I, da LFR.

De acordo com o artigo 21 da LFR, o administrador será profissional idôneo, preferencialmente advogado, economista, administrador de empresas, contador ou pessoa jurídica especializada.

Assim, a idoneidade é o primeiro atributo a ser observado pelo juiz ao nomear o administrador judicial.

Além disso, deve o magistrado verificar, de acordo com o caso concreto e com os profissionais disponíveis para o exercício da função, aquele que melhor desempenhará suas atribuições.

Ainda, a LFR inova ao permitir que o administrador judicial seja pessoa jurídica especializada, hipótese muito comum na atualidade. Nesse caso, deve a pessoa jurídica indicar a pessoa física que ficará responsável pela condução dos trabalhos, que não poderá ser substituído sem autorização judicial.

As funções exercidas pelo administrador judicial são indelegáveis.[174] Contudo, o artigo 22, I, *h*, da LFR, permite a contratação, mediante autorização judicial, de profissionais ou empresas especializadas para auxiliá-lo no exercício de suas funções.

Como dito, o administrador judicial será nomeado pelo juiz, na decisão que defere o processamento da recuperação judicial. O artigo 30 da LFR estabelece três impedimentos ao exercício das atribuições, quais sejam: i) não ter sido destituído do cargo de administrador nos últimos 5 anos, em razão de atos praticados em falência ou recuperação judicial anterior; ii) não ter deixado de prestar contas em falência ou recuperação judicial anterior ou ter tido as contas desaprovadas, nos últimos 5 anos e; iii) não ter relação de parentesco ou afinidade até o 3º (terceiro) grau, amizade, inimizade ou dependência, com o devedor, seus administradores, controladores ou representantes legais.

---

[174] COELHO, Fábio Ulhoa. Comentários à lei de falências e de recuperação de empresas. 9. ed. São Paulo: Saraiva, 2013, p. 105.

Após a nomeação, o administrador judicial será intimado para assinar o termo de compromisso de bem e fielmente desempenhar o cargo e assumir todas as responsabilidades a ele inerentes, no prazo de 48 horas, sob pena de ser nomeado outro administrador, tudo como determinam os artigos 33 e 34, LFR.

O administrador judicial nomeado responderá pessoalmente pelos prejuízos causados ao devedor ou aos credores, por dolo ou culpa, nos termos do artigo 32 da LFR.

O artigo 22 da LFR estabelece as atribuições do administrador judicial que serão exercidas sob a fiscalização do juiz e do Comitê de Credores, se houver. Compete ao administrador judicial, primeiramente, enviar correspondência aos credores comunicando a data do pedido de recuperação judicial, a natureza, o valor e a classificação dos créditos.

Compete ainda, fornecer todas as informações solicitadas pelos credores, dar extratos dos livros do devedor nos autos das habilitações ou impugnações de crédito, exigir dos credores, do devedor ou dos seus administradores, as informações que entender pertinentes, elaborar a relação de credores e o quadro geral de credores, requerer a convocação da assembleia geral de credores nos casos previstos em lei ou quando entender necessário, manifestar-se nos casos previstos em lei.

Cabe ao administrador judicial, especialmente na recuperação judicial, fiscalizar as atividades do devedor e o cumprimento do plano de recuperação judicial, apresentar ao juiz relatório mensal das atividades do devedor, bem como, relatório sobre a execução do plano e, ainda, requerer a falência do devedor em caso de descumprimento de obrigação assumida no plano de recuperação judicial.

A remuneração pelo exercício do cargo será fixada pelo juiz, considerando os critérios estabelecidos no artigo 24 da LFR: i) capacidade de pagamento do devedor; ii) grau de complexidade do trabalho e; iii) valores praticados no mercado para o desempenho de atividades semelhantes. Há um limite máximo que é o equivalente a 5% (cinco por cento) do valor devido aos credores submetidos à recuperação judicial. No caso de recuperação judicial requerida por microempresa ou empresa de pequeno porte, o percentual máximo é de 2% (dois por cento) sobre o valor dos créditos sujeitos. O devedor em recuperação judicial é o responsável pelo pagamento de tal valor.

O administrador judicial poderá ser substituído quando assim requerer, desde que apresente justo motivo, hipótese em que receberá remuneração proporcional. Aquele que for destituído, tiver as contas desaprovadas, não prestar contas ou renunciar sem relevante razão de direito não terá direito à remuneração.

Gladston Mamede entende pela inconstitucionalidade dos dispositivos legais que determinam que o administrador judicial não terá direito à remuneração (arts. 24, § 3º e 25, da LFR).[175]

Importante ressaltar que a destituição determinada pelo juiz, de ofício ou a pedido de qualquer interessado, será imposta ao administrador judicial que agir com desídia, culpa, dolo ou descumprimento das obrigações fixadas na lei, ficando o administrador judicial impedido de exercer suas funções em outro processo pelo prazo de 5 (cinco) anos.

2.6.5 Verificação dos Créditos

Os artigos 7º e seguintes da LFR estabelecem o procedimento de verificação de créditos. Trata-se de medida necessária para a formação do quadro geral de credores, ou seja, para a consolidação da relação de todos os credores sujeitos ao plano de recuperação judicial que será apresentado pelo devedor. É de suma importância, tanto para que os credores garantam que receberão corretamente seus créditos, como para garantir o direito a voto no momento da deliberação acerca do plano de recuperação judicial, já que a votação do credor é proporcional ao valor do seu crédito, como será melhor estudado adiante.

O procedimento de verificação de créditos é realizado pelo administrador judicial. Uma das atribuições do cargo é a elaboração da relação de credores, bem como a consolidação do quadro geral de credores. Esse trabalho será realizado com base nos livros contábeis, documentos comerciais e fiscais

---

[175] Ensina o autor: (...) A norma revela, por certo ângulo, inconstitucionalidade flagrante por desconsiderar os valores sociais do trabalho (artigo 1º, IV, primeira parte), por desrespeitar o direito à titularidade dos valores auferidos com o próprio trabalho (propriedade – ou, melhor, titularidade – de dinheiro) e sua função social (artigo 5º, XXII e XXIII), além de discrepar dos princípios que norteiam o artigo 7º da Carta Política. O ponto central do problema é: não se pode expropriar o trabalhador da remuneração pelo que trabalho (e o administrador judicial realiza, sim, um trabalho no desempenho de sua função), sem que haja razão de Direito relevante, legítima, razoável, proporcional e, por que não dizer, justa. Direito empresarial brasileiro: falência e recuperação de empresas. 5. ed. São Paulo: Atlas, 2012, v. 4, p. 74.

do devedor e nos documentos apresentados pelos credores, nos termos do artigo 7º da LFR.

De acordo com o artigo 52, § 1º, da LFR, proferida a decisão que defere o processamento, o juiz determinará a publicação de edital que conterá a íntegra da decisão, a relação de credores apresentada pelo devedor junto com a petição inicial e a advertência sobre o prazo para apresentação das habilitações de crédito e objeções ao plano que será apresentado.

Assim, publicado o referido edital, os credores terão prazo de 15 (quinze) dias[176] para apresentar ao administrador judicial suas habilitações ou divergências quanto aos créditos relacionados pelo devedor na relação de credores publicada no edital.

A habilitação de crédito será apresentada pelo credor que não constar na relação de credores, devendo requerer, portanto, a sua inclusão no quadro geral de credores. A divergência será apresentada pelo credor que consta na relação de credores, mas cujo crédito apresente alguma incorreção, no seu valor ou na classificação, por exemplo.

A petição de habilitação ou divergência deverá obedecer aos requisitos previstos no artigo 9º da LFR[177] e deverá ser apresentada diretamente ao administrador judicial.

Findo o prazo para apresentação das habilitações ou divergências, iniciará o prazo de 45 (quarenta e cinco) dias para que o administrador faça o trabalho de verificação dos créditos, com base na documentação apresentada pelos credores e nos livros e documentos do devedor. Ao final desse prazo, o administrador judicial fará publicar edital

---

[176] O Superior Tribunal de Justiça adotou entendimento de que os prazos da LRF devem ser contados em dias corridos apesar da mudança do sistema de contagem de prazos realizada pelo CPC/15. Nesse sentido: REsp 1699528/MG, Rel. Ministro LUIS FELIPE SALOMÃO, QUARTA TURMA, julgado em 10/04/2018, DJe 13/06/2018 e (REsp 1698283/GO, Rel. Ministro MARCO AURÉLIO BELLIZZE, TERCEIRA TURMA, julgado em 21/05/2019, DJe 24/05/2019).

[177] Art. 9º A habilitação de crédito realizada pelo credor nos termos do art. 7º, § 1º, desta Lei deverá conter: I – o nome, o endereço do credor e o endereço em que receberá comunicação de qualquer ato do processo; II – o valor do crédito, atualizado até a data da decretação da falência ou do pedido de recuperação judicial, sua origem e classificação; III – os documentos comprobatórios do crédito e a indicação das demais provas a serem produzidas; IV – a indicação da garantia prestada pelo devedor, se houver, e o respectivo instrumento; V – a especificação do objeto da garantia que estiver na posse do credor. Parágrafo único. Os títulos e documentos que legitimam os créditos deverão ser exibidos no original ou por cópias autenticadas se estiverem juntados em outro processo.

contendo uma nova relação de credores, costumeiramente chamada de republicação. Nesse edital, indicará o local e o horário em que os interessados poderão ter acesso aos documentos que embasaram a elaboração dessa nova relação.

Após o transcurso do prazo para habilitações ou divergências, o credor ainda poderá requerer a habilitação de seu crédito que, nesse caso, será recebida como retardatária. O credor retardatário, exceto o trabalhista, perderá o direito a voto nas deliberações da assembleia geral de credores, tudo como determina o artigo 10 da LFR.

As habilitações retardatárias podem ser apresentadas até o encerramento da recuperação judicial. Se apresentadas antes da consolidação do quadro geral de credores seguirão o procedimento da impugnação, abaixo estudado. Se apresentadas após a homologação do quadro geral de credores seguirão o procedimento comum do Código de Processo Civil.

Realizada a republicação da relação de credores pelo administrador judicial, o devedor, os seus sócios, os credores, o Comitê de Credores e o Ministério Público poderão apresentar impugnação, no prazo de 10 (dez) dias, apontando a ausência ou manifestando-se contra a legitimidade, importância ou classificação de qualquer crédito, como dispõe o artigo 8º da LFR.

A impugnação será dirigida ao juízo recuperacional e será processada nos termos dos artigos 13 a 15 da LFR. O juiz determinará a intimação dos credores que tiveram créditos impugnados para se manifestarem no prazo de 5 (cinco) dias. Após, serão intimados o devedor e o Comitê de Credores, se houver, para apresentar manifestação no mesmo prazo. Por fim, o administrador judicial será intimado para emitir parecer sobre a impugnação apresentada, também no prazo de 5 (cinco) dias.

Diante de todas as manifestações, o juiz julgará as impugnações ou fixará os pontos controvertidos, determinando as provas que serão produzidas. Pode determinar, ainda, a reserva do valor do crédito impugnado para evitar prejuízo do credor em eventual rateio que venha a ser realizado.

Decidida a impugnação, caberá o recurso de agravo, podendo o relator conceder efeito suspensivo à decisão que reconhece o crédito ou determinar a inscrição ou modificação do seu valor e classificação no quadro geral de credores, para possibilitar o exercício do direito de voto na assembleia geral de credores, como determina o artigo 17 da LFR.

Realizado o julgamento, o administrador judicial, com base na relação de credores publicada e nas decisões proferidas nos autos das impugnações, realizará a consolidação do quadro geral de credores, no prazo de 5 (cinco) dias a partir da sentença que houver julgado as impugnações.

Após a homologação do quadro geral de credores e até o encerramento da recuperação judicial, este somente poderá ser modificado em duas hipóteses: i) pela apresentação de habilitação retardatária, que seguirá o procedimento comum do Código de Processo Civil, nos termos do artigo 10 da LFR e; ii) mediante sentença proferida em ação própria, proposta pelo administrador judicial, Comitê, qualquer credor ou pelo Ministério Público com base em descoberta de falsidade, dolo, simulação, fraude, erro essencial ou documento ignorados à época do julgamento. Referida ação será julgada pelo juízo da recuperação judicial e seguirá o procedimento comum previsto no Código de Processo Civil. O pagamento do crédito, a partir daí, ficará condicionado à prestação de caução pelo credor, como dispõe o artigo 19 da LFR.

3. Natureza Jurídica do Plano de Recuperação Judicial

3.1 Conceito e Conteúdo

O plano de recuperação judicial é o instrumento pelo qual o devedor apresenta os meios pelos quais pretende superar a crise, demonstrando a viabilidade econômica da sua atividade.

Fábio Ulhoa Coelho ensina que:

> A mais importante peça do processo de recuperação judicial é, sem sombra de dúvidas, o plano de recuperação judicial (ou de "reorganização da empresa"). Depende exclusivamente dele a realização ou não dos objetivos associados ao instituto, quais sejam, a preservação ou não da atividade econômica e cumprimento de sua função social. Se o plano de recuperação é consistente, há chances de a empresa se reestruturar e superar a crise em que mergulha. Terá, nesse caso, valido a pena o sacrifício imposto diretamente aos credores e, indiretamente a toda a sociedade brasileira. Mas se o plano for inconsistente, limitar-se a um papelório destinado a cumprir mera formalidade processual, então o futuro do instituto é a completa desmoralização.[178]

---

[178] COELHO, Fábio Ulhoa. Comentários à lei de falências e de recuperação de empresas. 9. ed. São Paulo: Saraiva, 2013, p. 219-220.

O autor demonstra a importância do plano de recuperação judicial na verdadeira superação da crise do devedor. Assim, não se trata de mera peça processual, mas de verdadeira explanação das possíveis soluções para a crise da empresa.

O artigo 53 da LFR determina que o plano de recuperação judicial deve conter: i) a discriminação pormenorizada dos meios de recuperação a serem empregados, conforme o art. 50 desta Lei, e seu resumo; ii) a demonstração de sua viabilidade econômica, e; iii) laudo econômico-financeiro e de avaliação dos bens e ativos do devedor, subscrito por profissional legalmente habilitado ou empresa especializada.

Os meios de recuperação judicial estão elencados no artigo 50 da LFR, que contém um rol exemplificativo de alternativas que podem ser utilizadas pelo devedor como forma de composição dos valores devidos aos credores e de soerguimento de sua empresa.

A demonstração da viabilidade econômica é ponto crucial para a superação da crise do devedor. Sobre o assunto, ensina Jorge Lobo: "*A finalidade da norma do art. 53 é provar, aos credores e ao juízo, que o valor da empresa em funcionamento não só é superior ao que seria obtido caso se decidisse liquidá-la, como, por igual, que a sua continuidade melhor atende aos múltiplos interesses envolvidos, v.g., dos empregados, dos credores, dos consumidores e da coletividade.*"[179]

O devedor deve conseguir demonstrar que a sua atividade é viável, ou seja, que é lucrativa e capaz de trazer, em funcionamento, mais benefícios sociais do que a sua liquidação.

Jorge Lobo esclarece que o conceito de atividade recuperável é amplo e deve ser analisado caso a caso. Ensina:

(...) o *standard* de empresa recuperável admite certa discricionariedade do intérprete em função do caso concreto, visto que uma companhia ilíquida pode ser recuperável por força de seu potencial de gerar lucros, seu moderno parque industrial, sua marca, seus produtos notórios etc., enquanto que uma empresa solvente pode estar fadada ao insucesso e à quebra por faltar-lhe condições de crescimento e competitividade a médio e longo prazos.[180]

---

[179] Ver texto em: TOLEDO, Paulo F.C. Salles de; ABRÃO, Carlos Henrique. Comentários à lei de recuperação de empresas e falência. 5. ed. rev. atual. e ampl. São Paulo: Saraiva, 2012, p. 207.
[180] Ver texto em: TOLEDO, Paulo F.C. Salles de; ABRÃO, Carlos Henrique. Comentários à lei de recuperação de empresas e falência. 5. ed. rev. atual. e ampl. São Paulo: Saraiva, 2012, p. 209.

A análise sobre a viabilidade econômica da empresa é realizada, em regra, pelos credores, já que são eles os responsáveis pela aprovação do plano de recuperação judicial.

Ainda, o plano deve vir acompanhado de laudo econômico financeiro devidamente subscrito por profissional habilitado. Trata-se de documento que visa demonstrar a real situação econômico-financeira do devedor, bem como, corroborar as informações mencionadas na petição inicial e no próprio plano, oportunidades em que o devedor esclareceu as razões da sua crise e a sua situação atual.

3.2 Limites Legais ao Conteúdo do Plano

De acordo com o artigo 53, I, da LFR, o plano de recuperação judicial deverá descrever, de forma pormenorizada, os meios pelos quais o devedor pretende superar a crise da sua empresa.

Assim, deve o devedor esclarecer, de forma clara e detalhada, como realizará o pagamento de seus credores. Já se entendeu que disposições confusas e que não demonstram, de forma efetiva, como será se dará o pagamento dos credores devem ser afastadas pelo Poder Judiciário.[181]

A LFR, por sua vez, estabelece alguns limites na utilização dos meios de recuperação judicial. Trata-se de normas reconhecidamente cogentes que, portanto, devem ser observadas pelo devedor na elaboração do plano de recuperação judicial, como se demonstrará.

---

[181] RECUPERAÇÃO JUDICIAL. Impugnação à homologação do plano de recuperação judicial. Possibilidade. Aprovação do plano de recuperação judicial pela assembleia de credores não a torna imune à verificação, pelo Poder Judiciário, sobre aspectos de sua legalidade e de obediência a princípios cogentes que iluminam o direito contratual. Tanto o plano original como o seu aditamento padecem de péssima redação, com uso de termos dúbios que certamente gerarão sérios problemas de interpretação no momento do cumprimento daquilo que foi acordado com a maioria dos credores. Ausência de menção do deságio a ser aplicado aos créditos, que aparentemente subordina os pagamentos à condição suspensiva, qual seja, que a projeção do faturamento líquido se mantenha estável na próxima década. Não se tolera a adoção de planos de recuperação ilíquidos, nos quais os pagamentos fiquem subordinados a futuro faturamento da recuperanda, abatidos gastos e investimentos ao exclusivo arbítrio do próprio devedor, mediante criação de condição puramente potestativa (*si voluero*). Falta liquidez ao plano, o que impede qualquer verificação a respeito de sua efetiva execução. Recurso provido. (Relator(a): Francisco Loureiro; Comarca: São Paulo; Órgão julgador: 1ª Câmara Reservada de Direito Empresarial; Data do julgamento: 29/05/2014; Data de registro: 30/05/2014) (grifamos).

O primeiro limite está descrito no artigo 54 da LFR[182] que estabelece os prazos para pagamento dos créditos trabalhistas, quais sejam: i) 30 dias para o pagamento das verbas de natureza estritamente salarial, vencidas nos três meses anteriores ao pedido de recuperação, limitadas a cinco salários mínimos por empregado e; ii) 1 ano para pagamento das demais verbas de natureza trabalhista.

Os prazos aqui estabelecidos não podem ser derrogados por convenção das partes, ou seja, mesmo que os credores queiram convencionar prazo maior, não haverá tal possibilidade em razão da natureza cogente da norma mencionada. Esse é o entendimento que prevalece nos tribunais.[183]

Ademais, o Tribunal de Justiça de São Paulo publicou o Enunciado I aprovado pelo Grupo de Câmaras Reservadas de Direito Empresarial[184] que consolidou o entendimento de que o termo inicial para pagamento dos créditos trabalhistas conta-se da data da homologação do plano de recuperação judicial ou do término do prazo de suspensão de que trata

---

[182] Art. 54. O plano de recuperação judicial não poderá prever prazo superior a 1 (um) ano para pagamento dos créditos derivados da legislação do trabalho ou decorrentes de acidentes de trabalho vencidos até a data do pedido de recuperação judicial. Parágrafo único. O plano não poderá, ainda, prever prazo superior a 30 (trinta) dias para o pagamento, até o limite de 5 (cinco) salários-mínimos por trabalhador, dos créditos de natureza estritamente salarial vencidos nos 3 (três) meses anteriores ao pedido de recuperação judicial.

[183] RECUPERAÇÃO JUDICIAL. Credor trabalhista que requer a decretação da falência ou, subsidiariamente, a anulação do plano de recuperação judicial em razão de violação do art. 54 da Lei n.º 11.101/2005. Natureza novativa do plano. Autonomia privada que não supera violação de norma cogente. Aprovação do plano de recuperação judicial pela assembleia de credores que não o torna imune à verificação, pelo Poder Judiciário, sobre aspectos de sua legalidade e de obediência a princípios cogentes do direito contratual. Clara afronta ao art. 54 da Lei n.º 11.101/2005, já que o plano ultrapassou em muito o limite de um ano para pagamento dos créditos trabalhistas. Norma cogente. Plano ilíquido que contém condição puramente potestativa, vedada pelo artigo 122 do Código Civil. Pagamentos subordinados a futuro faturamento líquido da recuperanda. Incremento do faturamento que depende de fatores que dizem respeito à própria administração da empresa e sobre os quais os credores não exercem influência alguma. Precedentes deste Tribunal. Anulação do plano. Recurso provido. (Relator(a): Francisco Loureiro; Comarca: Barueri; Órgão julgador: 1ª Câmara Reservada de Direito Empresarial; Data do julgamento: 06/02/2014; Data de registro: 07/02/2014).

[184] Enunciado I: O prazo de um ano para o pagamento de credores trabalhistas e de acidentes de trabalho, de que trata o artigo 54, caput, da Lei 11.101/2005, conta-se da homologação do plano de recuperação judicial ou do término do prazo de suspensão de que trata o artigo 6º, parágrafo 4º, da Lei 11,101/2005, independentemente de prorrogação, o que ocorrer primeiro.

o artigo 6º, parágrafo 4º, da Lei 11,101/2005, independentemente de prorrogação, o que ocorrer primeiro.

Outro limite estabelecido pela LFR está previsto no artigo 50, § 1º[185]. Tal dispositivo determina que a alienação de bem objeto de garantia real, a supressão da garantia ou a sua substituição depende da aprovação expressa pelo credor titular da respectiva garantia.

Mais uma vez, trata-se de norma cogente que não poderá ser derrogada por acordo entre o devedor e os demais credores.[186]

Por fim, a norma prevista no artigo 50, § 2º[187] determina que nos créditos em moeda estrangeira, a variação cambial será conservada como parâmetro de indexação da correspondente obrigação e só poderá ser afastada se o credor, titular do respectivo crédito, aprovar expressamente previsão diversa no plano de recuperação judicial.

Assim, esses são os limites estabelecidos pela LFR para a proposta a ser apresentada pelo devedor. Nos demais casos, com relação aos créditos sujeitos à recuperação judicial, poderá o credor apresentar a proposta que melhor atenda às suas necessidades, lembrando sempre que, como são os credores os titulares do poder de aprovação ou rejeição do plano, há liberdade negocial para se alcançar a solução mais adequada para superação da crise, preservação da atividade empresarial e imposição de menor sacrifício aos credores.

---

[185] Art. 50. Constituem meios de recuperação judicial, observada a legislação pertinente a cada caso, dentre outros: (...) § 1º Na alienação de bem objeto de garantia real, a supressão da garantia ou sua substituição somente serão admitidas mediante aprovação expressa do credor titular da respectiva garantia.

[186] Agravo de instrumento. Recuperação judicial. Realização de ativo. Pretensão à alienação de imóveis de propriedade da agravada, mas gravados com garantia hipotecária. Necessidade de concordância expressa por parte do credor hipotecário. Situação que não se caracteriza no caso, tendo em vista a concordância condicionada manifestada pelo agravante. Inteligência do art. 50, § 1º, da Lei nº 11.101/05. Súmula nº 61 desta Corte: "Na recuperação judicial, a supressão da garantia ou sua substituição somente será admitida mediante aprovação expressa do titular". Decisão reformada. Agravo a que se dá provimento. (Relator(a): Pereira Calças; Comarca: Franca; Órgão julgador: 1ª Câmara Reservada de Direito Empresarial; Data do julgamento: 09/09/2015; Data de registro: 17/09/2015).

[187] Art. 50. Constituem meios de recuperação judicial, observada a legislação pertinente a cada caso, dentre outros: (...) § 2º Nos créditos em moeda estrangeira, a variação cambial será conservada como parâmetro de indexação da correspondente obrigação e só poderá ser afastada se o credor titular do respectivo crédito aprovar expressamente previsão diversa no plano de recuperação judicial.

O conteúdo e limites do plano serão estudados no capítulo 4 que tratará da existência, validade e eficácia.

3.3 Apresentação do Plano

O plano de recuperação judicial deve ser apresentado no prazo improrrogável de 60 (sessenta) dias contados da publicação da decisão que defere o processamento da recuperação judicial, nos termos do *caput* do artigo 53, da LFR. A apresentação se dá nos autos do processo de falência, mediante petição subscrita pelo patrono da devedora.

O plano de recuperação judicial é elaborado pelo devedor, respeitadas as normas do direito societário sobre as deliberações sociais, atribuições e responsabilidades dos administradores da sociedade, bem como, os eventuais acordos de acionistas[188].

O prazo para apresentação é improrrogável e a sua inobservância acarreta a convolação da recuperação judicial em falência, como determina o artigo 73, II, da LFR.

Apresentado o plano, o juiz determinará a publicação de edital contendo aviso aos credores sobre o recebimento do plano nos autos e fixando o prazo para a manifestação de eventuais objeções.

Ressalte-se que os credores tomam conhecimento da entrega do plano por meio desse edital. É muito comum, entretanto, que o devedor disponibilize tal documento em seu *site* na internet. Ainda, o administrador judicial poderá disponibilizá-lo aos credores, quando solicitado.

3.4 Objeções dos Credores

Os credores poderão apresentar suas objeções sobre o plano de recuperação judicial no prazo de 30 (trinta) dias, nos termos do artigo 55 da LFR. Sobre o termo inicial do prazo, ensina Manoel Justino Bezerra Filho: "*A solução jurisprudencial pode se resumir na seguinte observação: se quando for publicada a segunda lista (art. 7º, § 2º) ainda não houve plano juntado (art. 53), o prazo de 30 dias do caput do art. 55 será contado da publicação que é feita, informando a*

---

[188] Conforme decidiu o Superior Tribunal de Justiça: (CC 157.099/RJ, Rel. Ministro MARCO BUZZI, Rel. p/ Acórdão Ministra NANCY ANDRIGHI, SEGUNDA SEÇÃO, julgado em 10/10/2018, DJe 30/10/2018).

juntada do plano; se, ao contrário, o plano já estiver juntado quando da publicação da segunda lista, conta-se o prazo a partir desta segunda lista".[189]

A objeção constitui na peça processual por meio da qual o credor manifestará as razões da discordância com os termos do plano de recuperação judicial apresentado pelo devedor. Pode ser apresentada por qualquer credor, desde que, mencionado na relação de credores ou no quadro geral de credores.

Outro ponto relevante é o conteúdo das objeções. Manoel Justino Bezerra Filho destaca a discussão entre aqueles que entendem que a objeção deve ser "cheia", ou seja, o credor deve trazer as razões pelas quais discorda do plano; ou "vazia", hipótese em que bastaria ao credor dizer que não concorda, sem explicar os motivos para a formação dessa convicção.[190] Conclui o autor: *"Dentro de um estado de normal concorrência entre sociedades empresárias, parece não se justificar a obrigação de fundamentar a objeção, até porque, como fundamento, bastaria ao credor dizer que não pode concordar com a dilação apresentada no plano sob pena de ele próprio, credor, vir a ficar em situação de crise."*[191]

Jorge Lobo ressalta que na Argentina se exige que a objeção seja justificada, estabelecendo a legislação um rol taxativo de causas de impugnação que podem ser utilizados pelos credores: "(...) *erro no cômputo da maioria, falta de representação dos credores que formaram a maioria, aumento fraudulento do passivo, ocultação ou aumento fraudulento do ativo e inobservância das regras de celebração do acordo."*[192]

As objeções não serão julgadas uma a uma. Servirão, contudo, como impulso para a necessária convocação da assembleia geral de credores para deliberação sobre o plano.

---

[189] Lei de recuperação de empresas e falência comentada: Lei nº 11.101/2005: comentário artigo por artigo. 11. ed. rev. ampl. e atual. São Paulo: Editora Revista dos Tribunais, 2015, p. 190.
[190] Lei de recuperação de empresas e falência comentada: Lei nº 11.101/2005: comentário artigo por artigo. 11. ed. rev. ampl. e atual. São Paulo: Editora Revista dos Tribunais, 2015, p. 191.
[191] Lei de recuperação de empresas e falência comentada: Lei nº 11.101/2005: comentário artigo por artigo. 11. ed. rev. ampl. e atual. São Paulo: Editora Revista dos Tribunais, 2015, p. 191.
[192] Ver texto em: TOLEDO, Paulo F. C. Salles de; ABRÃO, Carlos Henrique (coords.). Comentários à lei de recuperação de empresas e falência. 5. ed. rev. atual. e ampl. São Paulo: Saraiva, 2012, p. 212.

3.5 Aprovação do Plano

De acordo com o artigo 58, *caput*, da LFR, o juiz concederá a recuperação judicial de plano que não tenha sofrido objeções de credores ou de plano que tenha sido aprovado pela assembleia geral de credores. Ainda, o § 1º do referido dispositivo traz a possibilidade de concessão de recuperação judicial de plano rejeitado pela assembleia geral de credores, desde que preenchidos três requisitos cumulativos.

Assim, a LFR disciplina duas modalidades de aprovação que serão estudadas a seguir: i) a aprovação pela ausência de objeções; ou, ii) aprovação pela assembleia geral de credores. Disciplina, ainda, a possibilidade de concessão da recuperação judicial de plano rejeitado pela assembleia geral de credores, por meio da aplicação do instituto denominado *cram down*.

3.5.1 Aprovação pela Ausência de Objeções

Determina o artigo 58, *caput*, da LFR que o juiz concederá a recuperação judicial de plano que não tenha sofrido objeções de credores.

Dessa forma, transcorrido o prazo de 30 dias, previsto no artigo 55 da LFR, considera-se aprovado o plano de recuperação judicial em razão da ausência de objeções de credores quanto ao seu conteúdo.

Adalberto Simão Filho apresenta a questão do conteúdo das objeções. Entende o autor que caso a objeção não tenha relação direta com o plano de recuperação judicial, ou seus argumentos possam ser refutados prontamente, não haverá necessidade de convocação da assembleia geral de credores.[193]

Esse posicionamento já foi acolhido pelo Tribunal de Justiça de São Paulo que negou provimento a recurso contra decisão concessiva da recuperação judicial em que o juízo de primeiro grau rejeitou liminarmente a objeção sob o argumento de que não tinha por objeto o conteúdo do plano.[194]

---

[193] Interesses transindividuais dos credores nas assembleias-gerais e sistemas de aprovação do plano de recuperação judicial. In: DE LUCCA, Newton; DOMINGUES, Alessandra de Azevedo (coord.). Direito recuperacional – Aspectos teóricos e práticos. São Paulo: Quartier Latin, 2009, p. 49-50.

[194] RECUPERAÇÃO JUDICIAL – Decisão que, dispensada a realização de assembleia geral de credores, concede a recuperação judicial. Irresignação de uma determinada instituição financeira credora, inscrita na classe III. Alegação de que a decisão recorrida é

3.5.2 Aprovação pela Assembleia Geral de Credores

Havendo objeção de qualquer credor ao plano de recuperação judicial, o juiz convocará assembleia geral de credores para deliberar sobre sua aprovação, nos termos do que dispõe o artigo 56 da LFR. Referida assembleia deve ser realizada no prazo máximo de 150 (cento e cinquenta) dias da decisão que deferiu o processamento da recuperação judicial.

Importante é a observação de Adalberto Simão Filho: *"Trata-se da deliberação não sobre a questão que gerou a objeção por parte do credor, mas sim da aprovação do próprio plano de recuperação. De certo, nesta ocasião, os credores tomarão o cuidado de verificarem o plano à luz da(s) objeção(ões) formulada (s) para, posteriormente, deliberarem."*[195]

Assim, caberá exclusivamente à assembleia geral de credores decidir sobre a aprovação ou rejeição do plano de recuperação judicial.

A convocação da assembleia geral de credores é realizada pelo juiz, por meio de edital publicado com antecedência mínima de 15 dias, no órgão oficial e em jornal de grande circulação no local da sede e das filiais do

---

nula em razão de irregularidade na publicação do edital de objeções ao plano e da dispensa da convocação da assembleia geral de credores. Plano de recuperação judicial que ademais apresentaria ilegalidades passíveis de controle judicial a ensejar sua anulação. Insurgência que não comporta acolhida. Hipótese em que houve publicação conjunta dos editais previstos nos artigos 7º, § 2º e 53, parágrafo único, da LRF, disciplinada deste o deferimento do processamento da recuperação. Possibilidade. Prejuízos não demonstrados. Credor agravante que se manteve inerte. *Única objeção apresentada que não impugnou os termos do plano em si. Rejeição liminar irrecorrida.* Convocação da AGC reputada inútil. Dispensa ademais outrora deliberada por decisão irrecorrida. Verificação da legalidade pelo Poder Judiciário das disposições do plano. Possibilidade. Carência excessiva. Inocorrência. Carência inferior ao prazo bienal de supervisão de 24 meses a que alude o art. 61, *caput*, e 63 da LRF. Prazo de pagamento de 05 anos em parcelas semestrais de maior valor. Falta de previsão de juros e atualização monetária pela aplicação do CDI. Impossibilidade. A ausência de previsão de juros não pode ser aceita, bem como a atualização monetária pelo CDI, cujas taxas se revelam incompatíveis com a natureza da dívida que a empresa recuperanda assumira. Alegação de iliquidez das parcelas que por sua vez não se sustenta. Apuração mediante simples cálculo. Alteração apenas do critério de atualização para aplicação da Tabela desta Corte e incidência de juros legais de 1% ao mês. – RECURSO PROVIDO EM PARTE. (Relator(a): Ramon Mateo Júnior; Comarca: São Roque; Órgão julgador: 2ª Câmara Reservada de Direito Empresarial; Data do julgamento: 11/11/2015; Data de registro: 17/11/2015) (grifamos).

[195] Interesses transindividuais dos credores nas assembleias-gerais e sistemas de aprovação do plano de recuperação judicial. In: DE LUCCA, Newton; DOMINGUES, Alessandra de Azevedo (coord.). Direito recuperacional – Aspectos teóricos e práticos. São Paulo: Quartier Latin, 2009, p. 50.

devedor. O edital conterá o local e as datas da realização (necessariamente haverá menção à primeira e segunda convocações, com intervalo mínimo de cinco dias entre elas); a ordem do dia (nesse caso: a deliberação sobre o plano de recuperação judicial e a possibilidade de constituição do comitê de credores, em caso de aprovação, nos termos do §2º, do artigo 55, da LRF), bem como, o local onde os credores poderão obter cópia do plano, tudo nos termos do artigo 36 da LFR.

No dia designado, a assembleia geral será presidida pelo administrador judicial que designará um dos credores presentes como secretário.

Antes mesmo da instalação, os credores serão divididos em quatro categorias, nos termos do artigo 41 da LFR: I – titulares de créditos derivados da legislação do trabalho ou decorrentes de acidentes de trabalho; II – titulares de créditos com garantia real; III – titulares de créditos quirografários, com privilégio especial, com privilégio geral ou subordinados; e IV – titulares de créditos enquadrados como microempresa ou empresa de pequeno porte.

Os credores poderão ser representados por procuradores que deverão entregar os documentos que comprovem seus poderes com 24 horas de antecedência diretamente ao administrador judicial. Os credores trabalhistas poderão ser representados pelo sindicato que deverá apresentar a relação dos que representa com 10 dias de antecedência.

O voto de cada credor será apurado proporcionalmente ao seu crédito, considerando-se o valor mencionado no quadro geral de credores ou na relação de credores elaborada pelo administrador judicial ou, não tendo sido apresentada, na relação de credores trazida pelo devedor junto à petição inicial. No caso de crédito em moeda estrangeira, o valor será apurado por meio da conversão para a moeda nacional pelo câmbio da véspera da data da realização da assembleia.

O artigo 39, § 2º, da LFR determina que a deliberação não será invalidada em razão de posterior decisão judicial sobre a existência, a quantificação ou a classificação de créditos. Da mesma forma, o artigo 40 da LFR determina que não será concedido provimento liminar, cautelar ou antecipatório com o objetivo de suspender ou adiar a assembleia em virtude de discussões acerca da existência, quantificação ou classificação de créditos.

Não terão direito a voto e não serão considerados para fins de verificação de quórum os titulares de créditos não sujeitos e os credores que não tiverem suas condições originais de pagamento alteradas pelo plano.

Também não terão direito a voto os sócios do devedor, bem como as sociedades coligadas, controladoras, controladas ou as que tenham sócio ou acionista com participação superior a dez por cento do capital social do devedor. Ainda, as sociedades em que o devedor ou algum de seus sócios detenham participação superior a dez por cento do capital social, assim como o cônjuge ou parente, consanguíneo ou afim, colateral até o segundo grau, ascendente ou descendente do devedor, de administrador, de sócio controlador, de membro dos conselhos consultivo, fiscal ou semelhantes da sociedade devedora e à sociedade em que quaisquer dessas pessoas exerça essas funções, resguardados, em todos os casos, o direito de participar da assembleia.

A assembleia será instalada, em primeira convocação, se estiverem presentes credores titulares de mais da metade dos créditos de cada classe, computados por valor. Não se alcançando esse quórum, a assembleia será instalada, em segunda convocação, com qualquer número.

A aprovação do plano na assembleia de credores deve obedecer ao previsto no artigo 45 da Lei nº 11.101/2005, que estabelece os seguintes critérios:

- todas as classes de credores deverão aprovar a proposta;
- na classe I e IV, a proposta deverá ser aprovada pela maioria simples dos credores presentes, independentemente do valor de seu crédito;
- na classe II, a proposta deverá ser aprovada por credores que representem mais da metade do valor total dos créditos presentes à assembleia e, cumulativamente, pela maioria simples dos credores presentes;
- na classe III, a proposta deverá ser aprovada por credores que representem mais da metade do valor total dos créditos presentes à assembleia e, cumulativamente, pela maioria simples dos credores presentes.

Há de se observar, ainda, a hipótese prevista no artigo 56, § 3º, da LFR, que prevê a possibilidade de alteração do plano na assembleia geral de credores, desde que tais alterações não impliquem diminuição dos direitos exclusivamente dos credores ausentes e que haja expressa concordância do devedor.

Trata-se de situação bastante comum na experiência jurídica e pode ser proposta tanto pelo devedor quanto pelo credor, no transcorrer dos debates realizados na assembleia. Por isso, firmou-se o entendimento de que, caso não haja tempo hábil para concluir os debates e votação em única sessão, admite-se a continuação dos trabalhos em outra data.

Nesse sentido é o Enunciado da I Jornada de Direito Comercial do Conselho da Justiça Federal: "53. A assembleia geral de credores para deliberar sobre o plano de recuperação judicial é una, podendo ser realizada em uma ou mais sessões, das quais participarão ou serão considerados presentes apenas os credores que firmaram a lista de presença encerrada na sessão em que instalada a assembleia geral."

Referido posicionamento serviu para sedimentar as discussões acerca da possibilidade de comparecimento, na sessão remarcada, de credores que não haviam comparecido na primeira sessão.

Alcançado o quórum previsto no artigo 45 da Lei nº 11.101/2005 o plano estará aprovado. Em caso negativo, o plano estará rejeitado.

3.5.3 Cram Down

Sendo o plano rejeitado, em regra, o juiz deverá convolar a recuperação judicial em falência. Antes disso, porém, deverá verificar se foram preenchidos os requisitos previstos no artigo 58, § 1º, da LFR.

A LFR adotou o instituto do *cram down*, segundo o qual, o juiz poderá conceder a recuperação judicial de plano de recuperação judicial rejeitado pela assembleia geral de credores, se preenchidos quatro requisitos legais, de forma cumulativa:

i) o voto favorável de credores que representem mais da metade do valor de todos os créditos presentes à assembleia, independentemente de classes;
ii) a aprovação de 2 (duas) das classes de credores nos termos do artigo 45 desta Lei ou, caso haja somente 2 (duas) classes com credores votantes, a aprovação de pelo menos 1 (uma) delas;
iii) na classe que o houver rejeitado, o voto favorável de mais de 1/3 (um terço) dos credores, computados na forma dos §§ 1º e 2º do artigo 45 desta Lei;
iv) se o plano não implicar tratamento diferenciado entre os credores da classe que o houver rejeitado.

Importante observar que a Lei Complementar nº 147/2014 criou uma nova classe composta pelos credores titulares de créditos enquadrados como microempresa e empresa de pequeno porte, determinando que realize a votação somente por cabeça, sem computar o valor de seu crédito.

Referida Lei, entretanto, apesar de ter criado a quarta classe de credores, não alterou o artigo 58, § 1º, da LFR que determina que o plano deve ter sido rejeitado por uma classe, apenas, o que gerou dúvidas.

Diante de tal controvérsia, a II Jornada de Direito Comercial do Conselho da Justiça Federal aprovou o Enunciado nº 79: "O requisito do inc. III do § 1º do art. 58 da Lei n. 11.101 aplica-se a todas as classes nas quais o plano de recuperação judicial não obteve aprovação nos termos do art. 45 desta Lei."

Assim, tendo sido aprovado por duas classes e rejeitado pelas outras duas, em cada uma dessas deve ter sido alcançado o quórum de mais de 1/3 (um terço) dos presentes, computados na forma do artigo 45 da LFR, ou seja, se a classe que rejeitou era dos créditos trabalhistas ou de microempresa e empresa de pequeno porte, mais de 1/3 dos credores presentes; se a classe que rejeitou era dos credores com garantia real ou quirografários, mais de 1/3 computados, separadamente, por cabeça e por valor.

Observe-se ainda que o preenchimento de tais requisitos deve levar em consideração a assembleia já realizada, não havendo que se falar em nova assembleia.

Manoel Justino Bezerra Filho ensina que o *cram down* é *"(...) termo importado do direito norte americano e sem possibilidade de tradução literal. Com certa jocosidade, poder-se-ia dizer que a tradução livre redundaria em 'goela abaixo', ou seja: mesmo com a discordância da AGC, ainda, assim, o plano será aprovado e irá 'goela abaixo' dos credores."*[196]

Jorge Lobo explica que o instituto foi criado para evitar o "abuso da minoria".[197]

A justificativa para adoção de tal mecanismo está no fato de que, de acordo com o artigo 45 da LFR, o plano deve ser aprovado em todas as

---

[196] Lei de recuperação de empresas e falência comentada: Lei nº 11.101/2005: comentário artigo por artigo. 11. ed. rev. ampl. e atual. São Paulo: Editora Revista dos Tribunais, 2015, p. 201-202.
[197] Ver texto em: TOLEDO, Paulo F. C. Salles de; ABRÃO, Carlos Henrique (coords.). Comentários à lei de recuperação de empresas e falência. 5. ed. rev. atual. e ampl. São Paulo: Saraiva, 2012, p. 221.

classes de credores. Assim, se uma das classes não aprovar, o plano será considerado rejeitado e a consequência é a convolação da recuperação judicial em falência.

Assim, preenchidos os requisitos mencionados, é direito do devedor ter a sua recuperação judicial concedida, apesar da não aprovação do plano em assembleia.

Ocorre que, muitas vezes, os requisitos não são preenchidos, mas constata-se, no caso concreto, que um credor ou um grupo de credores votou contrariamente à aprovação do plano com o objetivo de eliminar a concorrência ou por razões outras que não o recebimento de seu crédito, o que caracterizaria o voto abusivo.

Eduardo Secchi Munhoz, ao tratar dos limites do poder jurisdicional, defende que:

> (...) poderia o juiz anular o voto proferido pelo credor se verificar que esse voto desviou-se do seu interesse na satisfação de seu crédito, tendo sido determinado por um interesse de outra natureza (v.g. eliminação de um concorrente), estranho à relação jurídica de crédito havida com o devedor. Por outro lado, não há de se considerar abusivo o voto com base em alegação de conflito formal, ou ainda se esse voto tiver por objetivo buscar a satisfação máxima do crédito detido individualmente pelo credor que o proferiu, ainda que isso venha a prejudicar outros credores"[198]

Assim, reconhecida a abusividade do voto do credor, tem-se entendido pela possibilidade de concessão da recuperação judicial mesmo que não preenchidos os requisitos para configuração do *cram down*.[199]

---

[198] Anotações sobre o limite do poder jurisdicional. Revista de Direito Bancário e do Mercado de Capitais. ano 10, n. 36, p. 185-199, abr.-jun./2007.

[199] AGRAVO DE INSTRUMENTO – Recuperação Judicial – *Cram down* – Inobservância do quórum em razão do voto contrário de um credor, detentor da maior parte dos créditos sujeitos ao concurso na classe quirografária – Decisão de concessão pautada na abusividade do voto de rejeição – Admissibilidade – Ausência de tratamento diferenciado entre os credores, ilegalidade ou afronta ao sistema de validade dos negócios jurídicos que justifique o pedido de quebra – Decisão de concessão da recuperação judicial mantida – Recurso não provido. Dispositivo: negam provimento ao agravo de instrumento. (Relator(a): Ricardo Negrão; Comarca: Ribeirão Preto; Órgão julgador: 2ª Câmara Reservada de Direito Empresarial; Data do julgamento: 02/12/2015; Data de registro: 19/12/2015) (grifamos).

Ademais, tem-se entendido ainda que, os critérios mencionados no artigo 58, § 1º, da LFR, podem ser relativizados, excepcionalmente, se os credores sinalizarem no sentido da aprovação do plano, com fundamento no princípio da preservação da empresa.[200]

Dessa forma, verifica-se que o interesse público da recuperação judicial tem prevalecido sobre o interesse privado de um ou alguns credores que votam contrariamente ao plano.

Trata-se de assunto complexo, objeto de diversos trabalhos acadêmicos e que necessitaria de pesquisa autônoma para alcançar todas as suas nuances.

3.6 Decisão Concessiva e seus Efeitos

A concessão da recuperação judicial difere da decisão que defere o seu processamento.. Isto porque, esta decisão é proferida no ato de recebimento da petição inicial e tem por objetivo determinar as providências iniciais que possibilitarão a futura recuperação da atividade em crise.

A decisão concessiva da recuperação judicial, por sua vez, será proferida, nos termos do artigo 58 da LFR[201], quando o plano de recuperação judicial

---

[200] AGRAVO DE INSTRUMENTO PLANO DE RECUPERAÇÃO JUDICIAL Homologação *Cram Down*. O Magistrado está excepcionalmente autorizado a relativizar os requisitos e conceder a recuperação judicial, quando a maioria dos credores sinaliza nesse sentido Princípio da preservação da empresa que se sobressai aos interesses econômicos das instituições financeiras Garantia da manutenção da fonte produtora, do emprego dos trabalhadores e dos interesses dos credores, sua função social e o estímulo à atividade econômica Recurso improvido. (Relator(a): Ramon Mateo Júnior; Comarca: São José dos Campos; Órgão julgador: 2ª Câmara Reservada de Direito Empresarial; Data do julgamento: 16/03/2015; Data de registro: 18/03/2015) (grifamos).

[201] Art. 58. Cumpridas as exigências desta Lei, o juiz concederá a recuperação judicial do devedor cujo plano não tenha sofrido objeção de credor nos termos do art. 55 desta Lei ou tenha sido aprovado pela assembleia-geral de credores na forma do art. 45 desta Lei. § 1º O juiz poderá conceder a recuperação judicial com base em plano que não obteve aprovação na forma do art. 45 desta Lei, desde que, na mesma assembleia, tenha obtido, de forma cumulativa: I – o voto favorável de credores que representem mais da metade do valor de todos os créditos presentes à assembleia, independentemente de classes; II – a aprovação de 2 (duas) das classes de credores nos termos do art. 45 desta Lei ou, caso haja somente 2 (duas) classes com credores votantes, a aprovação de pelo menos 1 (uma) delas; III – na classe que o houver rejeitado, o voto favorável de mais de 1/3 (um terço) dos credores, computados na forma dos §§ 1º e 2º do art. 45 desta Lei. § 2º A recuperação judicial somente poderá ser concedida com base no § 1º deste artigo se o plano não implicar tratamento diferenciado entre os credores da classe que o houver rejeitado.

for aprovado pelos credores ou quando presentes os requisitos ensejadores do *cram down*.

O plano de recuperação judicial será aprovado, primeiramente, se não houver objeções apresentadas pelos credores. Havendo objeções, será convocada assembleia geral de credores para deliberação. Caberá à assembleia, por sua vez, aprovar ou rejeitar a proposta apresentada pelo devedor, nos termos do artigo 56 da LFR.

Sendo aprovado, o juiz concederá a recuperação judicial. Sendo rejeitado, em regra, o juiz decretará a falência do devedor.

Ocorre que, o artigo 58, § 1º, da LFR, adotou o instituto do *cram down*, segundo o qual, o juiz poderá conceder a recuperação judicial de plano de recuperação judicial rejeitado pela assembleia geral de credores, se preenchidos os requisitos ali mencionados.

A decisão que concede a recuperação judicial constitui título executivo judicial e desafia o recurso de agravo que pode ser interposto por qualquer credor ou pelo Ministério Público. Não há previsão legal autorizando a interposição de recurso pelo devedor ou por seus sócios.[202]

Ainda, discute-se a natureza jurídica da decisão que concede a recuperação judicial. A LFR não faz qualquer menção sobre o tema.

Manoel Justino Bezerra Filho entende que se trata de decisão interlocutória, já que não põe fim ao processo de recuperação judicial.[203]

Gladston Mamede, por sua vez, entende tratar-se de sentença de natureza constitutiva.[204]

Não se trata, porém, de discussão relevante, na medida em que a própria LFR estabelece que a decisão é título executivo judicial e que desafia o recurso de agravo, o que é suficiente para resolver as questões práticas advindas do tema.

---

[202] O Superior Tribunal de Justiça já proferiu decisão entendendo que os sócios do devedor não têm legitimidade para recorrer da decisão, conforme REsp 1539445/SP, Rel. Ministro RICARDO VILLAS BÔAS CUEVA, TERCEIRA TURMA, julgado em 13/03/2018, DJe 23/03/2018..

[203] Lei de recuperação de empresas e falência comentada: Lei nº 11.101/2005: comentário artigo por artigo. 11. ed. rev. ampl. e atual. São Paulo: Editora Revista dos Tribunais, 2015, p. 205.

[204] MAMEDE, Gladston. Direito empresarial brasileiro: falência e recuperação de empresas. 5. ed. São Paulo: Atlas, 2012, v. 4, p. 176.

Quanto aos efeitos da decisão que defere o processamento da recuperação judicial, o artigo 59 da LFR[205] determina que o plano de recuperação judicial aprovado implica novação dos créditos a ele sujeitos.

Sobre essa questão, importante é a lição de Manoel de Queiroz Pereira Calças que denomina a novação prevista na LFR de "novação recuperacional": *"Estou convencido de que a novação, prevista no art. 59 da Lei nº 11.101/2005, como consequência da concessão da recuperação judicial à empresa-devedora, não tem a mesma natureza jurídica do instituto regrado pelo art. 360 do Código Civil (art. 999 e ss. do CC/1916), o qual acarreta na extinção das obrigações novadas."*[206]

Esse tem sido o entendimento adotado pelos tribunais.[207]

Assim, a novação recuperacional não traz como consequência a extinção definitiva da obrigação novada, tampouco, a extinção das garantias.

A concessão da recuperação judicial não acarreta a liberação dos coobrigados que continuam vinculados às obrigações que assumiram por força do artigo 49, § 1º, da LFR.

Ainda, permanecem intactas as garantias reais, salvo se o credor expressamente concordou com a liberação da garantia, nos termos do artigo 50, § 1º, da LFR.

---

[205] Art. 59. O plano de recuperação judicial implica novação dos créditos anteriores ao pedido, e obriga o devedor e todos os credores a ele sujeitos, sem prejuízo das garantias, observado o disposto no § 1º do art. 50 desta Lei. § 1º A decisão judicial que conceder a recuperação judicial constituirá título executivo judicial, nos termos do *art. 584, inciso III, do caput da Lei no 5.869, de 11 de janeiro de 1973* – Código de Processo Civil. § 2º Contra a decisão que conceder a recuperação judicial caberá agravo, que poderá ser interposto por qualquer credor e pelo Ministério Público.

[206] Novação recuperacional. Revista do Advogado. São Paulo: Associação dos Advogados de São Paulo, nº 105, setembro de 2009, p. 118.

[207] EMBARGOS À EXECUÇÃO – Coobrigados de sociedade empresária em recuperação judicial – *Novação "concursal", que não libera os coobrigados*. Exame dos artigos 6º, 49 e 59 da Lei 11.101/2205, a Lei de Falência e Recuperação Título executivo líquido e certo – Na recuperação judicial do devedor principal, os coobrigados não se liberam, aplicando-se os artigos 49 e 59 da Lei 11.101/2005, inaplicável ao caso o *caput* do artigo 6º, que trata de situação diversa. O débito decorrente de contrato de arrendamento mercantil configura título líquido, certo e exigível, podendo ser executado pelo valor em aberto, corretamente demonstrado em planilha que instrui a inicial. Recurso não provido – (Relator(a): Manoel Justino Bezerra Filho; Comarca: São Paulo; Órgão julgador: 28ª Câmara de Direito Privado; Data do julgamento: 11/03/2014; Data de registro: 12/03/2014) (grifamos).

3.7 Cumprimento e Descumprimento do Plano

Após a concessão da recuperação judicial, o devedor deverá cumprir as obrigações nos termos veiculados no plano de recuperação judicial. A administração da atividade continua nas mãos do devedor, sob a fiscalização do Comitê, se houver, e do administrador judicial, exceto na hipótese de destituição dos administradores, disciplina pelos artigos 64 e 65 da LFR.

O descumprimento das obrigações assumidas no plano de recuperação judicial está descrito nos artigos 61 e 62 da LFR, que distinguem duas hipóteses de descumprimento: i) aquele havido nos dois primeiros anos contados da decisão concessiva e; ii) aquele havido após o encerramento da recuperação judicial.

Proferida a decisão concessiva, o devedor permanecerá em recuperação judicial até que se cumpram todas as obrigações previstas no plano que se vencerem até 2 (dois) anos da concessão. É o chamado período de supervisão judicial.[208]

Transcorrido o período de supervisão e cumpridas as obrigações vencidas até então, o juiz encerrará a recuperação judicial por sentença, determinando a apresentação de relatório circunstanciado, pelo administrador judicial, versando sobre a execução do plano de recuperação pelo devedor, tudo nos termos do determinado no artigo 63 da LFR.

Durante esse período, caso haja descumprimento das obrigações assumidas no plano, deverá o magistrado decretar a falência do devedor, nos termos do § 1º do artigo 61 da LFR[209], reconstituindo-se os direitos e garantias dos credores nas condições originalmente contratadas.

---

[208] Sobre o termo inicial do prazo de supervisão judicial, importante destacar o Enunciado II, do Grupo de Câmaras Reservadas de Direito Empresarial que assim dispõe: O prazo de dois anos de supervisão judicial, previsto no artigo 61, caput, da Lei 11.101/05, tem início após o transcurso do prazo de carência fixado.

[209] Art. 61. Proferida a decisão prevista no art. 58 desta Lei, o devedor permanecerá em recuperação judicial até que se cumpram todas as obrigações previstas no plano que se vencerem até 2 (dois) anos depois da concessão da recuperação judicial. § 1º Durante o período estabelecido no *caput* deste artigo, o descumprimento de qualquer obrigação prevista no plano acarretará a convolação da recuperação em falência, nos termos do art. 73 desta Lei. § 2º Decretada a falência, os credores terão reconstituídos seus direitos e garantias nas condições originalmente contratadas, deduzidos os valores eventualmente pagos e ressalvados os atos validamente praticados no âmbito da recuperação judicial.

Como estatui o artigo 61, § 2º, da LFR, o descumprimento do plano acarretará na convolação em falência, hipótese em que: "(...) *os credores terão reconstituídos seus direitos e garantias nas condições originalmente contratadas, deduzidos os valores eventualmente pagos e ressalvados os atos validamente praticados no âmbito da recuperação judicial.*"

Trata-se dos efeitos da novação recuperacional. Ensina Manoel de Queiroz Pereira Calças:

> Diante de tal norma, entendo que a novação prevista na Lei nº 11.101/2005, acarreta a extinção da obrigação do **devedor em recuperação**, desde que ele cumpra as obrigações previstas no plano no prazo de supervisão judicial, isto é, as que se vencerem até dois anos a partir da concessão da recuperação. Fica a novação, portanto, subordinada à condição resolutiva, mercê do que, descumprida qualquer obrigação prevista no plano (inadimplido o plano), a nova obrigação nele contraída resolve-se, com a consequente resolução da extinção da obrigação primitiva, surgindo uma obrigação nova, exatamente igual à anteriormente extinta, mas nova.[210]

Assim, a novação recuperacional está condicionada ao cumprimento das obrigações assumidas no plano e que se vencerem durante o período de supervisão judicial. Cumpridas tais obrigações nesse período, a novação se aperfeiçoa.

Outra consequência do descumprimento das obrigações assumidas durante o período de supervisão judicial é a convolação da recuperação judicial em falência, como determina o artigo 73, IV, da LFR. Já se entendeu que não há necessidade de convocação de nova assembleia de credores para deliberar sobre a pertinência da convolação.[211]

---

[210] Novação recuperacional. Revista do Advogado. São Paulo: Associação dos Advogados de São Paulo, nº 105, setembro de 2009, p. 119.

[211] RECUPERAÇÃO JUDICIAL. Convolação em falência em virtude da constatação de ausência de atividade empresarial no estabelecimento da recuperanda, bem como do descumprimento de obrigações constantes do plano recuperacional. Atividade produtiva da empresa devedora confessadamente paralisada. Impossibilidade de atendimento aos objetivos do instituto da recuperação judicial e às metas traçadas no respectivo plano caracterizada. *Descumprimento de obrigações assumidas através do plano de recuperação, durante o prazo bienal de supervisão judicial, que autoriza a decretação da quebra, mesmo ex officio. Desnecessidade, nessas circunstâncias, de prévia deliberação por parte da assembleia-geral de credores. Inteligência do art. 61, § 1º, da Lei nº 11.101/2005.*

Apesar de não haver previsão legal nesse sentido, tem-se admitido a apresentação de planos substitutivos ou alternativos quando há impossibilidade de se cumprir as obrigações assumidas no plano, quando há indícios de que a atividade ainda é viável.[212]

Ana Beatriz Martucci Nogueira, Ana Cristina Baptista Campi e Daniella Piha afirmam que tal prática se tornou rotineira: *"A pertinência do aditamento ao plano nestes condições deve ser muito bem analisada, pois se de um lado implica na concessão de uma chance para um possível ajuste do plano, de outro, pode comprometer o andamento e o desfecho da recuperação judicial, abalando o princípio da segurança jurídica e prejudicando a coletividade de credores, inserindo-a em um ambiente de instabilidade e incertezas"*.[213]

Há muitos casos ainda que, mesmo decorrido o prazo de supervisão judicial, o processo de recuperação judicial continua em andamento, na pendência da solução de outras questões, envolvendo quantificação ou qualificação de créditos, por exemplo.

Nesses casos, havendo descumprimento do plano pelo devedor, a questão que se coloca é: apresentando-se alterações ao plano e submetendo-as a aprovação dos credores em nova assembleia, ainda se aplicariam as regras de submissão da minoria à vontade da maioria, mesmo considerando o fim do prazo de supervisão judicial?

O Enunciado 77 da II Jornada de Direito Comercial do Conselho da Justiça Federal respondeu essa questão nos seguintes termos:

Requerimento de convolação formulado pela Administradora Judicial. Regularidade. Art. 22, II, alínea "b", do mesmo diploma legal. Decisão de Primeiro Grau, que decretou a quebra, mantida. Agravo de instrumento interposto pela devedora a que se nega provimento. (Relator(a): Fabio Tabosa; Comarca: Birigüi; Órgão julgador: 2ª Câmara Reservada de Direito Empresarial; Data do julgamento: 16/11/2015; Data de registro: 19/11/2015) (grifamos).

[212] FALÊNCIA. Recuperação judicial. *Reiterado descumprimento do plano pela recuperanda. Convocação de nova assembleia geral de credores. Repactuação.* Novo descumprimento pela recuperanda. Decretação de falência. Artigos 61, § 1º, 73, IV, e 94, III, 'g', da Lei nº 11.101/05. Recurso não provido. (Relator(a): Tasso Duarte de Melo; Comarca: Angatuba; Órgão julgador: 2ª Câmara Reservada de Direito Empresarial; Data do julgamento: 29/01/2013; Data de registro: 29/01/2013) (grifamos).

[213] NOGUEIRA, Ana Beatriz; CAMPI, Ana Cristina Baptista; PIHA, Daniela. Reflexões sobre a Rotineira Prática dos Aditamentos ao Plano de Recuperação Judicial. In: ELIAS, Luís Vasco (coord.). 10 anos da Lei de recuperação de empresas e falência: reflexões sobre a reestruturação empresarial no Brasil. São Paulo: Quartier Latin, 2015, p. 61.

As alterações do plano de recuperação judicial devem ser submetidas à assembleia geral de credores, e a aprovação obedecerá ao *quorum* previsto no art. 45 da Lei n. 11.101/05, tendo caráter vinculante a todos os credores submetidos à recuperação judicial, observada a ressalva do art. 50, § 1º, da Lei n. 11.101/05, ainda que propostas as alterações após dois anos da concessão da recuperação judicial e desde que ainda não encerrada por sentença.

Assim, permitindo-se a apresentação de alterações ao plano, estas deverão ser submetidas, novamente, à aprovação dos credores, aplicando-se todas as regras sobre aprovação do plano previstas na LFR.

Por fim, caso o descumprimento ocorra após o encerramento da recuperação judicial, cada credor, de posse do título executivo judicial representado pela decisão concessiva, poderá requerer o cumprimento da decisão, nos termos da lei processual, ou requerer a falência do devedor, com fundamento no artigo 94 da LFR que prevê o descumprimento do plano de recuperação como ato de falência.[214]

A LFR não prevê a retomada do processo de recuperação judicial em caso de descumprimento, de forma que as medidas acima descritas serão adotadas em processo autônomo.

3.8 Natureza Jurídica

O plano de recuperação judicial é o tema central desse trabalho. Assim, tarefa importante é a de tentar definir a sua natureza jurídica. É o instrumento utilizado pelo devedor para apresentar aos credores a demonstração da sua viabilidade econômica, bem como a sua proposta para superação da crise.

A definição sobre a natureza jurídica do plano, portanto, passa pela natureza jurídica da própria recuperação judicial.

Na vigência da concordata, já se discutia a sua natureza. Nos regimes do Código Comercial de 1850 e das reformas anteriores ao Decreto-lei nº 7.661/45, reconhecia-se a natureza contratual da concordata.

---

[214] Art. 94. Será decretada a falência do devedor que: (...) III – pratica qualquer dos seguintes atos, exceto se fizer parte de plano de recuperação judicial: (...) g) deixa de cumprir, no prazo estabelecido, obrigação assumida no plano de recuperação judicial.

Nesse sentido, é a lição de Waldemar Ferreira: *"Apresentava-se a concordata como expressão de entendimento ou de acordo entre o comerciante e seus credores; e, como tal, de iniludível natureza contratual."*[215]

Dentro dessa ideia era ponto relevante: como falar em contrato, no caso em que a proposta do devedor seja aprovada pela maioria dos credores e não pela unanimidade? Há possibilidade de se falar em contrato em relação aos ausentes e aos dissidentes?

Waldemar Ferreira se manifesta no seguinte sentido:

> Contrato realmente celebravam aquêle e êstes. Celebravam-no, indiscutivelmente, se e quando unanimemente aceita. Quando, todavia, um ou mais credores se lhe opunham, impugnando a proposta do devedor, e, vencidos êstes, a sentença que homologava, se lhes impunha, obrigando-os a submeterem-se ao deliberado pela maioria, ainda assim se não desvanecia o conteúdo contratual.

Diferente era a posição de Rubens Requião:

> O mecanismo processual adotado pela legislação que coloca o instituto da concordata na dependência da aceitação pelos credores da proposta do devedor induz necessariamente à formulação da teoria contratualista. Tornam-se embaraçados os fautores da teoria, quando se deparam com o fato de que existem credores ausentes e dissidentes, que não manifestaram sua adesão ao pacto. São obrigados, então, traindo o princípio dogmático de que o contrato resulta da livre manifestação dos contratantes, a admitir que a minoria, ausente ou dissidente, dada a complexidade do contrato de concordata, é constrangida a observá-lo, quando a maioria o estipular com o devedor. Mas, na verdade, ninguém pode ser obrigado a vincular-se a um contrato, na verdadeira acepção obrigacional e científica desse termo, contra a própria vontade.[216]

Rubens Requião argumentava que mesmo a *teoria da vontade presumida* ou da *representação da minoria pela maioria* que reconhece a existência de um

---

[215] Tratado de direito comercial. São Paulo: Saraiva, 1965. v. 15º, p. 262.
[216] Curso de direito falimentar. São Paulo: Saraiva, 1995, v. 2, p. 12-13.

mandato presumido para que a maioria represente a minoria não pode ser aceita por dois motivos: o primeiro é que tal mandato poderia ser admitido no caso dos credores ausentes, mas não justificaria a submissão da decisão da maioria aos credores dissidentes; o segundo é que, considerando que a maioria contrata pela minoria por força de representação de natureza legal, não se poderia verificar o caráter contratualista.[217]

Sampaio de Lacerda sustentava tratar-se de um contrato *sui generis*, original e de natureza particular. Explicava o autor: *"De fato, essa originalidade derivava de que o vínculo surgia, embora não houvesse unanimidade dos credores, e tornava-se, então, obrigatória para todos os credores que expressa ou tacitamente nela consentissem, como, por força de lei, dela dissentissem (...)".*[218]

De outro lado, estavam as teorias processualistas, que consideravam a concordata um processo judicial, simplesmente.

A teoria do *contrato judicial* tentava explicar a falta de consenso dos credores, esclarecendo que a concordata não era um contrato, como no direito das obrigações, mas sim um acordo com duplo caráter, convencional e judicial.[219]

De acordo com a *teoria da decisão judicial*, a concordata era uma demanda judicial. Por isso, não seria a maioria que constrangeria a minoria à celebração do acordo, mas o juiz, como autoridade do Estado, que determinava tal submissão. Assim, poderia o juiz, inclusive, contrariar a vontade da maioria.[220] Essa era a posição de Miranda Valverde estampada por ele no Anteprojeto de Lei de Falência apresentado em 1939 e que não chegou a vingar.[221]

Havia ainda a *teoria da obrigação legal*, que se colocava como intermediária entre a contratualista e as processualistas.

Segundo essa teoria, a concordata era outorgada segundo mandamento legal. A submissão da minoria à maioria se dava por imposição legal. Vivante era um de seus adeptos.[222]

---

[217] Curso de direito falimentar. São Paulo: Saraiva, 1995, v. 2, p. 13.
[218] Manual de direito falimentar. 14. ed. rev. e atual. por Jorge de Miranda Magalhães. Rio de Janeiro: Freitas Bastos, 1999, p. 247.
[219] Curso de direito falimentar. São Paulo: Saraiva, 1995, v. 2, p. 13.
[220] Curso de direito falimentar. São Paulo: Saraiva, 1995, v. 2, p. 14.
[221] LACERDA, J. C. Sampaio de. Manual de direito falimentar. 14. ed. rev. e atual. por Jorge de Miranda Magalhaes. Rio de Janeiro: Freitas Bastos, 1999, p. 248.
[222] Curso de direito falimentar. São Paulo: Saraiva, 1995, v. 2, p. 15.

Havia uma variação dessa teoria, chamada de *teoria pura da obrigação legal*, segundo a qual, a concordata não era um contrato, mas um benefício outorgado pelo Estado, através da lei, mediante a satisfação de determinados requisitos. Assim, caberia ao juiz simplesmente conceder o benefício legal, se preenchidos os requisitos. Não se fala na vontade da maioria ou em aceitação ou rejeição. Os credores podem, unicamente, invocar o não preenchimento dos pressupostos legais.[223]

Com a entrada em vigor do Decreto-lei nº 7.661/45 introduziu-se um novo modelo de concordata que não mais dependia da aprovação dos credores, caindo por terra sua natureza contratual e as discussões sobre a minoria e dissidentes. A partir daí, a concordata assumiu outra feição, já que passou a ser considerada um favor legal, um benefício concedido por lei ao comerciante em crise.

Importante é a conclusão de Waldemar Ferreira: "*A concordata, como se vê, não é concordata. É reajustamento judicial da situação financeira do comerciante insolvente, independentemente da vontade de seus credores. Mas a lei assim a denomina. Não há senão adotá-la.*"[224]

A concordata como um favor legal vigorou no Brasil até 2005, com a entrada em vigor da Lei nº 11.101/2005. Como já dito, em 1993 foi apresentado um projeto de lei para alteração da legislação falimentar brasileira. Nele havia a previsão de uma mudança de paradigma representada pela extinção da concordata e a sua substituição por outro meio processual mais moderno e arrojado que pudesse, de fato, proporcionar a superação da crise do comerciante.

A mudança se justifica nas inúmeras críticas recebidas pela concordata. Rubens Requião resumiu as causas do insucesso do instituto: "*(...) a complacência de muitos magistrados e o desinteresse no cumprimento de normas necessárias relaxam as malhas do instituto, tornando-as flácidas, permitindo aos menos honestos as mais deslavadas fraudes.*"[225]

Relatava o autor, ainda, o descrédito que a concordata havia alcançado na sociedade: "*O fato é que a reação coletiva em face da concordata a identifica, vulgarmente, como instrumento de burla e de desonestidade, a serviço de empresários inescrupulosos e sagazes.*"[226]

---

[223] Curso de direito falimentar. São Paulo: Saraiva, 1995, v. 2, p. 15.
[224] Tratado de direito comercial. São Paulo: Saraiva, 1965. v. 15º, p. 271.
[225] Curso de direito falimentar. São Paulo: Saraiva, 1995, v. 2, p. 5.
[226] Curso de direito falimentar. São Paulo: Saraiva, 1995, v. 2, p. 5.

Outro ponto objeto de larga discussão era aquele relacionado à prova da viabilidade da atividade econômica. A concordata era concedida sem a exigência de qualquer garantia do devedor. Ainda sem um estudo sobre a viabilidade econômica da atividade comercial exercida por ele.

Nesse sentido, era a crítica de Sampaio de Lacerda:

> Creio que seja de todo aconselhável que fosse adotado o seguinte expediente: feito o pedido pelo devedor, o juiz só o deferiria após o procedimento prévio de um exame técnico sobre a situação do devedor não só quanto ao seu estado econômico e financeiro, através da análise de sua escrituração e de seus últimos balanços, como também pelo exame da situação da atividade desenvolvida pelo devedor, em face da conjuntura econômica, exame esse procedido por um economista diplomado e em prazo mínimo. Só após as conclusões apresentadas pelo técnico e que poderiam confirmar a possibilidade de cumprimento da concordata, deveria, então, o juiz deferir o pedido (...).[227]

No mesmo sentido, era o posicionamento de Rubens Requião:

> (...) Ao agricultor, para conceder-se-lhe um ínfimo financiamento rural, se exige, além de garantias reais ou pessoais, um projeto de aplicação de recursos e de viabilidade. No entanto, para o empresário comercial, concede-se-lhe uma concordata, com dilação de prazos e remissão de parcelas ponderáveis dos débitos, sem um projeto sequer de viabilidade de sua execução ou de recuperação de empresa.[228]

Diante desse cenário, impunha-se a mudança, o que ocorreu, de fato, com a entrada em vigor da Lei nº 11.101/2005.

Percebe-se que muitas das discussões havidas na vigência da concordata se mostram atuais, na medida em que com a recuperação judicial em substituição à concordata e a adoção do modelo em que os credores voltam

---

[227] Manual de direito falimentar. 14. ed. rev. e atual. por Jorge de Miranda Magalhães. Rio de Janeiro: Freitas Bastos, 1999, p. 248.
[228] Curso de direito falimentar. São Paulo: Saraiva, 1995, v. 2, p. 6.

a atuar de forma mais presente, a questão da natureza da submissão da minoria pela maioria terá que ser novamente enfrentada.

Ainda, percebe-se que, já na vigência do Decreto-lei nº 7.661/45 se questionava a necessária presença da prova da viabilidade econômica para a concessão da concordata, assunto que se mostra atual em sede de recuperação judicial.

Jorge Lobo entende que a recuperação judicial é um ato complexo, pois abrange um ato coletivo processual,[229] um favor legal e uma obrigação *ex lege*. Sustenta que, na verdade, seria um instituto de Direito Econômico: "(...) *porque suas normas não visam precipuamente realizar a ideia de justiça, mas sobretudo criar condições e impor medidas que propiciem às empresas em estado de crise econômica se reestruturarem, ainda que com parcial sacrifício de seus credores (...)*".[230]

Mauro Rodrigues Penteado, após analisar as teorias mencionadas acerca da natureza da concordata, afirma que: "(...) *a nova Lei caracteriza a recuperação judicial como um negócio jurídico, com as peculiaridades já acima descritas, ou seja, que é realizado mediante uma proposta do devedor (o Plano), ao qual podem aderir sem reservas os credores, desde que silenciem no prazo legal das objeções (art. 55), ou então aprovado, integralmente ou com modificações, pela assembleia-geral de credores (art. 35, I, a). Trata-se de negócio jurídico privado, realizado sob supervisão judicial (...)*".[231]

---

[229] Ensina o autor: (...) A recuperação judicial é um ato coletivo processual, porque as vontades do devedor, manifestadas na petição inicial, e de seus credores, declaradas expressa ou tacitamente, "marcham paralelas", se "completam" e se "fundem numa só", "formando uma e única vontade unitária", sob a direção e fiscalização do Poder Judiciário (...). A recuperação judicial é um favor legal porque garante ao devedor, atendidos determinados pressupostos e requisitos, formais e materiais, o direito de sanear o estado de crise econômico-financeira em que se encontra com a finalidade de salvar o negócio, manter o emprego dos trabalhadores, respeitar os interesses dos credores (art. 47) e reabilitar-se (art. 63) (...) A recuperação judicial é um obrigação *ex lege* porque, concedida, pelo juiz, por sentença (art. 58), "implica novação dos créditos anteriores ao pedido, e obriga o devedor e todos os credores a ele sujeitos, em prejuízo das garantias" que possuam (art. 59, *caput*). (TOLEDO, Paulo F. C. Salles de; ABRÃO, Carlos Henrique (coords.). Comentários à lei de recuperação de empresas e falência. 5. ed. rev. atual. e ampl. São Paulo: Saraiva, 2012, p. 168-169).

[230] TOLEDO, Paulo F. C. Salles de; ABRÃO, Carlos Henrique (coords.). Comentários à lei de recuperação de empresas e falência. 5. ed. rev. atual. e ampl. São Paulo: Saraiva, 2012, p. 168-172).

[231] PENTEADO, Mauro Rodrigues. In: SOUZA JUNIOR, Francisco Satiro; PITOMBO, Antônio Sérgio A. de Moraes. Comentários à lei de recuperação de empresas e falência: Lei

Sustenta o autor que a LFR consagrou, definitivamente, o princípio das deliberações majoritárias, vinculando os ausentes e dissidentes em prol do interesse da comunhão ou da coletividade dos credores e tendo em vista a função social da atividade negocial do devedor e os princípios estabelecidos no artigo 47 da LFR.[232]

Comungamos desse posicionamento e entendemos pela natureza contratual da recuperação judicial, com as peculiaridades próprias adotadas pela LFR e decorrentes das características específicas relacionadas à importância social da crise da empresa.

Como estudado, o plano de recuperação judicial é o meio pelo qual o devedor apresentará aos credores as possíveis soluções para a superação de sua crise. Deve conter a descrição pormenorizada dos meios de recuperação que serão empregados para atingir tal fim, bem como a demonstração da viabilidade econômica do devedor, além de ser acompanhado por laudo econômico financeiro subscrito por profissional legalmente habilitado.

Nos termos da LFR, o plano de recuperação judicial será aprovado pelos credores que dele tomarão conhecimento por meio de edital publicado na imprensa oficial. Os credores terão trinta dias para manifestar expressamente seu inconformismo com os termos do plano apresentado. Decorrido o prazo *in albis*, o plano é considerado aprovado. Apresentada objeção por qualquer credor, será convocada assembleia geral de credores para deliberar sobre sua aprovação.

É cediço que compete, exclusivamente, aos credores, a aprovação do plano de recuperação judicial. Mesmo no caso de aplicação do instituto do *cram down* não ocorrerá a aprovação do plano, mas sim a concessão da recuperação judicial, com base em plano rejeitado, por expressa previsão legal.

Cássio Cavalli ressalta a importância do plano:

> O plano de recuperação judicial é o *núcleo* do procedimento de recuperação de empresas. Ele sintetiza o esforço negocial empreendido entre devedor e credores em busca da maximização do valor da empresa devedora. Nisto, o instituto da recuperação

---

11.101/2005. São Paulo: Editora Revista dos Tribunais, 2007, p. 85.
[232] SOUZA JUNIOR, Francisco Satiro; PITOMBO, Antônio Sérgio A. de Moraes. Comentários à lei de recuperação de empresas e falência: Lei 11.101/2005. São Paulo: Editora Revista dos Tribunais, 2007, p. 85.

judicial resgatou o quanto de negocial havia sido perdido no instituto da concordata, de modo que agora verdadeiramente tem-se um instituto concursal voltado ao soerguimento da empresa a partir da negociação de um acordo entre credores e devedores.[233]

Diante de tais premissas, é possível definir a natureza jurídica do plano de recuperação judicial. Num primeiro momento, parece indubitável que o plano é uma espécie de negócio jurídico.

Antônio Junqueira de Azevedo assim define negócio jurídico: *"In concreto, negócio jurídico é todo fato jurídico consistente em declaração de vontade, a que o ordenamento jurídico atribui os efeitos designados como queridos, respeitados os pressupostos de existência, validade e eficácia impostos pela norma jurídica que sobre ele incide".*[234]

Carlos Roberto Gonçalves, por sua vez, ressalta que: *"No negócio jurídico a manifestação da vontade tem finalidade negocial, que abrange a aquisição, conservação, modificação ou extinção de direitos."*[235]

Assim, pode-se definir negócio jurídico como a espécie de ato jurídico que depende da declaração de vontade das partes envolvidas e que a manifestam com o fim de produzir efeitos resultantes na aquisição, modificação ou extinção de direitos e obrigações.

A natureza do plano como negócio jurídico já foi reconhecida pela doutrina e pela jurisprudência.

Manoel de Queiroz Pereira Calças, ao tratar da novação recuperacional, manifesta seu posicionamento do sentido de que o plano de recuperação judicial é um negócio jurídico novativo: *"Pergunta-se: a novação derivada da concessão (aprovação) do plano de recuperação judicial, este com inegável natureza contratual – configurando o negócio jurídico novativo –, tal qual ocorre no Código Civil, extingue a obrigação de forma definitiva?".*[236]

---

[233] Plano de recuperação. In: COELHO, Fábio Ulhoa (org.). Tratado de direito comercial – Falência e recuperação de empresa e direito marítimo. São Paulo: Saraiva, 2015, v. 7, p. 258.
[234] AZEVEDO, Antônio Junqueira de. Negócio jurídico. 4. ed. São Paulo: Editora Saraiva, 2002, p. 16.
[235] Direito civil brasileiro: parte geral – De acordo com a Lei n. 12.874/2013. 12. ed. São Paulo: Saraiva, 2014, p. 322.
[236] Novação recuperacional. Revista do Advogado. São Paulo: Associação dos Advogados de São Paulo, nº 105, setembro de 2009, p. 119.

Eduardo Secchi Munhoz entende que o plano de recuperação judicial se enquadra no conceito de negócio jurídico:

> Daí decorre que o plano de recuperação, a ser aprovado pela assembleia de credores e homologado pelo juízo da recuperação, ao adotar um ou mais dos meios de recuperação exemplificativamente relacionados na LRF, representa, em geral, um negócio jurídico complexo, vez que composto de uma série de declarações de vontade que se dirigem a um objetivo unitário, qual seja, a recuperação (preservação) da empresa.

Vera Helena de Mello Franco e Rachel Sztajn entendem que o plano é: "(...) *um negócio jurídico de cooperação celebrado entre devedor e credores, homologado pelo juiz. No que diz respeito ao negócio de cooperação, assemelha-se ao contrato plurilateral; no que diz respeito à homologação, pode-se considerar forma de garantia do cumprimento das obrigações assumidas, com o que se reduzem os custos de transação dada a coercitividade que dela, homologação, se resulta.*"

O Superior Tribunal de Justiça já se manifestou sobre a natureza negocial do plano:

> (...) No entanto, se é verdade que a intervenção judicial no quadrante mercadológico de uma empresa em crise visa tutelar interesses públicos relacionados à função social e à manutenção da fonte produtiva e dos postos de trabalho, não é menos certo que a recuperação judicial, com a aprovação do plano, desenvolve-se essencialmente por uma nova relação negocial estabelecida entre o devedor e os credores reunidos em assembleia. (...).[237]

O plano envolverá, necessariamente, mais de um sujeito da relação jurídica: o devedor e a coletividade de credores; com interesses originalmente divergentes.

---

[237] Trecho do voto proferido pelo Ministro Luís Felipe Salomão nos autos do REsp 1359311/SP, Rel. Ministro LUIS FELIPE SALOMÃO, QUARTA TURMA, julgado em 09/09/2014, DJe 30/09/2014.

Com relação aos interesses envolvidos, os negócios jurídicos podem ser classificados, quanto ao número de declarantes em unilaterais, bilaterais e plurilaterais.

Sobre o assunto, importante é a lição de Carlos Roberto Gonçalves:

> *Unilaterais* são os que se aperfeiçoam com uma única manifestação de vontade, como ocorre no testamento, no codicilo, na instituição de fundação, na renúncia de direitos, na procuração, nos títulos de crédito, na confissão de dívida, na renúncia à herança, na promessa de recompensa, etc.
> (...)
> *Bilaterais* são os que se perfazem com duas manifestações de vontade, coincidentes sobre o objeto. Essa coincidência chama-se de consentimento mútuo de vontades, que se verifica nos contratos em geral.
> (...)
> *Plurilaterais* são os contratos que envolvem mais de duas *partes*, como o contrato de sociedade com mais de dois sócios e os consórcios de bens móveis e imóveis. As deliberações nesses casos não decorrem de um intercâmbio de declarações convergentes, de unanimidade de manifestações, mas da soma de sufrágios, ou seja, de decisões da maioria, como sucede nas deliberações societárias, nas resultantes de assembleia geral de acionistas e de credores que deliberam no processo de concurso.[238]

Marcos Bernardes de Mello ressalta a distinção entre *lateralidade* e *pessoalidade*: "(...) *lado* significa *centro de interesses*, posição da qual a vontade é emanada num mesmo sentido. (...) é irrelevante quantas sejam as pessoas que participam do negócio (= figurantes), pois somente interessa a *quantidade de lados* a partir dos quais são manifestadas as vontades negociais e, portanto, se há ou não reciprocidade entre elas."[239]

---

[238] Direito civil brasileiro: parte geral – De acordo com a Lei n. 12.874/2013. 12. ed. São Paulo: Saraiva, 2014, p. 329-330.
[239] Teoria do fato jurídico: plano da existência. 20. ed. São Paulo: Saraiva, 2014, p. 255.

Tullio Ascarelli, ao tratar da plurilateralidade da constituição de sociedades comerciais, observa:

> Não é preciso lembrar poder "uma" parte ser composta de "vários" sujeitos. Os condôminos que vendem a coisa comum constituem "uma" parte embora composta de "várias" pessoas. Justamente, na hipótese de que a "uma" parte correspondam "várias" pessoas, surge o problema da formação da vontade dessa "parte". Referimo-nos, no texto, a uma pluralidade de "partes" e não à eventualidade de que a "uma" parte correspondem "várias" pessoas. Não há, pois, contrato "plurilateral" na concordata (embora haja, também nesta hipótese, contrato), uma vez que os credores, embora sem constituir uma pessoa jurídica, se apresentam reagrupados em "uma" parte (que se contrapõe à outra parte, constituída pelo devedor): é por isso que, com determinadas cautelas e controles, se torna possível uma deliberação por maioria de credores.[240]

Entendemos que o plano de recuperação judicial se enquadra, perfeitamente, nos conceitos acima estudados. Isto porque, nele estão envolvidos dois *centros de interesse*: i) os credores, que reunidos manifestarão sua vontade de forma única e; ii) o devedor que, em contraposição, deverá também buscar a harmonização dos interesses inicialmente divergentes.

Observe-se que, de acordo com a LFR, para a aprovação do plano, os credores não são individualmente considerados, não manifestam sua vontade de forma individual, mas de forma coletiva, representando, de fato, uma só parte.

Assim, o plano de recuperação judicial aprovado seria um negócio jurídico bilateral, um contrato em si.

As questões que se levantam, a partir de tal afirmação, dizem respeito à submissão dos credores dissidentes e ausentes à maioria.

Como se sabe, é muito difícil que se obtenha a unanimidade de interesses entre o devedor e a coletividade de credores, pois, a recuperação judicial envolve credores de diversas naturezas e com interesses próprios.

Sobre o assunto, relevante é a lição de Ricardo Negrão:

---

[240] Problemas das sociedades anônimas e direito comparado. São Paulo:Quorum, 2008, p. 387.

O plano é, numa visão externa à empresa, o meio pelo qual o devedor em crise apresenta aos credores sua compreensão acerca da extensão desse seu estado deficitário e o modo pelo qual pretende convencê-los a colaborarem a superá-los.

Para os credores, o plano representa renegociação de contratos, com expectativas distintas, considerada a classe de cada crédito. Aos trabalhistas interessa, em grande parte, a manutenção de empregos e a percepção integral dos direitos laborais em menor prazo possível; os credores com privilégio têm interesse na manutenção de seus direitos de garantia; os quirografários, pertencentes à classe III e à nova classe IV – de titulares de créditos enquadrados como microempresa ou empresa de pequeno porte (Lei Complementar n. 147/2014, art. 5º) – possuem visão distinta segundo a origem da dívida assumida pela recuperanda (...).

Apesar da impossibilidade de se alcançar a unanimidade, diante de tão diferentes interesses, todos eles estão vinculados ao escopo comum, qual seja, a manutenção da atividade do devedor.

Nesse aspecto, importante é a lição de Marcos Bernardes de Melo:

> Quanto há pluripessoalidade, como quanto condôminos de imóvel rural *revogam* proposta de arrendamento feito a alguém, tem-se a figura do *ato coletivo*. O ato coletivo, também dito *ato colegial*, não é espécie (autônoma) de fato jurídico; ou compõe ato jurídica *stricto sensu* ou *negócio jurídico* unilateral ou bilateral, conforme o caso; é modo de formação de manifestação de vontade que pode ser suporte fáctico de ato jurídico (*lato sensu*).
>
> O ato coletivo, colegial, é ato que em sua formação há pluralidade de vontades que e fundem numa só. A deliberação de uma assembleia geral de sociedade anônima, tomada por unanimidade ou por maioria, é ato coletivo. Também o são a deliberação de condôminos em vender bem pertencente ao condomínio e a decisão de suas pessoas de criar uma fundação. Apesar da pluralidade de vontades, o ato coletivo é sempre unilateral no sentido de que compõe uma só vontade.[241]

---

[241] Teoria do fato jurídico: plano da existência. 20. ed. São Paulo: Saraiva, 2014, p. 256-257.

Assim, a decisão pela aprovação ou rejeição do plano de recuperação judicial representará a vontade de uma das partes do contrato: os credores. Como há uma pluralidade deles, tal manifestação de vontade será tomada de acordo com os critérios legais.

Na aprovação do plano de recuperação judicial, como já visto, o legislador estabeleceu critérios legais para manifestação de vontade dos credores: i) a aprovação pela ausência de objeções, hipótese em que a LFR qualificou o silêncio como manifestação de vontade, o que é admitido pela legislação civil (art. 111, Código Civil); ou, ii) havendo objeções, pela deliberação em assembleia geral de credores, em que cada credor terá a oportunidade de se manifestar expressamente.

No âmbito da assembleia geral de credores, duas questão são relevantes: i) para os credores ausentes, o legislador também estabeleceu a hipótese do silêncio qualificado, quando definiu o quórum de aprovação a partir do número de presentes; ii) para os credores que comparecerem, prevalece o quórum de deliberação previsto no artigo 45 da LFR, que representará a vontade da maioria dos credores.

Nesse sentido, especialmente com relação aos dissidentes, não há que se falar em ausência de contrato por ausência de concordância do credor. Isto porque, quando a vontade de uma das partes deve ser manifestada por vários sujeitos, a deliberação por maioria é figura que se impõe. Assim ocorre nos condomínios, nas sociedades, etc, pois, a divergência de pensamentos é algo ínsito do ser humano, devendo o legislador estabelecer critérios para solucionar tais conflitos, como estabeleceu a LFR.

Por tudo isso, não há como negar a natureza contratual do plano de recuperação judicial.

Entendemos, todavia, que o plano, enquanto negócio jurídico, possui peculiaridades próprias do ambiente no qual está inserido: o processo de recuperação judicial.

Assim, não pode ser considerado um negócio jurídico puramente privado e deve ser interpretado, sempre, com base nos princípios que fundamentam a recuperação judicial no Brasil.

Segundo Eduardo Secchi Munhoz, o direito falimentar tem uma função pública e que o elemento central do direito falimentar contemporâneo está na questão: "(...) *como assegurar que a disciplina jurídica da recuperação da empresa leva a soluções consentâneas com o interesse público. Afinal, nesta quadra do direito falimentar, já não se discute seu caráter publicista e seu papel fundamental para a implementação de políticas públicas que levem ao desenvolvimento."*[242]

No mesmo sentido, Renata Mota Maciel Madeira Dezem salienta a tendência à publicização do direito comercial:

> Há uma tendência à inserção de princípios de ordem pública na ordenação jurídica, em detrimento de normas que, em prol da liberdade, não observam o interesse social envolvido, e no caso do direito da insolvência não foi diferente, constatando-se que nas Leis vigentes sobre a matéria em diversos países, principalmente a partir de mudanças nos últimos anos, a inserção de normas abertas, que privilegiam, por exemplo, a preservação da empresa.[243]

Destaca a autora o dualismo pendular mencionado por Fábio Konder Comparato[244] que denota a tendência da legislação concursal a ora proteger o devedor, ora proteger o credor.

Segundo Walfrido Jorge Warde Jr. e Guilherme Setoguti J. Pereira: *"A recuperação de empresas tutela evidentemente a empresa, mas também o crédito. E se trata, por certo, de uma tutela institucional da empresa e do crédito, pelo que transcende o interesse do grupo de credores que, em concreto, aprovam ou desaprovam o dado plano."*[245]

Assim, percebe-se que os interesses privados – sejam do credor, sejam do devedor – apesar de relevantes, não podem ser os únicos observados, já que a crise da empresa é regulada por lei justamente porque envolve

---

[242] Anotações sobre o limite do poder jurisdicional. Revista de Direito Bancário e do Mercado de Capitais. ano 10, n. 36, p. 185-199, abr.-jun./2007.
[243] Poderes do juiz e dos credores na recuperação judicial: análise da Lei n. 11.101/05 a partir dos interesses envolvidos. In: DE LUCCA, Newton; VASCONCELOS, Miguel Pestana de. (org.). Falência, insolvência e recuperação de empresas: estudos luso-brasileiros. São Paulo: Quartier Latin, 2015, v. 1, p. 69.
[244] Aspectos jurídicos da macro-empresa. São Paulo: RT, 1970, p. 102 *apud* Poderes do juiz e dos credores na recuperação judicial: análise da Lei n. 11.101/05 a partir dos interesses envolvidos. In: DE LUCCA, Newton; VASCONCELOS, Miguel Pestana de. (org.). Falência, insolvência e recuperação de empresas: estudos luso-brasileiros. São Paulo: Quartier Latin, 2015, v. 1, p. 84.
[245] WARDE JUNIOR, Walfrido Jorge; PEREIRA, Guilherme Setoguti J. Discricionariedade da Assembleia Geral de Credores e Poderes do Juiz na Apreciação do Plano de Recuperação Judicial. In: ELIAS, Luís Vasco (coord.). 10 anos da lei de recuperação de empresas e falência: reflexões sobre a reestruturação empresarial no Brasil. São Paulo: Quartier Latin, 2015, p. 495.

interesse social. Se assim não fosse, não haveria razão para o Estado intervir em relações jurídicas eminentemente privadas.[246]

Por isso, se justifica o sistema adotado pela LFR que determina a submissão da minoria à decisão da maioria. A ideia é que se busca tutelar o crédito e não somente os credores, sem deixar de reconhecer a importância de tutelar também os seus interesses particulares. Esse sistema leva em conta a necessidade de dar ao mercado a segurança jurídica necessária ao bom andamento dos negócios.

Por fim, outra questão importante está relacionada com o advento do novo Código de Processo Civil: a instituição expressa, por meio do artigo 190[247], da possibilidade de celebração de negócio jurídico processual.

O artigo 190 do novo Código de Processo Civil admite que as partes do processo, tratando-se de direitos que admitam autocomposição, celebrem negócios para: i) ajustar o procedimento às especificidades da causa; e ii) convencionar sobre os seus ônus, poderes, faculdades e deveres processuais, antes ou durante o processo.

Jaldemiro Rodrigues de Ataíde Junior, ao tratar do tema, conceitua: *"Somada a noção de negócio jurídico à de fato jurídico processual (lato sensu), pode-se concluir que negócio jurídico processual é o negócio jurídico que decorre da incidência*

---

[246] Nesse sentido, conclui Renata Dezem: "A Lei nº 11.101/05 traz mecanismo que permitem proteger tanto os interesses dos credores como da devedora e dos demais envolvidos, sem perder de vista os reflexos sociais da atividade empresária, o que passa pelo reconhecimento de que a recuperação judicial trata de questões que abarcam interesses eminentemente privados, mas, também, versa sobre interesses públicos e coletivos, que devem ser reconhecidos pelo juízo da insolvência, a fim de que não deixe a cargo irrestrito dos credores as decisões mais importantes sobre os destinos da empresa, sem comprometer, de qualquer modo, a eficiência do mercado e a autonomia que lhe é peculiar. (Poderes do juiz e dos credores na recuperação judicial: análise da Lei n. 11.101/05 a partir dos interesses envolvidos. In: DE LUCCA, Newton; VASCONCELOS, Miguel Pestana de. (org.). Falência, Insolvência e Recuperação de Empresas: estudos luso-brasileiros. São Paulo: Quartier Latin, 2015, v. 1, p. 83).

[247] Art. 190. Versando o processo sobre direitos que admitam autocomposição, é lícito às partes plenamente capazes estipular mudanças no procedimento para ajustá-lo às especificidades da causa e convencionar sobre os seus ônus, poderes, faculdades e deveres processuais, antes ou durante o processo. Parágrafo único. De ofício ou a requerimento, o juiz controlará a validade das convenções previstas neste artigo, recusando-lhes aplicação somente nos casos de nulidade ou de inserção abusiva em contrato de adesão ou em que alguma parte se encontre em manifesta situação de vulnerabilidade.

de uma norma de natureza processual e que se refere a algum processo, ou melhor que tem valor para o processo."[248]

Pedro Henrique Nogueira embora entenda que os negócios jurídicos processuais não são inovações do novo Código de Processo Civil, pois já estavam presentes no CPC/73, ainda que implicitamente, considera: "(...) *não se pode negar que o art. 190, caput, do CPC/2015 representa uma grande novidade no direito brasileiro: conferiu-se a faculdade às partes e aos sujeitos em geral de disciplinarem, por meio de convenção, de maneira ampla, o próprio processo.*"[249]

Entendemos que tal conceito não se aplica à recuperação judicial, na medida em que nos parece que o negócio jurídico processual tem por objeto o procedimento ou as faculdades e os deveres processuais.

O plano de recuperação judicial versa sobre questões de direito material, como a forma de pagamento dos credores, os meios pelos quais o devedor pretende superar sua crise etc., razão pela qual entendemos tratar-se de negócio jurídico de direito material e não processual.

Por tudo o que foi exposto, adotamos nesse trabalho a ideia de que o plano de recuperação judicial é um negócio jurídico bilateral, mas que deve ser interpretado e regulado levando em conta os interesses sociais envolvidos que servirão de base para o julgamento dos conflitos.

3.9 O Negócio Jurídico e a Autonomia Privada

Como já dito, o plano de recuperação judicial é entendido, no presente trabalho, como um negócio jurídico. Assim como todo negócio jurídico, o plano tem por fundamento a manifestação de vontade dos envolvidos e, portanto, nasce legitimamente dela.

Carlos Alberto Garbi ensina que a legislação brasileira que regula as relações privadas teve influência do Liberalismo econômico, segundo o qual, o Estado deve intervir minimamente nos interesses particulares, seguindo o tradicional primado do *pacta sunt servada*.[250]

---

[248] ATAÍDE JUNIOR, Jalemiro Rodrigues de. Negócios jurídicos materiais e processuais – Existência, validade e eficácia – Campo-invariável e campos-dependentes: sobre os limites dos negócios jurídicos processuais. Revista de Processo. v. 244/2015, p. 393-423, jun. 2015.
[249] Negócios jurídicos processuais. Salvador: JusPODIVM, 2016, p. 225.
[250] O adimplemento da obrigação e a intervenção judicial no contrato em face do princípio da integridade da prestação e da cláusula geral da boa-fé. Tese de doutorado. São Paulo: Pontifícia Universidade Católica, 2010, p. 10-46.

No mesmo sentido, Marcos Bernardes de Mello ensina que a concepção clássica de negócio jurídico foi inspirada na ideologia do Estado liberal *"cuja característica mais notável consistia na preservação da liberdade individual, a mais ampla possível, diante do Estado."*[251]

Continua o autor: *"Por isso, concebeu-se o negócio jurídico como instrumento de realização da vontade individual, respaldando uma liberdade contratual que se queria praticamente sem limite."*[252]

De acordo com essa concepção clássica de negócio jurídico baseada na autonomia privada chegou-se ao entendimento de que as partes, quando contratam, criam normas jurídicas individuais, invertendo-se o processo de criação da norma: não é mais a norma jurídica que permite a liberdade de contratação; é a liberdade de contratação que faz nascer a norma jurídica.

Marcos Bernardes de Mello critica esse posicionamento:

> O negócio jurídico, em si, é apenas um fato jurídico, resultante, portanto, da incidência de normas jurídicas. Ademais, como já demonstramos, mesmo nos casos em que, por determinação absoluta das normas jurídicas, não haja normas específicas sobre certo negócio jurídico, em campo jurídico em que vigore o princípio da liberdade na criação de tipos negociais – no direito das obrigações, por exemplo –, a vontade que estruture um negócio jurídico, regulando direitos e obrigações, embora, aparentemente, esteja *criando normas* que se aplicariam, específica e exclusivamente (por isso se dizem individuais), àquele negócio, na verdade está tão somente aplicando normas jurídicas do ordenamento jurídico, às vezes implícitas, em decorrência do permissivo resultante da própria indeterminação normativa. Tanto isso é verdade que a ninguém é dado realizar negócio jurídico que seja proibido ou que não seja permitido. Somente onde há permissivo do ordenamento é possível à vontade estabelecer negócio jurídico. A indeterminação das normas, já vimos antes, dá maior liberdade à vontade, permitindo que atue em maior amplitude. A sua margem de escolha é mais acentuada, porém não implica o poder de *criar norma jurídica*.[253]

---

[251] Teoria do fato jurídico: plano da existência. 20. ed. São Paulo: Saraiva, 2014, p. 224.
[252] Teoria do fato jurídico: plano da existência. 20. ed. São Paulo: Saraiva, 2014, p. 224.
[253] Teoria do fato jurídico: plano da existência. 20. ed. São Paulo: Saraiva, 2014, p. 243-244.

A ideia de poder ilimitado da vontade na contratação privada não pode ser admitida nos dias atuais. Carlos Alberto Garbi ressalta que, com a evolução dos tempos, percebeu-se que a autonomia da vontade não podia ser considerada como um conceito absoluto, já que partia da ideia de igualdade entre os contratantes, o que não se verificava no caso concreto.[254]

Marcos Bernardes de Mello explica que com o fenômeno da explosão demográfica e do desenvolvimento tecnológico, deu-se origem à massificação social, o que acabou por influenciar também as relações negociais que passaram a ter maior intervenção estatal.[255]

Nesse contexto é a ideia de Estado Social, segundo a qual o Estado pode intervir na vontade humana para tutelar interesses coletivos e sociais. Parte-se de um sistema jurídico fechado para um sistema jurídico aberto, fundado nos princípios constitucionais e cláusulas gerais.[256]

A intervenção do Estado na autonomia da vontade é necessária para garantir a justiça do contratado. Explica o autor:

> (...) Surge uma nova fase do Estado Social na qual se procura superar a insuficiência das normas de ordem pública para assegurar a material igualdade, controlar os efeitos perversos da massificação contratual, definir melhor a responsabilidade civil, inclusive pelo

---

[254] O adimplemento da obrigação e a intervenção judicial no contrato em face do princípio da integridade da prestação e da cláusula geral da boa-fé. Tese de doutorado. São Paulo: Pontifícia Universidade Católica, 2010, p. 10-46.

[255] Explica o autor: "Na verdade, desde o final da Segunda Guerra Mundial temos presenciado profundas transformações nas concepções de vida e nos padrões de comportamento social, em decorrência, principalmente, do desenvolvimento tecnológico e da explosão demográfica. No mundo massificado em que vivemos, as relações negociais perderam, em muito, o caráter individual, que antes tinham, passando a se estabelecer de um modo impessoal, muitas vezes, até, por intermédio de máquinas. Essas transformações sociais impuseram a necessidade da intromissão do Estado na regulação do relacionamento individual, reduzindo e abrandando a liberdade contratual da maneira como concebida pelo individualismo do Estado liberal. A intervenção do Estado na economia e na direção de certos aspectos da vida social, como as relações de trabalho, de produção e de circulação de bens, especialmente a moradia e o fundo rural, mudaram a fisionomia das próprias relações jurídicas, desde quando estas não são mais do que aquelas regidas pelo direito" (Teoria do fato jurídico: plano da existência. 20. ed. São Paulo: Saraiva, 2014, p. 249-250).

[256] O adimplemento da obrigação e a intervenção judicial no contrato em face do princípio da integridade da prestação e da cláusula geral da boa-fé. Tese de doutorado. São Paulo: Pontifícia Universidade Católica, 2010, p. 10-46.

risco da atividade, e conferir novas bases para a mudança que se verificou na estrutura familiar. Essa fase, para alguns, chamada de *pós-modernidade* tem se caracterizado no mundo jurídico pela flexibilização do direito e a ampliação dos poderes do julgador na aplicação de regras e princípios ao caso concreto, abrindo o sistema a interpretações moldadas pelos princípios.[257]

Essa intervenção se dá, modernamente, pela aplicação dos princípios e cláusulas gerais. Na legislação pátria, esse movimento teve início com a Constituição Federal que estabeleceu a dignidade da pessoa humana como fundamento do Estado, sendo também adotado pelo Código Civil que, apesar de influenciado pelo Liberalismo, criou as chamadas cláusulas gerais da boa-fé e da função social do contrato que servem de norte para a interpretação dos contratos. Assim, observa Carlos Alberto Garbi:

> Nesse novo contexto em que se insere o contrato, o juiz é o protagonista da solução dos conflitos e impasses dos contratantes e o operador das cláusulas gerais e princípios que caracterizam o sistema aberto. Ao juiz cabe intervir na relação contratual para salvá-la, procurando dentro do sistema solução capaz de assegurar o cumprimento do contrato com equilíbrio e respeito ao interesse das partes. A atuação judicial não tem forma previamente definida, como não poderia ter em face das infinitas variações de conflitos contratuais que se lhe apresentam, assim como são infinitas as potencialidades de solução que pode encontrar no sistema à luz dos valores constitucionais.[258]

No mesmo sentido, é a lição de Carlos Roberto Gonçalves:

> Cumpre a esta altura relembrar que o exercício da autonomia privada não tem mais o caráter individualista que norteou o

---

[257] O adimplemento da obrigação e a intervenção judicial no contrato em face do princípio da integridade da prestação e da cláusula geral da boa-fé. Tese de doutorado. São Paulo: Pontifícia Universidade Católica, 2010, p. 37.

[258] O adimplemento da obrigação e a intervenção judicial no contrato em face do princípio da integridade da prestação e da cláusula geral da boa-fé. Tese de doutorado. São Paulo: Pontifícia Universidade Católica, 2010, p. 149.

Código Civil de 1916. O novo diploma afastou-se dessas concepções para seguir orientação compatível com a socialização do direito contemporâneo, cujas diretrizes foram traçadas na Constituição de 1988, especialmente no tocante à função social da propriedade e ao respeito à dignidade da pessoa humana.

O princípio da *socialidade*, acolhido pelo novo Código Civil, reflete a prevalência dos valores coletivos sobre os individuais. E o da *eticidade* prioriza, além de outros critérios éticos, a equidade e a boa-fé nos contratos.[259]

Por tudo isso, constata-se a necessidade da mudança de paradigma para permitir que o Estado, na figura do juiz, possa intervir no conteúdo do contratado para coibir abusos e garantir a realização da verdadeira justiça ao caso concreto:

> É necessário, portanto, que o espírito dos operadores do Direito se abra para uma nova forma de pensar o direito privado, revendo os antigos dogmas forjados no Liberalismo, cujos ideais conservadores encontram-se fora do tempo.
> Remover as bases de uma cultura jurídica que reconhecia valor absoluto nas declarações de vontade das partes e as obrigava ao cumprimento do que foi prometido a qualquer custo, sempre invocando o velho e desgastado aforismo *pacta sunt servanda* para justificar iníquas soluções, é o trabalho do jurista de hoje para a construção de uma nova doutrina do direito obrigacional.[260]

A partir de tal concepção, busca-se analisar o limite da intervenção do Estado no conteúdo dos negócios jurídicos, o que se dá pela imposição de normas jurídicas que regulam a autonomia da vontade, o autorregramento da vontade privada.

Percebe-se que a ideia de autonomia da vontade, de liberdade para determinar o conteúdo do contrato é substituída pelo conceito de

---

[259] Direito civil brasileiro: parte geral – De acordo com a Lei n. 12.874/2013. 12. ed. São Paulo: Saraiva, 2014, p. 321.
[260] GARBI, Carlos Alberto. O adimplemento da obrigação e a intervenção judicial no contrato em face do princípio da integridade da prestação e da cláusula geral da boa-fé. Tese de doutorado. São Paulo: Pontifícia Universidade Católica, 2010, p. 45.

autonomia privada, ou seja, a vontade do indivíduo deve ser submetida ao ordenamento jurídico vigente.

Nesse sentido, ensina Carlos Alberto Garbi:

> (...) Essa autonomia da vontade que caracterizou fortemente o Liberalismo levou à concepção de contrato como lei entre as partes, ideia que está presente em nossos dias na doutrina e jurisprudência que conservam aqueles valores e resistem, por inúmeros fatores, à aplicação de novos paradigmas. Não há mais lugar para ela no mundo moderno, que vê presente nas relações privadas interesses que transcendem aqueles particulares envolvidos diretamente no negócio jurídico. São interesses coletivos ou sociais que estão definidos no regramento das normas jurídicas, que são a verdadeira fonte geradora de efeitos jurídicos do negócio.[261]

Assim, o Estado cria normas jurídicas para limitar a vontade negocial. Na verdade, é o Estado, por meio do ordenamento jurídico, que permite a existência da liberdade negocial. Nesse sentido, a vontade manifestada só produz efeitos jurídicos, inclusive de obrigatoriedade porque é regulada e permitida pela norma jurídica.

Ensina Marcos Bernardes de Mello: "*O ordenamento jurídico é que defere ao indivíduo o poder de manifestar a vontade, regulando as suas próprias relações no plano jurídico, donde haver, em última análise, um reconhecimento do poder de autorregramento da vontade peças normas jurídicas*".[262]

A limitação da vontade negocial, por sua vez, varia de acordo com os limites impostos pela norma jurídica. Continua o autor: "(...) *Concluindo: não há efeito jurídico ex voluntate. Todos são ex lege no sentido de que sempre decorrem de imputação feito aos fatos, inclusive atos, pelas normas jurídicas. Assim, no negócio jurídico a vontade não cria efeitos, porque estes são definidos pelo ordenamento jurídico; apenas, dentro de uma amplitude variável, as normas jurídicas concedem às pessoas certo poder de escolha da categoria jurídica.*"[263]

---

[261] GARBI, Carlos Alberto. O adimplemento da obrigação e a intervenção judicial no contrato em face do princípio da integridade da prestação e da cláusula geral da boa-fé. Tese de doutorado. São Paulo: Pontifícia Universidade Católica, 2010, p. 24.
[262] Teoria do fato jurídico: plano da existência. 20. ed. São Paulo: Saraiva, 2014, p. 239.
[263] Teoria do fato jurídico: plano da existência. 20. ed. São Paulo: Saraiva, 2014, p. 238.

O ordenamento jurídico cria categorias jurídicas, umas mais amplas, outras mais restritas. Trata-se da clássica distinção entre norma cogente e dispositiva ou não cogente. Optando o indivíduo por uma categoria jurídica mais ampla, poderá criar instrumentos não previstos nas normas, como são os chamados contratos atípicos ou as situações em que se permite a disposição em contrato de forma diversa da previsão legal. Optando por uma categoria mais restrita, deverá limitar-se aos efeitos atribuídos pelas normas.

Consiste em tarefa árdua a tentativa de identificar, no caso concreto, a existência e a incidência das limitações impostas à vontade privada pelo ordenamento jurídico. Especialmente, com relação ao objeto do presente estudo – o plano de recuperação judicial – trata-se de um dos assuntos mais polêmicos do direito concursal na doutrina e na jurisprudência nacionais.

3.10 Intervenção Judicial no Conteúdo do Plano de Recuperação Judicial

O plano de recuperação judicial é considerado, neste trabalho, como espécie de negócio jurídico.

A necessidade do estudo sob esse prisma se justifica no fato de que o plano de recuperação judicial envolve inúmeros agentes econômicos: o devedor, empresário ou sociedade empresária em crise; os credores, empresários, empregados, dentre outros, que suportam os efeitos da crise do devedor; e o Estado que, além de credor, também é interessado no sucesso do exercício da atividade econômica como fator primordial para o bom andamento da economia do país.

Por tudo isso, a manutenção da atividade econômica é de interesse de todos e deve ser realizada procurando-se minimizar os efeitos negativos refletidos na cadeia produtiva.

Nesse sentido, é importante a lição de Fábio Ulhoa Coelho:

> A consistência do plano de recuperação judicial é essencial para o sucesso da reorganização da empresa em crise. Só se justifica o sacrifício imediato de interesses dos credores e, em larga medida, da sociedade brasileira como um todo, derivado da recuperação judicial, se o Plano aprovado pela Assembleia dos Credores for consistente. Se ele vai funcionar ou não, é outro problema. Depende de uma série de outros fatores não inteiramente controláveis pelo devedor

e seus credores. Um Plano consistente pode não dar certo, essa não é a questão. O fato é que um plano inconsistente certamente não dará certo. (...).[264]

A consistência e solidez do plano de recuperação judicial são essenciais para efetiva recuperação da crise do devedor exercente de atividade econômica.

A LFR determina que o plano de recuperação judicial seja aprovado pela coletividade de credores, como já estudado. A aprovação pode ser em razão da ausência de objeções ou por decisão expressa da maioria dos créditos e credores computada nos termos do seu artigo 45. Entendeu o legislador que os credores, interessados na superação da crise, teriam legitimidade e condições de decidir o destino do devedor.

Dessa forma, de acordo com a LFR, o plano aprovado pelos credores deve ser homologado pelo juiz que concederá a recuperação judicial. Daí se falar em soberania dos credores.

Ocorre que, por muitas vezes, os credores não têm condições ou interesse de realizar uma apurada avaliação sobre a consistência do plano apresentado pelo devedor.

Rosemarie Adalardo Filardi ressalta: *"Há que se ter cautela ao deixar tanto poder nas mãos dos credores, pois a meu ver o Brasil é um país que ainda não tem uma cultura participativa e de cooperação como ocorre nos Estados Unidos, em que o sistema permite ampla negociação por parte dos credores e devedor, sendo que o Capítulo 11, do Bankruptcy Code, tem a preocupação de criar um ambiente favorável às negociações entre os interessados"*.[265]

Fábio Ulhoa Coelho entende que há três razões para justificar como falsa a ideia de que a possibilidade de aprovação de plano inconsistente está afastada por ser ele aprovado pela coletividade de credores:

> (...) Pressupõe a lei que a possibilidade de aprovação de um plano inconsistente está afastada porque os credores que o aprovam, em Assembleia. Esse pressuposto, porém, é falso. E por três razões.

---

[264] Comentários à Lei de Falências e de recuperação de empresas. 9. ed. São Paulo: Saraiva, 2013, p. 223.
[265] Órgãos da recuperação judicial e da falência. In: COELHO, Fábio Ulhoa. Tratado de direito comercial. São Paulo: Editora Saraiva, 2015. v. 07. p. 214-215.

Em primeiro lugar, porque a tendência no mundo todo é a do absenteísmo. Os credores têm cada um seus próprios problemas e, em geral, não se preocupam tanto com a recuperação do devedor. Quem controla a Assembleia, na maioria das vezes, é o próprio requerente do benefício, por meio de comissários que negociaram com os credores a aquisição dos direitos creditórios deles.

Em segundo lugar, porque os credores, mesmo querendo participar, não têm todas as informações necessárias para elaborar um plano alternativo. Aliás, mesmo para avaliar a consistência do plano apresentado pelo devedor, carecem de informações plenas. De qualquer modo, não se interessam por custear a elaboração de planos alternativos, porque isso só aumentaria seu prejuízo caso o devedor falisse (equivaleria a "pôr dinheiro bem em cima de dinheiro ruim").

Em terceiro lugar, porque a lei, ao vincular o indeferimento da recuperação judicial à decretação da falência, reduz enormemente as alternativas do devedor. Ou ele vota pela aprovação de qualquer plano – mesmo percebendo sua evidente inconsistência – ou amargará o prejuízo certo pela falência do devedor.

Diante desse quadro, fica fácil perceber que se o devedor submeter à Assembleia dos credores um *blá-blá-blá*, como provavelmente ninguém terá plano alternativo a oferecer, a tendência será a de aprovação de um plano vazio de conteúdo.[266]

A lição do autor serve para sintetizar a necessidade de estabelecer mecanismos que impeçam a aprovação de planos de recuperação judicial absolutamente inconsistentes e que servirão, apenas, para prolongar o tempo de vida do devedor e oportunizar o aumento do prejuízo de todos os envolvidos.

Nesse sentido, conclui:

Pela lei brasileira, os juízes, em tese, não poderiam deixar de homologar os planos aprovados pela Assembleia dos Credores, quando alcançado o quórum qualificado da lei. Mas, como a aprovação de planos inconsistentes levará à desmoralização do instituto, entendo

---

[266] Comentários à lei de falências e de recuperação de empresas. 9. ed. São Paulo: Saraiva, 2013, p. 223-224.

que, sendo o instrumento aprovado um *blá-blá-blá* inconteste, o juiz pode deixar de homologá-lo e incumbir o administrador judicial, por exemplo, de procurar construir com o devedor e os credores mais interessados um plano alternativo.[267]

Alex Floriano Neto, em obra que trata da atuação do juiz no processo de Recuperação Judicial, pondera:

> (...) Há, nesta linha de pensamento, duas perigosas situações. Uma, porque a lei permite que os credores (interessados obviamente em receber seus créditos, da melhor e mais ágil forma) possam abusar dos poderes a eles conferidos e determinar a retirada de empresas economicamente viável e com papel social relevante, do mercado, o que causaria nefastos impactos para toda a sociedade.
>
> Duas, porque ninguém garante que os credores são habilitados para aferir a viabilidade econômica da empresa pretendente à recuperação, de modo que podem aprovar Plano de Recuperação aparentemente viável, mas com difícil ou inexequível cumprimento, o que implicaria em custos elevados, perda de tempo e, no fim das contas, no assoar da empresa do mercado no qual atua.[268]

No mesmo sentido, é a lição de Walfrido Jorge Warde Jr. e Guilherme Setoguti J. Pereira que entendem que o verbo "concederá" inserido no artigo 58 da LFR traz, na verdade, um poder-dever do juiz e deve ser interpretado no sentido de permitir a realização de controle do plano aprovado pela assembleia geral de credores. Assim, entendem que a aprovação de um plano não deve ser homologada quando: *"(i) o plano aprovado for flagrantemente incapaz de recuperar a empresa em questão; ou (ii) houver prova de que houve vício do negócio deliberativo que aprovou o plano; ou (iii) a aprovação do plano significar satisfação improvável dos direitos creditórios contemplados".*[269]

---

[267] Comentários à lei de falências e de recuperação de empresas. 9. ed. São Paulo: Saraiva, 2013, p. 224.
[268] Atuação do juiz na recuperação judicial. Belo Horizonte: Arraes Editores, 2012, p. 156.
[269] WARDE JUNIOR, Walfrido Jorge; PEREIRA, Guilherme Setoguti J. Discricionariedade da Assembleia Geral de Credores e Poderes do Juiz na Apreciação do Plano de Recuperação Judicial. In: ELIAS, Luís Vasco (coord.). 10 anos da lei de recuperação de empresas e falência:

Tudo isso demonstra que o Poder Judiciário não pode silenciar-se diante da existência de ilegalidades ou abusos perpetrados por devedores em processos de Recuperação Judicial.

Rosemarie Adalardo Filardi[270] propõe a criação de um órgão, composto por profissionais especializados em gestão e recuperação de empresas, que possa assegurar a viabilidade do plano e da atividade empresarial. O parecer desse órgão auxiliaria, inclusive, os credores na análise do plano de recuperação judicial ofertado pelo devedor. A sugestão da autora representaria, realmente, um avanço para o sistema de aprovação de planos de recuperação vigente.

O Tribunal de Justiça de São Paulo, atento à realidade dos processos de Recuperação Judicial em andamento, em 2012, proferiu a primeira decisão declarando a nulidade da deliberação da Assembleia-Geral de Credores que aprovou plano de recuperação judicial, em caso histórico, envolvendo grande empresário paulista.[271]

---

reflexões sobre a reestruturação empresarial no Brasil. São Paulo: Quartier Latin, 2015, p. 498-500.

[270] FILARDI, Rosemarie Adalardo. Órgãos específicos da administração da falência e da recuperação judicial das empresas. Tese de doutorado. São Paulo: Pontifícia Universidade Católica, 2008, p. 189-192.

[271] AGRAVO. RECUPERAÇÃO JUDICIAL. Plano aprovado pela assembleia-geral de credores. Plano que prevê o pagamento do passivo em 18 anos, calculando-se os pagamentos em percentuais (2,3%, 2,5% e 3%) incidentes sobre a receita líquida da empresa, iniciando-se os pagamentos a partir do 3º ano contado da aprovação. Previsão de pagamento por cabeça até o 6º ano, acarretando pagamento antecipado dos menores credores, instituindo conflitos de interesses entre os credores da mesma classe. Pagamentos sem incidência de juros. Previsão de remissão ou anistia dos saldos devedores caso, após os pagamentos do 18º ano, não haja recebimento integral. Proposta que viola os princípios gerais do direito, os princípios constitucionais da isonomia, da legalidade, da propriedade, da proporcionalidade e da razoabilidade, em especial o princípio da *"pars conditio creditorum"* e normas de ordem pública. Previsão que permite a manipulação do resultado das deliberações assembleares. Falta de discriminação dos valores de cada parcela a ser paga que impede a aferição do cumprimento do plano e sua execução específica, haja vista a falta de liquidez e certeza do "quantum" a ser pago. Ilegalidade da cláusula que estabelece o pagamento dos credores quirografários e com garantia real após o decurso do prazo bienal da supervisão judicial (art. 61, 'caput', da Lei nº 11.101/2005). Invalidade (nulidade) da deliberação da assembleia-geral de credores declarada de ofício, com determinação de apresentação de outro plano, no prazo de 30 dias, a ser elaborado em consonância com a Constituição Federal e Lei nº 11.101/2005, a ser submetido à assembleia-geral de credores em 60 dias, sob pena de decreto de falência. (Relator(a): Pereira Calças; Comarca: Suzano; Data do julgamento: 28/02/2012; Data de registro: 28/02/2012).

Nessa toada, foi aprovado, na I Jornada de Direito Comercial do Conselho da Justiça Federal, o Enunciado 44, com o seguinte texto: "A homologação de plano de recuperação judicial aprovado pelos credores está sujeita ao controle judicial de legalidade.

Dessa forma, consolidou-se o entendimento de que a decisão que aprova o plano de recuperação judicial não é, de todo, soberana, já que pode ser revista pelo Poder Judiciário que zelará pela legalidade da votação e da aprovação.

No primeiro caso histórico julgado pelo Tribunal de Justiça de São Paulo entendeu-se pela nulidade da assembleia geral de credores em razão das diversas disposições contidas no plano de recuperação judicial que macularam a vontade dos credores, uma vez que violaram os princípios e regras constitucionais, além de leis infraconstitucionais, como a própria LFR.

Com o passar dos anos, vem se reconhecendo também nulidade ou ineficácia de disposições de planos de recuperação, partindo da análise do seu conteúdo, da validade e eficácia de cláusulas, buscando estabelecer alguns limites legais mínimos para a negociação entre o devedor e a coletividade de credores, de forma a garantir a produção de todos os efeitos desejados pelos agentes envolvidos.

A LFR determina que o juiz deverá conceder a recuperação judicial se o plano de recuperação judicial não sofreu objeções ou se foi aprovado pela assembleia geral de credores. Por outro lado, deverá decretar a falência do devedor se o plano foi rejeitado pelos credores e não houve o preenchimento dos requisitos do *cram down*, previstos no artigo 58, § 1º, da LFR.

Assim, como já dito, aos credores foi dada a incumbência de aprovar o plano de recuperação judicial e decidir o destino do devedor. O juiz, nesse diapasão, tem a função de homologar ou não a decisão dos credores.

Considerando-se, então, que os credores, de forma livre e autônoma, tenham decidido pela aprovação de plano de recuperação judicial que contenha vícios ou que seja inviável, ou, ainda, que os credores tenham decidido pela rejeição de plano que, em tese, seria viável, o ponto relevante é se poderia o juiz intervir na vontade privada manifestada pelos credores.

Alex Floriano Neto, ao tratar do tema, preceitua: "(...) *se as deliberações tem natureza contratual, o Estado pode, pelo sistema jurídico que se lhe apresenta, intervir e analisá-las, tendo em vista que as relações civis devem se pautar ou limitar* às previsões constitucionais, conforme se atesta no atual modelo econômico das relações negociais."[272]

Conclui o autor que: "(...) nessa interação entre a atuação do juiz, suas decisões e as deliberações da AGC, não há o devido prestígio aos princípios da inafastabilidade do Poder Judiciário, seu livre convencimento e livre apreciação das provas, porquanto aquele se encontra impedido, pela lei, de examinar todos os elementos do processo e as mencionadas deliberações."[273]

A legislação argentina, Lei nº 24.522, de 1995, em seu artigo 52, com redação determinada pela Lei 25.589, de 2002[274], determina que o acordo não será homologado se a proposta for abusiva ou fraudar a lei.

No mesmo sentido, estabelece a legislação chilena, Ley nº 20720/2014, em seu artigo 85[275] que prevê como causas para impugnação do acordo

---

[272] Atuação do juiz na recuperação judicial. Belo Horizonte: Arraes Editora, 2012, p. 166.
[273] Atuação do juiz na recuperação judicial. Belo Horizonte: Arraes Editora, 2012, p. 170.
[274] Artículo 52: Homologación. No deducidas impugnaciones en término, o al rechazar las interpuestas, el juez debe pronunciarse sobre la homologación del acuerdo. 1. Si considera una propuesta única, aprobada por las mayorías de ley, debe homologarla. 2. Si considera un acuerdo en el cual hubo categorización de acreedores quirografarios y consiguiente pluralidad de propuestas a las respectivas categorías: a) Debe homologar el acuerdo cuando se hubieran obtenido las mayorías del artículo 45 o, en su caso, las del artículo 67; b) Si no se hubieran logrado las mayorías necesarias en todas las categorías, el juez puede homologar el acuerdo, e imponerlo a la totalidad de los acreedores quirografarios, siempre que resulte reunida la totalidad de los siguientes requisitos: i) Aprobación por al menos una de las categorías de acreedores quirografarios; ii) Conformidad de por lo menos las tres cuartas partes del capital quirografario; iii) No discriminación en contra de la categoría o categorías disidentes. Entiéndese como discriminación el impedir que los acreedores comprendidos en dicha categoría o categorías disidentes puedan elegir — después de la imposición judicial del acuerdo — cualquiera de las propuestas, únicas o alternativas, acordadas con la categoría o categorías que las aprobaron expresamente. En defecto de elección expresa, los disidentes nunca recibirán un pago o un valor inferior al mejor que se hubiera acordado con la categoría o con cualquiera de las categorías que prestaron expresa conformidad a la propuesta; iv) Que el pago resultante del acuerdo impuesto equivalga a un dividendo no menor al que obtendrían en la quiebra los acreedores disidentes. 3. El acuerdo no puede ser impuesto a los acreedores con privilegio especial que no lo hubieran aceptado. 4. En ningún caso el juez homologará una propuesta abusiva o en fraude a la ley.
[275] Artículo 85.- Causales para impugnar el Acuerdo. El Acuerdo podrá ser impugnado por los acreedores a los que les afecte, siempre que se funde en alguna de las siguientes causales: 1) Defectos en las formas establecidas para la convocatoria y celebración de la junta de acreedores, que hubieren impedido el ejercicio de los derechos de los acreedores o del deudor. 2) El error en el cómputo de las mayorías requeridas en este Capítulo, siempre que incida sustancialmente en el quórum del Acuerdo de Reorganización Judicial. 3) Falsedad

aprovado: i) vícios na convocação da assembleia de credores; ii) erros no cômputo da votação realizada; iii) falsidade ou alteração no valor dos créditos ou incapacidade para votar; iv) acordo entre credores e devedores tendo por objeto o voto; v) ocultação ou alteração do ativo ou passivo e; vi) estipulação contrária à lei.

A legislação espanhola, Ley 22/2003, por sua vez, estabelece a possibilidade de apresentação de oposição ao acordo aprovado, tendo como fundamento a informação às normas da lei. Há também a hipótese de impugnação por credores titulares de pelo menos 5% dos créditos quando entenderem que o cumprimento do acordo aprovado é objetivamente inviável.[276]

O Código de Insolvência e Recuperação de Empresas de Portugal também prevê hipótese de não homologação, de ofício, de plano que violar

o exageración del crédito o incapacidad o falta de personería para votar de alguno de los acreedores que hayan concurrido con su voto a formar el quórum necesario para el Acuerdo, si excluido este acreedor o la parte falsa o exagerada del crédito, no se logra el quórum del Acuerdo. 4) Acuerdo entre uno o más acreedores y el Deudor para votar a favor, abstenerse de votar o rechazar el Acuerdo, para obtener una ventaja indebida respecto de los demás acreedores. 5) Ocultación o exageración del activo o pasivo. 6) Por contener una o más estipulaciones contrarias a lo dispuesto en esta ley.

[276] Artículo 128 Oposición a la aprobación del convenio. 1. Podrá formularse oposición a la aprobación judicial del convenio en el plazo de diez días, contado desde el siguiente a la fecha en que el Secretario judicial haya verificado que las adhesiones presentadas alcanzan la mayoría legal para la aceptación del convenio, en el caso de propuesta anticipada o tramitación escrita, o desde la fecha de conclusión de la junta, en el caso de que en ella se acepte una propuesta de convenio. Estarán activamente legitimados para formular dicha oposición la administración concursal, los acreedores no asistentes a la junta, los que en ella hubieran sido ilegítimamente privados del voto y los que hubieran votado en contra de la propuesta de convenio aceptada por mayoría, así como, en caso de propuesta anticipada de convenio o tramitación escrita, quienes no se hubiesen adherido a ella. La oposición sólo podrá fundarse en la infracción de las normas que esta Ley establece sobre el contenido del convenio, la forma y el contenido de las adhesiones, las reglas sobre tramitación escrita, la constitución de la junta o su celebración. Se consideran incluidos entre los motivos de infracción legal a que se refiere el párrafo anterior aquellos supuestos en que la adhesión o adhesiones decisivas para la aprobación de una propuesta anticipada de convenio o tramitación escrita, o, en su caso, el voto o votos decisivos para la aceptación del convenio por la junta, hubieren sido emitidos por quien no fuere titular legítimo del crédito u obtenidos mediante maniobras que afecten a la paridad de trato entre los acreedores ordinarios. 2. La administración concursal y los acreedores mencionados en el apartado anterior que, individualmente o agrupados, sean titulares, al menos, del cinco por ciento de los créditos ordinarios podrán además oponerse a la aprobación judicial del convenio cuando el cumplimiento de éste sea objetivamente inviable.

as regras relacionadas à assembleia, bem como, às normas aplicáveis ao seu conteúdo.[277]

Percebe-se que a legislação extravagante admite a possibilidade de intervenção judicial no plano aprovado em assembleia quanto há violação à lei. A legislação espanhola prevê, inclusive, objeção fundada na patente inviabilidade do plano.

No Brasil, como já dito, o Enunciado nº 44 da Jornada de Direito Comercial firmou o entendimento de que o juiz pode realizar o controle de legalidade sobre o plano de recuperação judicial, ou seja, pode se sobrepor à vontade dos credores para coibir abusos ou ilegalidades que serão estudados no próximo capítulo.

Por outro lado, o Enunciado nº 46 da mesma Jornada enuncia que: "Não compete ao juiz deixar de conceder a recuperação judicial ou de homologar a extrajudicial com fundamento na análise econômico-financeira do plano de recuperação aprovado pelos credores."

Esse é o entendimento do Superior Tribunal de Justiça[278]. O Ministro Luís Felipe Salomão pondera:

> (...) No entanto, se é verdade que a intervenção judicial no quadrante mercadológico de uma empresa em crise visa tutelar interesses públicos relacionados à função social e à manutenção da fonte produtiva e dos postos de trabalho, não é menos certo que

---

[277] Artigo 215. Não homologação oficiosa. O juiz recusa oficiosamente a homologação do plano de insolvência aprovado em assembleia de credores no caso de violação não negligenciável de regras procedimentais ou das normas aplicáveis ao seu conteúdo, qualquer que seja a sua natureza, e ainda quando, no prazo razoável que estabeleça, não se verifiquem as condições suspensivas do plano ou não sejam praticados os actos ou executadas as medidas que devam preceder a homologação.

[278] DIREITO EMPRESARIAL. PLANO DE RECUPERAÇÃO JUDICIAL. APROVAÇÃO EM ASSEMBLEIA. CONTROLE DE LEGALIDADE. VIABILIDADE ECONÔMICO-FINANCEIRA. CONTROLE JUDICIAL. IMPOSSIBILIDADE. 1. Cumpridas as exigências legais, o juiz deve conceder a recuperação judicial do devedor cujo plano tenha sido aprovado em assembleia (art. 58, *caput*, da Lei n. 11.101/2005), não lhe sendo dado se imiscuir no aspecto da viabilidade econômica da empresa, uma vez que tal questão é de exclusiva apreciação assemblear. 2. O magistrado deve exercer o controle de legalidade do plano de recuperação – no que se insere o repúdio à fraude e ao abuso de direito –, mas não o controle de sua viabilidade econômica. Nesse sentido, Enunciados n. 44 e 46 da I Jornada de Direito Comercial CJF/STJ. 3. Recurso especial não provido. (REsp 1359311/SP, Rel. Ministro LUIS FELIPE SALOMÃO, QUARTA TURMA, julgado em 09/09/2014, DJe 30/09/2014).

a recuperação judicial, com a aprovação do plano, desenvolve-se essencialmente por uma nova relação negocial estabelecida entre o devedor e os credores reunidos em assembleia. (...) Ademais, o magistrado não é a pessoa mais indicada para aferir a viabilidade econômica de planos de recuperação judicial, sobretudo daqueles que já passaram pelo crivo positivo dos credores em assembleia, haja vista que as projeções de sucesso da empreitada e os diversos graus de tolerância obrigacional recíproca estabelecida entre credores e devedor não são questões propriamente jurídicas, devendo, pois, acomodar-se na seara negocial da recuperação judicial (...).[279]

Assim, ao que parece, a atuação judicial admitida pelos nossos tribunais é limitada ao controle de legalidade e não à viabilidade da proposta apresentada pelo devedor e a sua eficácia para superação da crise econômico-financeira.

Nesse sentido, pondera Eduardo Secchi Munhoz: *"Ao ter-se em conta que o plano constitui negócio jurídico complexo, a produzir efeitos sobre um grande número de pessoas, é curial a conclusão de que a certeza e a segurança quanto à sua validade e eficácia são fatores fundamentais para viabilizar o atendimento ao princípio da preservação da empresa."*

O problema que se coloca é definir as limitações da vontade negocial dos envolvidos: devedor e credores, que configura, de fato, o conteúdo desse controle de legalidade admitido pela jurisprudência nacional, de forma a dar mais segurança a todos os agentes envolvidos na recuperação da empresa.

O objetivo do presente trabalho é estudar o conteúdo do plano de recuperação judicial aprovado pela ausência de objeções ou pela assembleia geral de credores e, a partir daí, estabelecer uma tentativa de sistematização dos limites impostos pela lei, pelos princípios aplicáveis à recuperação judicial e pela ordem pública.

Não se pretende, nesse trabalho, tratar da questão da validade e da eficácia da assembleia geral de credores, nos casos em que o plano é aprovado por ela. É cediço que a assembleia é o ambiente no qual o devedor e os credores manifestam a vontade de aprovar ou rejeitar o plano e essa

---

[279] REsp 1359311/SP, Rel. Ministro LUIS FELIPE SALOMÃO, QUARTA TURMA, julgado em 09/09/2014, DJe 30/09/2014.

manifestação de vontade é essencial à sua existência. É incontroverso, ainda, que a manifestação de vontade pode ser válida ou inválida, eficaz ou ineficaz, questões que demandariam um estudo próprio como o brilhantemente realizado por Erasmo Valladão A. e N. França.[280]

O presente trabalho tratará, assim, do conteúdo da proposta realizada pelo devedor aos credores sob a ótica da tricotomia existência-validade-eficácia.

---

[280] SOUZA JUNIOR, Francisco Satiro; PITOMBO, Antônio Sérgio A. de Moraes. **Comentários à lei de recuperação de empresas e falência: Lei 11.101/2005.** São Paulo: Editora Revista dos Tribunais, 2007, p. 186 e seguintes.

4. Existência, Validade e Eficácia do Plano de Recuperação Judicial

4.1 A Tricotomia Existência-Validade-Eficácia do Negócio Jurídico

O negócio jurídico é entendido como espécie de fato jurídico *lato sensu*. O fato jurídico é aquele acontecimento da realidade relevante para o direito, razão pela qual há norma estabelecendo efeitos a serem aplicados quando tal acontecimento se concretiza no mundo real.

Os fatos jurídicos são classificados em *fatos naturais* (fatos jurídicos *stricto sensu*), como o nascimento, a morte, os desastres naturais, terremotos, tempestades, raios etc. Tais acontecimentos são considerados fatos jurídicos porque há norma estabelecendo efeitos em razão da sua concretização.[281]

Podem ainda ser fatos humanos, ou seja, que decorrem de ações volitivas, são os chamados atos jurídicos *lato sensu*. Esses podem ser lícitos ou ilícitos.

---

[281] Fábio Ulhoa Coelho exemplifica: O que torna jurídico qualquer fato é a norma. O ordenamento elege os fatos jurídicos. Se a verificação de um evento não é pressuposto de nenhuma consequência prescrita em norma, ele não é um fato jurídico. É um acontecimento sem importância para o direito. Um jovem completar 17 anos de idade não é fato jurídico; o mesmo jovem fazer 18 anos, porém, já é fato jurídico, porque a partir dessa idade ele já é plenamente capaz para os atos da vida civil. O que faz do décimo oitavo aniversário da pessoa física um fato jurídico é a norma, que escolheu os 18 anos como o marco final da menoridade (CC, art. 5º). Poderia ter escolhido outra idade, maior ou menor, ou mesmo condicionar a obtenção da capacidade à prova, por meio de exames psicológicos, de certo grau de amadurecimento, mas se limitou a dar relevância apenas à idade. (Curso de direito civil: parte geral. 6. ed. São Paulo: Saraiva, 2013, p. 299).

Os fatos jurídicos lícitos, objeto do presente estudo, são divididos em duas espécies: o negócio jurídico ou ato jurídico *lato sensu*[282] e o ato jurídico *stricto sensu*.

A diferença precípua entre o negócio jurídico e os demais atos jurídicos é a finalidade negocial. Explica Carlos Roberto Gonçalves: *"No negócio jurídico há uma composição de interesses, um regramento bilateral de condutas, como ocorre na celebração dos contratos. A manifestação de vontade tem finalidade negocial, que em geral é criar, adquirir, transferir, modificar, extinguir direitos etc."*[283]

Pontes de Miranda, ao estudar o fato jurídico e especificamente o negócio jurídico ou ato jurídico *lato sensu* estabelece a tricotomia existência-validade-eficácia. Trata-se de clássica teoria do direito privado, chamada de "Escada Ponteana", em referência ao autor que busca estudar o negócio jurídico sobre três planos: o da sua existência, o da sua validade e o da sua eficácia.

Pontes de Miranda ensina:

> Para que algo valha é preciso que exista. Não tem sentido falar-se de validade ou de invalidade a respeito do que não existe. A questão da existência é questão prévia. Somente depois de se afirmar que existe é possível pensar-se em validade ou em invalidade. Nem tudo que existe é suscetível de a seu respeito discutir-se se vale, ou se não vale. Não se há de afirmar nem de negar que o nascimento, ou a morte, ou a avulsão, ou o pagamento valha. Não tem sentido. Tãopouco, a respeito do que não existe; se não houve ato jurídico, nada há que possa ser válido ou inválido. Os conceitos de validade ou de invalidade só se referem a atos jurídicos, isto é, a atos humanos que

---

[282] Esclarece Carlos Roberto Gonçalves: O Código Civil de 1916, no Livro III, concernente aos "Fatos jurídicos", tratava, nas "Disposições preliminares", da aquisição, conservação, modificação e extinção de direitos, e, em seguida, no Título I, dos "Atos jurídicos". O novo Código substituiu a expressão genérica "ato jurídico" pela designação específica "negócio jurídico", porque somente este é rico em conteúdo e justifica uma pormenorizada regulamentação, aplicando-se-lhe os preceitos constantes do Livro III. Alterou, também, a ordem da matéria. (...) A denominação "Dos fatos jurídicos", dada ao Livro III, foi mantida, abrangendo os fatos jurídicos em geral, ou seja, os fatos jurídicos em sentido amplo e suas espécies (...) (Direito civil brasileiro: parte geral – De acordo com a Lei n. 12.874/2013. 12. ed. São Paulo: Saraiva, 2014, p. 315-316).

[283] Direito civil brasileiro: parte geral – De acordo com a Lei n. 12.874/2013. 12. ed. São Paulo: Saraiva, 2014, p. 328.

entraram (plano da existência) no mundo jurídico e se tornaram, assim, atos jurídicos.

(...)

Os fatos jurídicos, inclusive atos jurídicos, podem existir sem serem eficazes. O testamento, antes da morte do testador, nenhuma eficácia tem que a de negócio jurídico unilateral, que, perfeito, aguarda o momento da eficácia. Há fatos que são ineficazes, sem que a respeito deles possa discutir validade ou invalidade. De regra, os atos jurídicos nulos são ineficazes: mas, ainda aí, pode a lei dar efeitos ao nulo.[284]

O exemplo acima transcrito, trazido pelo autor, esclarece bem a necessidade de se examinar o negócio jurídico sob três prismas: o da existência, o da validade e o da eficácia. Somente assim será possível atingir a plena realização dos efeitos pretendidos por aqueles que firmaram o negócio jurídico.

Marcos Bernardes de Mello ressalta que os três planos devem ser tratados em conjunto, de forma harmônica, mas sem perder de vista o preciso significado de cada um deles. Explica o autor:

> (...) É evidente que se pode falar de uma ineficácia em sentido amplo, que abranja todas as situações em que o fato jurídico não produza efeito, inclusive durante a pendência de condições suspensivas. Nesse sentido estariam compreendidas a nulidade (salvo quando a lei atribui algum efeito ao ato jurídico) e a ineficácia em sentido estrito. Mas, aqui, a boa ciência impõe a necessidade de se precisar o sentido em que o termo é empregado, evitando-se assim ambiguidades e equívocos. O que não é possível, absolutamente, é incluir no âmbito da ineficácia ou invalidade os chamados atos inexistentes, porque constitui uma contradição falar de *ato* (portanto, de dado da realidade empírica) *inexistente* (que significa *não ser*). Também não tem razão quem relaciona a nulidade e a ineficácia à inexistência, fazendo afirmativas como as de que o *ato nulo e o ato ineficaz são juridicamente inexistentes*, ou dizendo que atos inexistentes,

---

[284] Tratado de direito privado: parte geral: tomo iv: validade. nulidade. anulabilidade. 4. edição. São Paulo: Editora Revista dos Tribunais, 1983, v. IV, p. 6-7.

nulos e anuláveis são categorias de ineficácia do negócio jurídico. Ser, valer e ser eficaz são situações distintas, com consequências específicas e inconfundíveis cada uma, e assim precisam ser tratadas.

O Código Civil de 2002 não adotou a Escada Ponteana, na medida em que não faz menção aos requisitos de existência, tratando apenas da invalidade, com a especificação dos requisitos de validade do negócio jurídico e da ineficácia, discriminando a possibilidade de condicionar os efeitos desse negócio a condição, termo ou encargo.[285]

Com relação ao plano de recuperação judicial, considerando-o como um negócio jurídico, ou seja, um encontro de declarações de vontade que produzirá efeitos jurídicos, também deve ser analisado a partir desses três planos: existência, validade e eficácia.

Percebe-se que esses conceitos são empregados, por muitas vezes, como sinônimos. A ideia do presente trabalho é buscar a aplicação desses institutos ao plano de recuperação judicial. Não se tem a pretensão de exaurir o tema, mas de realizar uma tentativa de sistematização dos institutos quando se trata da negociação entre credores e devedor no âmbito da recuperação judicial.

4.2 Plano da Existência

Como já dito, o negócio jurídico é uma das espécies de fato jurídico. Este, por sua vez, é aquele fato da realidade considerado relevante pelo ordenamento e para o qual se atribuiu efeitos jurídicos. O negócio jurídico é a espécie de fato jurídico em que há intenção negocial, ou seja, intenção das partes em determinar os efeitos jurídicos que aquele fato da realidade produzirá.

---

[285] Carlos Roberto Gonçalves esclarece: "O novo Código Civil não adotou a tricotomia *existência-validade-eficácia*, conhecida como 'Escada Ponteana', em alusão a Pontes de Miranda. Na realidade, não há necessidade de mencionar os requisitos de existência, pois esse conceito encontra-se na base do sistema dos fatos jurídicos. Depois de se estabelecerem os requisitos de validade do negócio jurídico são tratados dois aspectos ligados à manifestação de vontade: a interpretação e a representação. Em seguida, disciplinam-se a condição, o termo e o encargo, que são autolimitações da vontade, isto é, uma vez apostos à manifestação de vontade, tornam-se inseparáveis dela. Finalmente, surge a parte patológica do negócio jurídico: seus defeitos e invalidade. (Direito civil brasileiro: parte geral – De acordo com a Lei n. 12.874/2013. 12. ed. São Paulo: Saraiva, 2014, p. 349).

Como já visto também, a vontade negocial está autorizada pelo nosso ordenamento jurídico que reconhece a possibilidade de o indivíduo escolher os efeitos que serão produzidos pela sua vontade dentre as categorias jurídicas existentes.

Nesse sentido, a primeira questão que se coloca é a da existência do negócio jurídico, ou seja, da presença de seus elementos constitutivos para que a vontade manifestada produza os efeitos pretendidos.

Marcos Bernardes de Mello ensina que os elementos nucleares para a existência do negócio jurídico são o cerne e os completantes. Explica o autor:

> No estudo dos suportes fácticos complexos, em especial dos negócios jurídicos, é preciso ter em vista que há fatos que, por serem considerados pela norma jurídica essenciais à sua incidência e consequente criação do fato jurídico, constituem-se nos *elementos nucleares do suporte fáctico* ou, simplesmente, o seu *núcleo*. Dentre esses há sempre um fato que determina a configuração final do suporte fáctico e fixa, no tempo, a sua concreção. Às vezes esse fato não está expressamente mencionado, mas, por constituir o dado fáctico fundamental do fato jurídico, a sua presença é pressuposta em todas as normas que integram a respeito da instituição jurídica. Esse fato configura o *cerne do suporte fáctico*. Além do cerne, há outros fatos que completam o núcleo do suporte fáctico e, por isso, são denominados *elementos completantes do núcleo*.[286]

Os elementos cerne são aqueles estruturais, essenciais para que a manifestação de vontade seja considerada como expressada no mundo jurídico. Os elementos completantes são aqueles essenciais para determinada categoria de negócios jurídicos, como a entrega da coisa fungível no contrato de mútuo, pois, nele, a tradição é elemento completante essencial para que o mútuo se concretize.[287]

A Escada Ponteana estuda o negócio jurídico sob três planos – existência, validade e eficácia – e tem seu fundamento no conceito de suporte fático[288].

---

[286] Teoria do fato jurídico: plano da existência. 20. ed. São Paulo: Saraiva, 2014, p. 93.
[287] Teoria do fato jurídico: plano da existência. 20. ed. São Paulo: Saraiva, 2014, p. 93.
[288] Ensina Marcos Bernardes de Mello: "No estudo da problemática da juridicidade o primeiro elemento essencial a considerar é a previsão, por norma jurídica, da hipótese fáctica

Esclarece Marcos Bernardes de Mello: "*Suporte fáctico, assim, constitui um conceito do mundo dos fatos, não do mundo jurídico, porque somente depois que se concretizam (= ocorram) no plano das realidades todos os elementos que o compõem é que se dá a incidência da norma, juridicizando-se e fazendo surgir o fato jurídico.*"[289]

Assim, percebe-se que somente existirá o negócio jurídico se o fato ocorrido na realidade puder ser juridicizado, ou seja, houver norma que atribua a esse fato os efeitos pretendidos pelas partes. Esse, nos parece, é um dos pressupostos para a existência de qualquer fato jurídico[290].

A doutrina, por sua vez, diverge quanto aos demais elementos de cerne e completantes do negócio jurídico. Carlos Roberto Gonçalves entende como elementos estruturais do negócio jurídico: a declaração de vontade, a finalidade negocial e a idoneidade do objeto.[291]

Orlando Gomes, por sua vez, entende que os elementos essenciais que determinam a existência do negócio jurídico são vontade e objeto.[292]

Procuraremos, nesse estudo, compilar esses posicionamentos, estabelecendo, como elementos estruturais ou essenciais: i) a incidência de norma jurídica, a juridicidade; ii) a declaração de vontade consciente com finalidade negocial; iii) a idoneidade do objeto, bem como, aplicando tais conceitos ao plano de recuperação judicial, objeto do presente estudo.

Assim, entendemos que o primeiro elemento estrutural para a existência do negócio jurídico é a *juridicidade*, ou seja, a incidência de norma jurídica

---

condicionante da existência do fato jurídico (= o antecedente da estrutura lógica da proposição normativa, a que Pontes de Miranda denominou suporte fáctico, traduzindo a expressão *Tatbestand*, criada pela doutrina alemã. (Teoria do fato jurídico: plano da existência. 20. ed. São Paulo: Saraiva, 2014, p. 81).

[289] Teoria do fato jurídico: plano da existência. 20. ed. São Paulo: Saraiva, 2014, p. 81.

[290] Importante é a observação de Marcos Bernardes de Mello: "Em verdade, consoante já demonstrado, a juridicidade somente existe por força da incidência de norma jurídica sobre fatos da vida que ela própria define como sendo seu suporte fáctico. Sem a definição normativa não há de falar-se em fato jurídico. Nada do mundo é jurídico por si. Daí, ressalta à evidência que uma *exteriorização consciente de vontade* somente poderá gerar um negócio jurídico se, estando prevista como suporte fáctico de norma jurídica, recebe sua incidência. Sem a previsão normativa vontade alguma pode ser considerada negócio jurídico, ou mesmo elemento constitutivo seu; será mero fato da vida, sem relevância jurídica alguma. (Teoria do fato jurídico: plano da existência. 20. ed. São Paulo: Saraiva, 2014, p. 227-228.)

[291] Direito civil brasileiro: parte geral – De acordo com a Lei n. 12.874/2013. 12. ed. São Paulo: Saraiva, 2014, p. 350.

[292] GOMES, Orlando. Introdução ao direito civil. Rio de Janeiro: Forense, 2010. p. 365.

reconhecendo os efeitos do fato da realidade. É a norma jurídica que trará os demais elementos estruturais do negócio.

É elemento estrutural do negócio jurídico *a declaração de vontade consciente* expressada pelo sujeito de direito no sentido de produzir os efeitos jurídicos pretendidos.[293]

Carlos Roberto Gonçalves esclarece que a vontade do sujeito deve ser exteriorizada, pois o ordenamento jurídico não atribui efeitos à vontade pensada e não dita, por isso, o elemento estrutural do negócio é a declaração da vontade e não a vontade por si.[294]

A declaração de vontade, por sua vez, pode ser expressa, manifestada por palavras ou gestos; tácita, revelada pelo comportamento do agente; ou presumida, ou seja, a declaração não realizada pelo agente, mas que produz efeitos de declaração por força de lei.[295]

A vontade, ainda, deve ser consciente e ter finalidade negocial. No negócio jurídico, diferente de outras espécies de fato jurídico, há necessidade de manifestação consciente do sujeito com um propósito específico de adquirir, conservar, modificar ou extinguir direitos ou obrigações.

Nesse sentido, ensina Pontes de Miranda:

> O elemento "consciência" é essencial à declaração de vontade e à manifestação de vontade (ato adeclarativo, que basta ao negócio jurídico). A manifestação de vontade de negócio há de ser, por exigência da teoria mesma do auto-regramento da vontade (dita da

---

[293] Optamos por não adentrar nas discussões acerca da diferença entre "declaração" e "manifestação" de vontade em razão do posicionamento firmado por Pontes de Miranda que entendeu que tanto a declaração como a manifestação de vontade são suficientes para existência do negócio jurídico: "No suporte fáctico do negócio jurídico, há de estar declaração suficiente de vontade ou manifestação suficiente de vontade. A prova de que o negócio jurídico pode ter, no seu suporte fáctico, mera manifestação de vontade, em vez de declaração de vontade, está em que o consumo de coisas pelo *dominus negotti* é suporte fáctico suficiente de negócio jurídico (...)"(Tratado de direito privado: parte geral: tomo III: Negócios jurídicos. Representação. Forma. Prova. 4. edição. São Paulo: Editora Revista dos Tribunais, 1983, v. III, p. 10).

[294] Direito civil brasileiro: parte geral – De acordo com a Lei n. 12.874/2013. 12. ed. São Paulo: Saraiva, 2014, p. 350.

[295] Direito civil brasileiro: parte geral – De acordo com a Lei n. 12.874/2013. 12. ed. São Paulo: Saraiva, 2014, p. 351.

autonomia privada), consciente. De modo que é suporte fáctico do negócio jurídico assim a declaração de vontade como o ato volitivo (adeclarativo), *desde que* a vontade, que ali se "declara" e aqui se "indicia", seja a de negociar (= concluir negócio jurídico).[296]

O sujeito de direito que celebra negócio jurídico deve ter o propósito de buscar os efeitos próprios previstos no ordenamento jurídico para aquela declaração ou manifestação de vontade. Essa finalidade existe, inclusive, nos negócios jurídicos unilaterais, visto que, o sujeito quando resolve testar, por exemplo, está imbuído da intenção de dispor o destino dos seus bens após a sua morte.

Por fim, entendemos que o último elemento estrutural do negócio jurídico é a *idoneidade do objeto*. Aqui não pretende tratar da licitude, possibilidade ou determinação do objeto que é questão de validade, mas sim da adequação do objeto à categoria jurídica escolhida pelos sujeitos na celebração do negócio jurídico.

Sobre esse conceito, importante é a lição de Carlos Roberto Gonçalves: "*A idoneidade do objeto é necessária para a realização do negócio que se tem em vista. Assim, se a intenção das partes é celebrar um contrato de mútuo, a manifestação de vontade deve recair sobre coisa fungível (...) Os demais bens são inidôneos para a celebração de tal negócio.*"[297]

Assim, no momento de se avaliar a existência do negócio jurídico, deve-se observar se o seu objeto é o adequado para que se produzam os efeitos pretendidos pelos sujeitos.

Ressalte-se que Marcos Bernardes de Mello entende que a possibilidade física também é elemento essencial do negócio jurídico. Entende o autor que o Código Civil, impropriamente, definiu a possibilidade como elemento de validade, mas, a seu ver, não há negócio jurídico no caso de impossibilidade material do objeto.[298]

---

[296] Tratado de direito privado: parte geral: tomo III: negócios jurídicos. Representação. Forma. Prova. 4. ed. São Paulo: Editora Revista dos Tribunais, 1983, v. III, p. 7.

[297] Direito civil brasileiro: parte geral – De acordo com a Lei n. 12.874/2013. 12. ed. São Paulo: Saraiva, 2014, p. 356.

[298] Explica o autor: "Coisa absolutamente insuscetível, por sua natureza, de apropriação, como o sol, as estrelas, não pode ser objeto de negócio jurídico, razão por que não se pode falar de sua nulidade, mas de inexistência por ausência de objeto. O mesmo ocorre quando o objeto é coisa que já não existe." (Teoria do fato jurídico: plano da validade. 14. ed. São Paulo: Saraiva, 2015, p. 159).

Aplicando-se tais conceitos ao plano de recuperação judicial, considerado, nesse estudo, como uma espécie de negócio jurídico, percebe-se que, com relação ao elemento da juridicidade, a norma incidente é a Lei nº 11.101/2005 que estabelece o conteúdo, forma de aprovação e efeitos. Essa norma vai estabelecer quais são os elementos estruturais desse plano.

Como estudado, a norma jurídica pode delimitar o sujeito de direito que terá capacidade de direito naquele fato jurídico. No caso do plano de recuperação judicial, possuem capacidade de direito para celebrar esse negócio jurídico, os credores sujeitos à recuperação judicial, os titulares de créditos existentes na data do pedido, ainda que não vencidos, com exceção daqueles previstos nos §§ 3º e 4º do artigo 49, da LFR, quais sejam: i) decorrentes de contrato de alienação fiduciária em garantia, arrendamento mercantil, compra e venda com reserva de domínio e compromisso de compra e venda com cláusula de irretratabilidade e irrevogabilidade; ii) os decorrentes de adiantamento a contrato de câmbio; e, ainda, os créditos fiscais, por força do disposto no artigo 187 do Código Tributário Nacional.

Os credores sujeitos, por sua vez, de acordo com a LFR, declaram a sua vontade: i) de forma expressa, por meio de votação na assembleia geral de credores ou; ii) de forma presumida: a) pela da ausência de objeções, no caso em que o plano for aprovado sem a necessidade de convocação de assembleia geral de credores; b) pela abstenção, quando a assembleia for convocada e o credor, apesar de comparecer, preferir não se manifestar e; c) pelo não comparecimento à assembleia geral de credores.

No caso da aprovação expressa do plano de recuperação judicial na assembleia geral de credores, a LFR atribui tal efeito caso haja preenchimento do quórum previsto no artigo 45[299], trazendo como consequência a submissão dos demais credores, dissidentes e ausentes, aos termos nele previstos.

---

[299] Art. 45. Nas deliberações sobre o plano de recuperação judicial, todas as classes de credores referidas no art. 41 desta Lei deverão aprovar a proposta. § 1º Em cada uma das classes referidas nos incisos II e III do art. 41 desta Lei, a proposta deverá ser aprovada por credores que representem mais da metade do valor total dos créditos presentes à assembleia e, cumulativamente, pela maioria simples dos credores presentes. § 2º Nas classes previstas nos incisos I e IV do art. 41 desta Lei, a proposta deverá ser aprovada pela maioria simples dos credores presentes, independentemente do valor de seu crédito. § 3º O credor não terá direito a voto e não será considerado para fins de verificação de *quorum* de deliberação se o plano de recuperação judicial não alterar o valor ou as condições originais de pagamento de seu crédito.

No caso de aprovação por ausência de objeções, a LFR presumiu a concordância dos credores, mesmo sem a manifestação de vontade expressa, nos termos do artigo 58.[300]

A declaração de vontade manifestada pelos credores tem finalidade específica, qual seja, formar a vontade de uma das partes do plano de recuperação judicial ao aceitar ou rejeitar os seus termos.

Ainda, no que se refere a idoneidade do objeto do plano de recuperação judicial, entendemos que somente é considerado objeto idôneo para fazer parte do plano de recuperação judicial os créditos a ele sujeitos, nos termos do artigo 49 da LFR.

No momento da concessão da recuperação judicial, o magistrado deve verificar a presença de tais elementos estruturais. Considerando as peculiaridades do plano de recuperação judicial, de sua elaboração, apresentação e aprovação, entendemos que, em regra, esses elementos estruturais são observados. Mesmo no caso da idoneidade do objeto, havendo a inclusão de créditos não sujeitos, não haverá razão para considerar o plano inexistente, devendo a questão ser tratada sob a ótica da validade e da eficácia, como será estudado adiante.

4.3 Plano da Validade

Reconhecida a existência do negócio jurídico pela presença dos elementos estruturais ou essenciais, passa-se ao exame da questão da sua validade.

Antônio Junqueira de Azevedo ensina: *"A validade é, pois, a qualidade que o negócio deve ter ao entrar no mundo jurídico consistente em estar de acordo com as regras jurídicas ('ser regular'). Validade é, como o sufixo da palavra indica, qualidade de um negócio existente. 'Válido' é adjetivo com que se qualifica o negócio jurídico formado de acordo com as regras jurídicas."*[301]

O reconhecimento da validade do negócio jurídico deve ser realizado a partir do exame do seu grau de incidência: admite-se a invalidade pela nulidade, ou, ainda, a invalidade pela anulabilidade.

---

[300] Art. 58. Cumpridas as exigências desta Lei, o juiz concederá a recuperação judicial do devedor cujo plano não tenha sofrido objeção de credor nos termos do art. 55 desta Lei ou tenha sido aprovado pela assembléia-geral de credores na forma do art. 45 desta Lei.
[301] Negócio jurídico. 4. ed. São Paulo: Editora Saraiva, 2002, p. 42.

4.3.1 Causas de Nulidade do Plano de Recuperação Judicial

O negócio jurídico nulo é aquele eivado de imperfeição insanável. Carlos Roberto Gonçalves explica: *"O negócio é nulo quando ofende preceitos de ordem pública, que interessam à sociedade. Assim, quando o interesse público é lesado, a sociedade o repele, fulminando-o de nulidade, evitando que venha a produzir os efeitos esperados pelo agente."*[302]

O Código Civil estabelece, em seu artigo 104, os requisitos de validade do negócio jurídico, quais sejam: i) agente capaz; ii) objeto lícito, possível, determinado ou determinável; e iii) forma prescrita ou não proibida por lei. Prevê, ainda, outras causas de invalidade do negócio jurídico, mencionadas no artigo 166, que serão estudadas a seguir.

A capacidade do agente é a chamada capacidade de exercício, ou seja, aptidão para praticar os atos da vida civil. De acordo com o artigo 5º do Código Civil[303] são capazes os maiores de dezoito anos ou os emancipados. Os artigos 3º e 4º do mesmo diploma elencam os absolutamente e relativamente incapazes. Esses somente poderão celebrar negócios jurídicos se devidamente representados ou assistidos.

Além da capacidade, há necessidade de se observar a presença da legitimação. Ensina Carlos Roberto Gonçalves: *"A incapacidade não se confunde com os impedimentos ou falta de legitimação. Esta é a incapacidade para a prática de determinados atos."*[304]

Trata-se da hipótese em que, apesar de haver capacidade para os atos da vida civil, o agente não pode praticar aquele determinado ato, como o caso do mandatário que não está legitimado a adquirir bens sob sua administração, nos termos do artigo 497 do Código Civil.

---

[302] Direito civil brasileiro: parte geral – de acordo com a Lei n. 12.874/2013. 12. ed. São Paulo: Saraiva, 2014, p. 474.

[303] Art. 5º A menoridade cessa aos dezoito anos completos, quando a pessoa fica habilitada à prática de todos os atos da vida civil. Parágrafo único. Cessará, para os menores, a incapacidade: I – pela concessão dos pais, ou de um deles na falta do outro, mediante instrumento público, independentemente de homologação judicial, ou por sentença do juiz, ouvido o tutor, se o menor tiver dezesseis anos completos; II – pelo casamento; III – pelo exercício de emprego público efetivo; IV – pela colação de grau em curso de ensino superior; V – pelo estabelecimento civil ou comercial, ou pela existência de relação de emprego, desde que, em função deles, o menor com dezesseis anos completos tenha economia própria.

[304] Direito civil brasileiro: parte geral – De acordo com a Lei n. 12.874/2013. 12. ed. São Paulo: Saraiva, 2014, p. 359.

O objeto do negócio jurídico, por sua vez, deve ser lícito, possível, determinado ou determinável. Sendo o negócio jurídico representativo de uma relação jurídica obrigacional, o seu objeto é a prestação e pode ser imediato ou mediato. Silvio de Salvo Venosa faz a distinção: "(...) *podemos distinguir o objeto imediato ou conteúdo, que são os efeitos jurídicos a que o negócio tende, de acordo com as manifestações de vontade e a lei aplicável; e o objeto mediato, ou objeto propriamente dito, que é aquilo sobre o que recaem aqueles efeitos.*"[305]

O objeto é lícito quando não ofende a lei, a moral e os bons costumes e a ordem pública. Perceba-se que o conceito de ilicitude é mais amplo do que o de ilegalidade, na medida em que, também é ilícito o que ofende a moral, os bons costumes e a ordem pública.[306]

A impossibilidade do objeto pode ser física ou jurídica. A impossibilidade física é aquela decorre de impedimento de ordem material, que resulta da natureza do objeto mediato da prestação, como celebrar um contrato de compra e venda de um terreno em Marte.[307]

A impossibilidade jurídica é aquela que decorre de proibição legal ou contratual. Havendo norma jurídica que proíba a alienação de determinado objeto ou serviço o negócio jurídico será nulo, como a norma prevista no artigo 426 do Código Civil que proíbe negócio que tenha por objeto herança de pessoa viva. Da mesma forma, haverá impossibilidade jurídica se as partes fizeram incidir sobre o objeto uma cláusula de inalienabilidade.

O objeto ainda deve ser determinado ou determinável. A regra é que a prestação deve ser determinada no momento da celebração do negócio: as partes devem estabelecer o objeto imediato: dar, fazer ou não fazer, bem como, o objeto mediato: o bem ou serviço negociado. O legislador, porém, admitiu que a determinação do objeto seja realizada posteriormente, até o momento da execução da obrigação. Observa Antônio Junqueira de

---

[305] Direito civil: parte geral. 13. ed. São Paulo: Atlas, 2013, v. I, p. 382.
[306] Ensina Marcos Bernardes de Mello: "O conceito de ilicitude do objeto do negócio jurídico, assim, está, essencialmente, relacionado ao de conformidade com o direito, expressão, como vimos antes (§13), que não restringe ao aspecto da pura legalidade, mas inclui a questão da moralidade e do respeito à ordem pública. Objeto ilícito é aquele contrário a direito, portanto, não somente à lei, mas também à moral (bons costumes) e à ordem pública." (Teoria do fato jurídico: plano da validade. 14. ed. São Paulo: Saraiva, 2015, p. 133).
[307] Já ressaltamos que Marcos Bernardes de Mello entende que tal impossibilidade seria causa de inexistência de negócio jurídico e não de invalidade, mas esse não foi o entendimento adotado pelo Código Civil que a elenca como causa de invalidade por nulidade (art. 166). (Teoria do fato jurídico: plano da validade. 14. ed. São Paulo: Saraiva, 2015, p. 159).

Azevedo: *"O que não é possível é a indeterminação absoluta, como a constante da seguinte estipulação: pagarás o que quiseres."*[308]

Por fim, o negócio jurídico deve observar a forma prescrita em lei, se houver. O legislador civilista adotou a regra da liberdade das formas, nos termos do artigo 107 do Código Civil[309]. Assim, a observância da forma somente é obrigatória se houver previsão legal nesse sentido.

A ausência de preenchimento dos requisitos de validade faz com que o negócio jurídico seja nulo, nos termos do artigo 166, I, II, IV e V, do Código Civil.[310] No caso da capacidade, o negócio celebrado por absolutamente incapaz é nulo; o celebrado por relativamente incapaz é anulável.

O artigo 166, III, do Código Civil, estabelece a nulidade do negócio jurídico quando o motivo determinante de sua celebração, comum a ambas as partes, for ilícito.

O motivo é a razão pela qual o negócio jurídico foi celebrado. Marcos Bernardes de Mello faz a distinção entre objeto e motivo: *"Motivo, porque é móvel psíquico, razão condutora do ato, constitui questão fáctica, não jurídica per se. Objeto, ao contrário, por dizer respeito à atribuição jurídica do negócio, tem natureza exclusivamente jurídica, nunca fáctica."*[311]

O motivo, em regra, não é relevante para o direito; será quando for determinante, for ilícito e comum a ambas as partes. O motivo é determinante quando se prova que as partes não teriam celebrado o negócio por outra razão. É ilícito quando ofende a lei, a ordem pública, a moral e os bons costumes e, ainda, deve ser comum a todos os agentes envolvidos. [312]

---

[308] Negócio Jurídico. 4. ed. São Paulo: Editora Saraiva, 2002, p. 44.
[309] Art. 107. A validade da declaração de vontade não dependerá de forma especial, senão quando a lei expressamente a exigir.
[310] Art. 166. É nulo o negócio jurídico quando: I – celebrado por pessoa absolutamente incapaz; II – for ilícito, impossível ou indeterminável o seu objeto; III – o motivo determinante, comum a ambas as partes, for ilícito; IV – não revestir a forma prescrita em lei; V – for preterida alguma solenidade que a lei considere essencial para a sua validade; VI – tiver por objetivo fraudar lei imperativa; VII – a lei taxativamente o declarar nulo, ou proibir-lhe a prática, sem cominar sanção.
[311] Teoria do fato jurídico: plano da validade. 14. ed. São Paulo: Saraiva, 2015, p. 164.
[312] Marcos Bernardes de Mello exemplifica: "(...) grupo de pessoas constitui uma sociedade cuja finalidade declarada seja desenvolver atividades de lazer, mas que o motivo que levou ao negócio seja o de explorar jogo proibido. Tal sociedade tem objeto lícito, porém motivo ilícito." (Teoria do fato jurídico: plano da validade. 14. ed. São Paulo: Saraiva, 2015, p. 164).

Marcos Bernardes de Mello critica a adoção do instituto pelo Código Civil de 2002:

> (...) a ilicitude do motivo, comum a todos os figurantes do negócio jurídico, como causa de nulidade, parece-nos inócua, porque de difícil constatação na prática (...) A dificuldade de prova é evidente. Bastará que não se consiga provar o motivo ilícito de um dos figurantes para que se descaracterize a invalidade.[313]

Realmente, se trata de hipótese de difícil aferição prática pelas razões apontadas pelo autor.

O artigo 166, VI e VII, do Código Civil, trata da hipótese de nulidade em razão do negócio ter por objetivo fraudar lei imperativa e da hipótese em que a lei taxativamente o declarar nulo, ou proíbe a sua prática, sem cominar sanção. As duas hipóteses versam sobre a violação à norma cogente.

O caso previsto no artigo 166, VII, é o da violação à norma cogente proibitiva. Em diversos momentos na legislação, é possível encontrar hipóteses em que a própria lei impõe como consequência a nulidade do negócio jurídico[314]. Considerando que a própria lei atribui a consequência da violação da norma pelos agentes, considera-se que a nulidade é *expressa ou textual*.

Há situações, entretanto, em que a lei proíbe a prática de determinado ato, mas não impõe, expressamente, a nulidade como efeito da prática proibida. Marcos Bernardes de Mello entende que:

> (...) não é correta a afirmativa de que a violação de norma cogente tem sempre a nulidade como sanção, porque depende de como a própria norma jurídica trata a infração. Se a norma jurídica prevê outra penalidade para o ato que a infrinja, não haverá nulidade, como se pode concluir da norma do art. 166, VII, do Código Civil.[315]

---

[313] Teoria do fato jurídico: plano da validade. 14. ed. São Paulo: Saraiva, 2015, p. 167-168.
[314] Como exemplo as disposições sobre o contrato de doação: Art. 548. É nula a doação de todos os bens sem reserva de parte, ou renda suficiente para a subsistência do doador. Ainda: Art. 549. Nula é também a doação quanto à parte que exceder à de que o doador, no momento da liberalidade, poderia dispor em testamento.
[315] Teoria do fato jurídico: plano da validade. 14. ed. São Paulo: Saraiva, 2015, p. 136.

Assim, se a lei proíbe a prática, mas comina sanção, esta deve prevalecer. Porém, se a lei proíbe a prática, mas não comina sanção, o negócio será nulo. Carlos Roberto Gonçalves esclarece:

> Outras vezes a lei não declara expressamente a nulidade do ato, mas proíbe a sua prática ou submete a sua validade à observância de certos requisitos de interesse geral. Utiliza-se, então, de expressões como 'não pode' (arts. 426 e 1.521), 'não se admite' (art. 380), 'ficará sem efeito' (arts. 483 e 485) etc. Em tais hipóteses, dependendo da natureza da disposição violada, a nulidade está subentendida, sendo chamada de virtual ou implícita (...).[316]

Nesses casos, há violação à norma cogente proibitiva, admitindo-se, expressa ou implicitamente, a nulidade como efeito da violação da proibição legal, ou não se aplicando a nulidade quando a própria lei estabelecer outra consequência.

Por fim, questão relevante é a prevista no inciso VI que trata da nulidade do negócio que tem por objetivo fraudar lei imperativa. Parece incontroverso que a lei imperativa, prevista no artigo 166, VI, do Código Civil é a norma cogente. A discussão, aqui, reside no objetivo de "fraudar". Marcos Bernardes de Mello esclarece:

> É usual, em doutrina e em julgados, o emprego das expressões como ato em fraude à lei, *in fraudem legis agere*, fraude à lei, *fraus legis*, para designar aquele procedimento através do qual, por meios indiretos, aparentemente lícitos, viola-se norma jurídica cogente, obtendo resultado por ela proibido (norma jurídica cogente proibitiva) ou impedindo que fim por ela imposto se realize (norma cogente impositiva).[317]

O que se discute é a necessidade da prova da intencionalidade do agente em fraudar a norma cogente para que ocorra a declaração de nulidade do negócio celebrado.

---

[316] Direito civil brasileiro: parte geral – De acordo com a Lei n. 12.874/2013. 12. ed. São Paulo: Saraiva, 2014, p. 477.
[317] Teoria do fato jurídico: plano da validade. 14. ed. São Paulo: Saraiva, 2015, p. 138.

O autor mencionado entende que não há necessidade da prova da intencionalidade:

> Não há dúvida de que a intenção de violar a lei aparentando licitude está presente, em geral, nos atos de infração indireta à lei. Não, porém, com caráter de necessidade. A boa ciência tem demonstrado que a intencionalidade constitui circunstância de todo irrelevante quando se trata de caracterizar a infração indireta da norma jurídica, salvo se a própria norma jurídica a tem como elemento de seu suporte fático. Por se tratar de um modo de infringir a norma jurídica, não importa se foi intencional, de má-fé, fraudulenta (o que ocorre na grande maioria dos casos), ou se foi inocente, se o figurante não conhecia a proibição ou a imposição, e, portanto, tenha agido de boa-fé, sem a mínima intenção e praticar a infração. O princípio da inalegabilidade da *ignorantia iuris* parar furtar-se a cumprir a lei, tal como consubstanciado nos arts. 3º da Lei de Introdução às Normas do Direito Brasileiro e 16 do Código Penal, impõe essa conclusão.[318]

No mesmo sentido, é o entendimento de Cristiano Chaves de Farias e Nelson Rosenvald: *"Na realidade, o negócio in fraudem legis é o que foge da incidência da norma jurídica ou das obrigações legais, sendo realizado sob forma diferenciada. A nulidade por fraude é objetiva, não estando atrelada à intenção de burlar o mandamento legal. Havendo contrariedade à lei, pouca interessa se o declarante tinha, ou não, o propósito fraudatório."*[319]

Como se não bastasse o posicionamento de tais autores, é cediço que o Código Civil, no artigo 166, II, declarou nulo o negócio cujo objeto seja ilícito. Nesse momento, é importante a lição de Marcos Bernardes de Mello:

> No plano da validade, o conceito de objeto do negócio jurídico tem sentido lato que inclui o de objeto da prestação, consoante mencionamos antes. Desse modo, tanto a ilicitude da atribuição jurídica (resultado) que se pretende com o negócio jurídico (objeto

---

[318] Teoria do fato jurídico: plano da validade. 14. ed. São Paulo: Saraiva, 2015, p. 141.
[319] Curso de direito civil: parte geral e LINDB. 13. ed. rev., ampl. e atual. São Paulo: Atlas, 2015, p. 526.

do negócio jurídico em senso próprio) como a do objeto da prestação (=coisa ou ato humano com que se adimple a obrigação) acarretam a sua invalidade.[320]

Assim, a ilicitude não está proibida somente no objeto da prestação, ou seja, na conduta humana ou no bem ou serviço objeto do negócio, mas no próprio negócio em si.

Como já visto, a ilicitude tem um conceito mais amplo do que a ilegalidade, porque é caracterizada como a violação à lei, mas também à moral, aos bons costumes e à ordem pública, corroborando o entendimento de que, havendo violação à norma cogente, com ou sem intencionalidade, nulo será o ato jurídico, pois, o objetivo do legislador foi proteger a ordem pública.

Há outra causa de nulidade prevista no artigo 167 do Código Civil[321], é a simulação. Considera-se simulado o negócio quando aparentarem conferir ou transmitir direitos a pessoas diversas daquelas às quais realmente se conferem, ou transmitem; contiverem declaração, confissão, condição ou cláusula não verdadeira ou; os instrumentos particulares forem antedatados, ou pós-datados.

Diferente do previsto no Código Civil de 1916, o legislador de 2002 entendeu que a simulação é causa de nulidade e não de anulabilidade do negócio jurídico.

Examinadas as causas de nulidade previstas no Código Civil, passa-se ao exame das causas de nulidade do plano de recuperação judicial.

Entendemos que o plano de recuperação judicial é um negócio jurídico, portanto, sobre ele recai a análise do preenchimento dos requisitos de validade mencionados pelo Código Civil e acima estudados.

Os agentes que celebram esse negócio são o devedor e os credores, que devem ser capazes e legitimados para manifestar suas vontades. A capacidade do devedor e a regularidade de sua representação são

---

[320] Teoria do fato jurídico: plano da validade. 14. ed. São Paulo: Saraiva, 2015, p. 134.
[321] Art. 167. É nulo o negócio jurídico simulado, mas subsistirá o que se dissimulou, se válido for na substância e na forma. § 1º Haverá simulação nos negócios jurídicos quando: I – aparentarem conferir ou transmitir direitos a pessoas diversas daquelas às quais realmente se conferem, ou transmitem; II – contiverem declaração, confissão, condição ou cláusula não verdadeira; III – os instrumentos particulares forem antedatados, ou pós-datados. § 2º Ressalvam-se os direitos de terceiros de boa-fé em face dos contraentes do negócio jurídico simulado.

verificadas pelo juiz no momento em que defere o processamento da recuperação judicial.

Com relação ao credor, caso não haja objeções ao plano, a aprovação é tácita, presumindo-se a concordância dos credores por força de lei. Nessa hipótese, não se verifica a capacidade de cada credor, um a um, o que não representa uma ilegalidade, já que se trata de procedimento inerente aos negócios dessa natureza.

Caso haja objeções, o plano será aprovado em assembleia de credores devidamente convocada para esse fim. O administrador judicial é o presidente da assembleia, assim, cabe a ele a verificação da capacidade civil e da representação dos credores, não permitindo que exerçam o direito de voto os incapazes que não estiverem devidamente representados ou assistidos ou as pessoas jurídicas que não estiverem representadas nos termos dos seus atos constitutivos.[322]

Nessa hipótese, havendo alguma falha nessa verificação, entendemos haver eventual invalidade, provocada por problema decorrente de vício na manifestação de vontade daquele credor, com a consequente nulidade ou anulabilidade do voto por ele dado, sem comprometer, *per si*, a validade do plano de recuperação judicial.

Isto porque, o Código Civil, em seu artigo 184[323], admite a invalidade parcial, com a manutenção da parte válida, desde que separável. Parece-nos esse o caso, pois sendo o plano de recuperação judicial um negócio jurídico complexo[324], não é plausível que se declare a nulidade do plano em razão da incapacidade de um ou alguns dos credores, bastando, para tanto, desconsiderar a sua presença inclusive para fins de cômputo do quórum

---

[322] Como mencionado anteriormente, não pretendemos, nesse trabalho, tratar da validade ou invalidade da manifestação dos credores na assembleia. Isto porque, dada sua complexidade, mereceria trabalho próprio. Porém, traremos o posicionamento da doutrina sobre algumas questões relevantes sem, contudo, enfrentá-las uma a uma.

[323] Art. 184. Respeitada a intenção das partes, a invalidade parcial de um negócio jurídico não o prejudicará na parte válida, se esta for separável; a invalidade da obrigação principal implica a das obrigações acessórias, mas a destas não induz a da obrigação principal.

[324] Silvio de Salvo Venosa explica o conceito: "São negócios jurídicos *complexos* aqueles em que há um conjunto de manifestações de vontade, sempre mais de uma, sem existirem interesses antagônicos, como o contrato de sociedade. As partes procuram uma finalidade comum." (Curso de direito civil: parte geral e LINDB. 13. ed. rev., ampl. e atual. São Paulo: Atlas, 2015, p. 344).

de instalação da assembleia, e apurando-se o resultado final a partir dos votos dos demais.[325]

Com relação ao objeto do plano de recuperação judicial, entendemos que o objeto imediato é a constituição de novas obrigações, com características próprias, em substituição às anteriormente firmadas – a novação – com o objetivo de proporcionar a recuperação da atividade econômica do devedor. O objeto mediato se constitui pelos próprios créditos sujeitos ao plano.

O objeto do plano de recuperação deve ser lícito, possível, determinado ou determinável.

Como já visto, o objeto ilícito é aquele que viola a lei, a moral, os bons costumes e a ordem jurídica.

A licitude do objeto do plano de recuperação judicial nos parece presente, já que o objeto imediato é a constituição de novas obrigações.

Questão que se coloca é a da eventual ilicitude de um dos créditos originários, que será extinta com a aprovação do plano.

Entendemos que, tratando-se de negócio jurídico complexo, a ilicitude de algum dos créditos, por qualquer motivo, inclusive a simulação, hipótese bastante comum, não invalida o plano como um todo, devendo ser declarada a nulidade daquele crédito e desconsiderado para fins de apuração de quórum de instalação da assembleia e de aprovação do plano de recuperação judicial. Tal entendimento, a nosso ver, se coaduna com o disposto no artigo 39, § 2º, que determina a impossibilidade de invalidação de deliberação da assembleia por posterior decisão judicial acerca da existência, quantificação ou classificação dos créditos. Isto porque, tal dispositivo tem por objetivo tratar da hipótese de eventual decisão proferida nos autos de impugnação de crédito e, ademais, a nulidade é

---

[325] Nesse sentido é o entendimento de Erasmo Valladão A. e N. França: "(...) Há de se distinguir, nessa matéria, três diferentes espécies de vício, com consequências também diversas: (a) *vícios da própria Assembleia* – que pode ter sido irregularmente *convocada* (ou mesmo, não convocada) ou *instalada*, hipótese em que a sua invalidação trará como consequência, obviamente, a invalidade de *todas as deliberações* que nela forem tomadas; (b) *vícios nas deliberações* – nessa hipótese, o vício de uma das deliberações não se estende às demais, que não sejam viciadas; (c) *vícios de voto* – nessa hipótese, o vício do voto só acarretaria o vício de determinada deliberação se o voto foi decisivo para a formação da maioria; senão, será irrelevante, só atingindo o próprio voto viciado. São completamente diversos, pois, os vícios em questão. (SOUZA JUNIOR, Francisco Satiro; PITOMBO, Antônio Sérgio A. de Moraes. Comentários à Lei de recuperação de empresas e falência: Lei 11.101/2005. São Paulo: Editora Revista dos Tribunais, 2007, p. 190-191).

matéria de ordem pública que pode ser reconhecida de ofício pelo juiz, não podendo ser ignorada. Ainda, não entendemos pela necessidade de invalidação da assembleia, mas da recontagem dos votos desconsiderando o do titular do crédito reconhecido como inválido.[326]

O objeto deve ser possível. No caso da recuperação judicial, também se aplicam os mesmos conceitos já estudados. Poderia haver impossibilidade do objeto, por exemplo, se o devedor oferecesse em pagamento de determinada classe de credores objeto dotado de impossibilidade física ou jurídica, como, por exemplo, bem onerado com cláusula de inalienabilidade.

O objeto, ainda, deve ser determinado ou determinável. Como o objeto do plano de recuperação judicial é a repactuação dos pagamentos dos credores, verifica-se que a forma e valores de pagamento devem ser determinados ou determináveis no momento do vencimento da obrigação ou de sua execução.

O Tribunal de Justiça de São Paulo[327] firmou entendimento no sentido de que, contendo o plano obrigação ilíquida, por não conter os valores das

---

[326] Ensina Erasmo Valladão A. e N. França ao comentar o artigo 39, § 2º, da LFR: "O dispositivo sob comentário deve ser interpretado em termos que conduzam a um sentido ético que se presume sempre buscado pelo legislador. O que se deve entender é que as deliberações da Assembléia-Geral não serão invalidadas pelo só fato de ocorrer uma decisão judicial posterior acerca da existência, quantificação ou classificação de créditos. O que não quer dizer que, verificada posteriormente, por decisão judicial, a existência, por exemplo, de um crédito forjado, que tenha sido determinante para a deliberação de aprovação de uma recuperação judicial absolutamente inviável, com a nomeação de um gestor judicial conluiado com o devedor etc., não possam os interessados requerer a anulação da deliberação." (SOUZA JUNIOR, Francisco Satiro; PITOMBO, Antônio Sérgio A. de Moraes. Comentários à Lei de recuperação de empresas e falência: Lei 11.101/2005. São Paulo: Editora Revista dos Tribunais, 2007, p. 212).

[327] RECUPERAÇÃO JUDICIAL. PLANO DE RECUPERAÇÃO. Proposta de pagamento com definição de valores. Mera estimativa, entretanto, sem alternativa para a hipótese de não existir sobra de fluxo de caixa. Ausência, ademais, de data certa para o pagamento. Recuperação Judicial. Plano que prevê venda de imóvel e pagamento de parte do saldo devedor com o respectivo produto. Ausência, porém, de prazo para concretização da operação, assim como de formas de pagamento, além da falta de alternativa para a hipótese de não ocorrer. Recuperação Judicial. Previsão de pagamento de credores trabalhistas em um ano, contado da homologação do plano. Inadmissibilidade. Questão de ordem pública e que pode se resolvida de ofício. Determinação de pagamento em um ano, contado do ajuizamento da recuperação. Recurso parcialmente provido. (Relator(a): Araldo Telles; Comarca: Barueri; Órgão julgador: 2ª Câmara Reservada de Direito Empresarial; Data do julgamento: 10/04/2015; Data de registro: 03/07/2015) (grifamos).

parcelas, tampouco, parâmetro para calculá-los no momento da execução, o plano deve ser considerado nulo, por ser impossível executá-lo, em caso de descumprimento. Da mesma forma, se não contém prazo certo para pagamento ou para cumprimento da obrigação, seja com relação ao número de parcelas, seja com relação ao vencimento delas. No mesmo sentido, entendeu o Tribunal de Justiça do Paraná[328].

Nessas hipóteses, não havendo como apurar o valor da parcela, o vencimento e o prazo de pagamento, entendemos tratar-se de indeterminação do objeto, o que faz com que não preencha o requisito de validade previsto no artigo 104, II, do Código Civil, sendo eivado de nulidade. Aqui, entretanto, acreditamos que não seja possível separar a parte válida do plano, já que a indeterminação compromete o cerne da obrigação que se pretendia constituir.

Por fim, quanto à forma, verifica-se que, no caso do plano de recuperação judicial, o artigo 53 da LFR exige a forma escrita. Estabelece, inclusive, que o plano deve ser apresentado nos autos do processo de recuperação judicial. O plano que não observa tal forma é nulo.

O artigo 56, § 3º, da LFR[329], admite, entretanto, a possibilidade de o plano de recuperação judicial sofrer alterações durante a assembleia geral de credores e não estabelece forma para que tais alterações sejam realizadas. Os Tribunais vêm admitindo a realização de alterações ou aditamentos, de forma verbal ou escrita, desde que:

---

[328] DIREITO PROCESSUAL CIVIL E CIVIL.AGRAVO DE INSTRUMENTO. AÇÃO DE RECUPERAÇÃO JUDICIAL. HOMOLOGAÇÃO DO PLANO DE RECUPERAÇÃO JUDICIAL APROVADO EM ASSEMBLEIA GERAL DE CREDORES. AUSÊNCIA ESPECÍFICA DOS VALORES LÍQUIDOS DE CADA PARCELA. INVIABILIDADE DO CUMPRIMENTO DO PLANO DE RECUPERAÇÃO E SUA EXECUÇÃO. FALTA DE LIQUIDEZ E CERTEZA DO QUANTUM A SER PAGO. CONCORDÂNCIA DE OUTRO CREDOR INTERESSADO. NECESSIDADE DE ANULAR O PLANO DE RECUPERAÇÃO JUDICIAL. RECURSO PROVIDO. (TJ-PR – Ação Civil de Improbidade Administrativa: 9844820 PR 984482-0 (Acórdão), Relator: Mário Helton Jorge, Data de Julgamento: 13/11/2013, 17ª Câmara Cível, Data de Publicação: DJ: 1266) (grifamos).

[329] Art. 56. Havendo objeção de qualquer credor ao plano de recuperação judicial, o juiz convocará a assembléia-geral de credores para deliberar sobre o plano de recuperação. (...) § 3º O plano de recuperação judicial poderá sofrer alterações na assembléia-geral, desde que haja expressa concordância do devedor e em termos que não impliquem diminuição dos direitos exclusivamente dos credores ausentes.

a) haja tempo hábil para que os credores analisem as alterações propostas;[330] A legislação uruguaia, Ley 18.387/2008, prevê que a alteração na proposta deve ser apresentada com antecedência mínima de 15 dias, para que os credores possam examiná-las.[331]
b) tais alterações não impliquem diminuição dos direitos, exclusivamente, dos credores ausentes.[332]

Assim, ausente um desses requisitos de validade, a cláusula do plano deve ser considerada nula, se houver possibilidade de separá-la das demais. Não sendo possível, deve-se declarar a nulidade do plano de recuperação judicial, por força dos artigos 166, I, II, IV e V, do Código Civil.

---

[330] AGRAVO. RECUPERAÇÃO JUDICIAL. Alteração substancial e profunda do plano de recuperação judicial proposta sem observância de publicidade com antecedência razoável para o comparecimento de todos os credores. Vulneração dos princípios da lealdade, confiança e boa-fé objetiva. Natureza contratual da recuperação judicial que exige, na fase pré-contratual, conduta proba, honesta e ética, sob pena de afronta à boa-fé objetiva do art. 421 do Código Civil. A liberdade de contratar deve ser exercida sob a luz da função social da recuperação judicial. Inteligência do art. 421 do Código Civil. Agravo parcialmente provido para anular a Assembleia-Geral, ordenando-se convocação de outro conclave no qual, o plano, observe as regras do art. 53 da Lei nº 11.101/2005. (Relator(a): Pereira Calças; Comarca: São Paulo; Data do julgamento: 22/11/2011; Data de registro: 22/11/2011) (grifamos).

[331] Artículo 141. (Irrevocabilidad e inmodificabilidad de las propuestas).- El deudor no podrá revocar la propuesta o las propuestas de convenio que hubiera presentado. El deudor sólo podrá modificar la propuesta o propuestas de convenio que hubiera presentado si las modificaciones cumplen acumulativamente con los siguientes requisitos: 1) No alteran sustancialmente la propuesta. 2) Comportan condiciones más favorables para todos los acreedores quirografarios o para algunos de ellos. 3) Se introducen con una anticipación mínima de quince días a la fecha fijada para la Junta de Acreedores.

[332] AGRAVO DE INSTRUMENTO. Recuperação judicial. Homologação de plano aprovado pela assembleia. Alegação de irregularidades no procedimento de aditamento do plano, sem respeito aos prazos para manifestação dos credores. Inocorrência. Aditamento apresentado em primeira sessão da assembleia, observado um mês de intervalo para manifestação dos credores. Permissão legal a que a assembleia modifique o plano, desde que não prejudicados exclusivamente os ausentes. Incidência do art. 56, § 3º, da lei especial. Caso, ademais, em que as alterações melhoraram a situação dos credores. Deságio de 40% e carência de um ano. Inexistência de ilegalidade *a priori*. Precedentes. Medidas necessárias para a preservação da empresa. Ausência de qualquer indicativo de que a recuperação poderia se dar de outra forma. Decisão mantida. Recurso desprovido. (Relator(a): Claudio Godoy; Comarca: São Paulo; Órgão julgador: 1ª Câmara Reservada de Direito Empresarial; Data do julgamento: 11/03/2015; Data de registro: 13/03/2015) (grifamos).

O artigo 166, III, do Código Civil, trata da hipótese em que o motivo determinante para celebração do negócio, comum às partes, for ilícito. Como estudado, trata-se de hipótese de difícil aplicação, especialmente no âmbito da recuperação judicial em que o devedor, para ter o seu pedido deferido, deve apresentar uma série de documentos que demonstrarão a veracidade da crise por ele enfrentada. Nada impede, porém, o magistrado de declará-lo nulo se comprovada a ilicitude do motivo determinante para apresentação do plano.

Poderia se cogitar a hipótese de o devedor valer-se da recuperação judicial para, em conluio com o credor, forjar uma crise que, na realidade, não existe. Estaríamos diante, talvez, de recuperação judicial simulada que também poderia ser declarada nula, se comprovada, por força do artigo 167 do Código Civil.

Assim, nos resta enfrentar a hipótese de fraude à lei imperativa, bem como a hipótese de violação dos princípios aplicáveis à recuperação judicial, além do abuso de direito.

4.3.1.1 Cláusulas que Violam Lei Imperativa

O artigo 166, VI, do Código Civil, trata da nulidade do negócio jurídico que tem por objetivo fraudar lei imperativa. Como estudado, discute-se se há necessidade da prova da intencionalidade para que se configure a nulidade do negócio.

O artigo 166, VII, do Código Civil, por sua vez, trata da nulidade por violação de norma que preveja, explicita ou implicitamente, a nulidade como consequência de seu descumprimento. Ressaltamos, porém, que há casos em que a lei pode estabelecer outra consequência à sua violação, hipótese em que tal consequência prevalecerá, não havendo que se falar em nulidade.

Dessa forma, havendo ilegalidade, ou seja, afronta à lei imperativa, o negócio jurídico será nulo.

A expressão "norma imperativa" deve ser interpretada como norma cogente. Importante é a lição de André Franco Montoro:

> Normas imperativas, também denominadas tradicionalmente coativas, absolutas ou absolutamente cogentes – são as que possuem obrigatoriedade absoluta. Mandam ou proíbem de

modo incondicionado, isto é, não podem deixar de ser aplicadas, nem modificadas pela vontade dos que lhe são subordinados. (...) é oportuno observar que a expressão norma "imperativa" pode receber, na linguagem jurídica, três significações diferentes: 1. em sentido amplíssimo, como vimos, toda norma jurídica é imperativa; as próprias normas permissivas ou supletivas são, de certo modo, obrigatórias ou imperativas; a lei "manda" que certos atos sejam "permitidos", ou que, se aplique "supletivamente" determinada disposição; 2. em sentido menos amplo, norma imperativa é a norma jurídica que manda ou proíbe de modo absoluto e não pode ser alterada pela vontade das partes, isto é, são as normas de ordem pública. 3. em sentido estrito, a expressão se restringe às normas imperativas "positivas", com exclusão das imperativas negativamente ou proibitivas.[333]

A distinção entre norma cogente proibitiva e norma cogente impositiva ou imperativa. A norma cogente proibitiva é "negativa", aquela que proíbe, expressamente, determinada conduta. A norma cogente impositiva ou imperativa é "positiva", aquela que impõe determinada conduta.

A LFR estabeleceu normas cogentes imperativas e, também, proibitivas que limitam a atuação dos sujeitos – devedor e credores – na negociação do conteúdo do plano de recuperação judicial.

O artigo 54 da LFR, por exemplo, determina que: "O plano de recuperação judicial não poderá prever prazo superior a 1 (um) ano para pagamento dos créditos derivados da legislação do trabalho ou decorrentes de acidentes de trabalho vencidos até a data do pedido de recuperação judicial."

Trata-se de norma cogente proibitiva, não podendo ser derrogada por convenção das partes, ainda que decorra da unanimidade dos credores desta classe.

Ainda que tais normas sejam positivas, ou seja, não proíbam, mas imponham determinadas condutas, sobre elas não há como prevalecer a autonomia da vontade. É o caso do artigo 73, IV, da LFR, que determina: "O juiz decretará a falência durante o processo de recuperação judicial:

---

[333] Introdução à ciência do direito. 24. ed. São Paulo: Editora Revista dos Tribunais, 1997, p. 340-341.

(...) IV – por descumprimento de qualquer obrigação assumida no plano de recuperação, na forma do § 1º do art. 61 desta Lei."

Nesse caso, apesar do legislador não proibir expressamente nenhuma conduta, a norma não deixa de ser considerada cogente, na medida em que impõe uma situação obrigatória sobre a qual as partes não podem dispor em sentido contrário. Tal entendimento se justifica no fato de que toda lei é imperativa. A norma dispositiva[334], ou seja, aquela que ressalva a vontade das partes é expressamente indicada pelo legislador com expressões como "salvo disposição em contrário", "se as partes não convencionarem em sentido contrário".

Seguindo tal entendimento, é cediço que o plano de recuperação judicial não poderá tratar de assuntos sobre os quais há normas cogentes na LFR. Tem se entendido como norma cogente:

i) o disposto no artigo 54 da LFR[335] que estabelece os prazos para pagamento dos créditos trabalhistas;
ii) o disposto no artigo 66 da LFR[336] que proíbe a alienação ou oneração dos bens ou direitos do ativo permanente do devedor, salvo com autorização judicial e do comitê e evidente utilidade;
ii) o disposto no artigo 73 da LFR[337] que estabelece as hipóteses de convolação de recuperação judicial em falência.

[334] Ensina André Franco Montoro: "Normas dispositivas – também denominadas indicativas, simplesmente dispositivas, ou relativamente cogentes: são as que se limitam a permitir determinado ato ou a suprir a manifestação de vontade das partes." (Introdução à ciência do direito. 24. ed. São Paulo: Editora Revista dos Tribunais, 1997, p. 340-341).

[335] Art. 54. O plano de recuperação judicial não poderá prever prazo superior a 1 (um) ano para pagamento dos créditos derivados da legislação do trabalho ou decorrentes de acidentes de trabalho vencidos até a data do pedido de recuperação judicial. Parágrafo único. O plano não poderá, ainda, prever prazo superior a 30 (trinta) dias para o pagamento, até o limite de 5 (cinco) salários-mínimos por trabalhador, dos créditos de natureza estritamente salarial vencidos nos 3 (três) meses anteriores ao pedido de recuperação judicial.

[336] Art. 66. Após a distribuição do pedido de recuperação judicial, o devedor não poderá alienar ou onerar bens ou direitos de seu ativo permanente, salvo evidente utilidade reconhecida pelo juiz, depois de ouvido o Comitê, com exceção daqueles previamente relacionados no plano de recuperação judicial.

[337] Art. 73. O juiz decretará a falência durante o processo de recuperação judicial: I – por deliberação da assembleia-geral de credores, na forma do art. 42 desta Lei; II – pela não apresentação, pelo devedor, do plano de recuperação no prazo do art. 53 desta Lei; III – quando houver sido rejeitado o plano de recuperação, nos termos do § 4o do art. 56 desta

Assim, são nulas as cláusulas que disponham sobre conteúdo de norma cogente:

a) que estabeleçam prazo superior aos determinados no artigo 54 da LFR, para pagamento dos créditos trabalhistas, ainda que aprovado por unanimidade, pois, para essa questão, o ordenamento jurídico não permitiu a disposição pelos interessados;[338]
b) que prevejam a alienação ou oneração de bens do ativo permanente do devedor sem a necessidade de autorização judicial e do Comitê de Credores;[339]

Lei; IV – por descumprimento de qualquer obrigação assumida no plano de recuperação, na forma do § 1o do art. 61 desta Lei.

[338] RECUPERAÇÃO JUDICIAL. Credores trabalhistas que requerem o pagamento imediato de seus créditos ou a anulação do plano de recuperação judicial em razão de violação do art. 54 da Lei n.º 11.101/2005. Clara afronta ao dispositivo, já que o plano ultrapassou em muito o limite de um ano para pagamento dos créditos trabalhistas. Elaboração do plano que contou com a participação do Sindicato que representa os credores trabalhistas. Natureza novativa do plano. Autonomia privada que não supera violação de norma cogente. Nulidade absoluta que em tese pode ser declarada de forma incidental. Ausência de declaração, contudo, em razão da expectativa criada pela recuperanda quanto ao cumprimento do quanto convencionado no plano. Agravantes que devem pleitear o reconhecimento da nulidade em incidente em separado, tão somente para evitar surpresa à agravada que possa ensejar frustração da recuperação. Determinação de ressalva a ser feita ao Juiz Trabalhista para que eventuais créditos posteriores à distribuição do pedido de recuperação não necessitam ser habilitados. Preliminares de não conhecimento do recurso rejeitadas. Recurso provido em parte. (Relator(a): Francisco Loureiro; Comarca: Estrela D Oeste; Órgão julgador: 1ª Câmara Reservada de Direito Empresarial; Data do julgamento: 24/10/2013; Data de registro: 30/10/2013) (grifamos).

[339] AGRAVO DE INSTRUMENTO – RECUPERAÇÃO JUDICIAL. Plano aprovado por assembleia de credores – Verificação de sua legalidade pelo Poder Judiciário. Possibilidade Inconformismo do credor a respeito do deságio excessivo nas classes dos credores com garantia real e quirografários, sem a incidência de correção monetária e juros de acordo com a variação do CDI, assim como em relação às cláusulas que versaram sobre a alienação do passivo sem anuência dos credores e a suspensão das ações promovidas contra as recuperandas. Alegação de tratamento desigual de credores da mesma classe – Provimento, em parte, para desconstituir a homologação, determinada a apresentação de novo plano (no prazo de 60 dias) que estabeleça parâmetros legais de aceitação para pagamento dos créditos regularmente constituídos, com a inserção dos juros legais (art. 406 do CC) e correção monetária, considerada inadmissível a taxa de juros anteriormente aprovada pela variação do CDI – Fica mantido o estabelecimento de condições diferenciadas de pagamento entre as subclasses de credores nos termos do entendimento sacramentado por esta Câmara Reservada de Direito Empresarial – *Declarada, ainda, nula a cláusula que determinou a extinção/suspensão das ações existentes contra os coobrigados da*

c) que condicionem a convolação da recuperação judicial em falência à constituição em mora do devedor ou à convocação de assembleia geral de credores[340]-[341];

recuperanda, da cláusula que determinou a venda de bens do ativo permanente das agravadas sem prévia autorização judicial e dos credores e da cláusula que previu prazo de pagamento superior ao biênio legal.
(Relator(a): Enio Zuliani; Comarca: Pirassununga; Órgão julgador: 1ª Câmara Reservada de Direito Empresarial; Data do julgamento: 29/08/2013; Data de registro: 30/08/2013) (grifamos).

[340] AGRAVO DE INSTRUMENTO – Recuperação judicial – Plano de recuperação aprovado em assembleia de credores e homologado pelo juízo, *excluindo-se cláusulas ilegais que, entre outras, previam a extensão da novação aos coobrigados e condicionava eventual convolação em falência a conclave assemblear* – Minuta recursal que, além das matérias já afastada na r. decisão que deferiu a recuperação judicial às agravadas, insiste que há ilegalidade na dilação de 180 meses para saldar as obrigações, contados a partir do decurso da carência de 18 meses – Deságio de 60% – Inconformismo procedente – Possível o controle judicial do acordo de novação dos créditos entre a devedora e seus credores, que como qualquer ato jurídico, além do acordo de vontades, exige-se a boa-fé e justiça contratual – Ilegalidade constatada na cumulação do deságio de 60%, com carência de 18 meses e dilação de 180 meses para quitação – Determinação de apresentação de novo plano – Agravo provido. Dispositivo: Dão provimento, com determinação de elaboração de novo plano e realização de novo conclave. (Relator(a): Ricardo Negrão; Comarca: São Paulo; Órgão julgador: 2ª Câmara Reservada de Direito Empresarial; Data do julgamento: 18/05/2015; Data de registro: 21/05/2015) (grifamos).

[341] RECUPERAÇÃO JUDICIAL. Homologação do plano apresentado pelos devedores, após aprovação pela assembleia-geral de credores. Possibilidade, ante a natureza negocial do plano de recuperação, de controle judicial da legalidade das respectivas disposições. Precedentes das C. Câmaras Especializadas de Direito Empresarial. Previsão de deságio da ordem de 15% (quinze por cento) para os credores quirografários. Remissão parcial dos débitos que, nesses termos, não desborda da razoabilidade, pois preserva percentual considerável do quanto originariamente devido. Prazo de carência para o início dos pagamentos, por seu turno, que não se mostra irregular, pois inferior ao lapso bienal de supervisão judicial. Ausência de previsão de incidência de correção monetária, com aplicação de juros cujo percentual é inferior ao estipulado no art. 406 do Código Civil. Possibilidade. Disposição que condiciona a convolação em falência, em caso de descumprimento do plano recuperacional, a prévia deliberação por parte da assembléia-geral de credores. Descabimento. Inteligência dos artigos 61, 62 e 73 da Lei nº 11.101/2005. Impossibilidade, ademais, de livre alienação de bens dos devedores à míngua de controle por parte do Poder Judiciário. Inteligência dos arts. 66 e 142 do mesmo diploma legal. Cláusula atinente à extensão dos efeitos da homologação do plano aos coobrigados dos recuperandos. Ineficácia. Tema que não constitui objeto da recuperação judicial, desbordando das matérias passíveis de análise pela assembléia-geral de credores. Adequação nesse sentido do plano, sem necessidade de refazimento, promovendo-se no caso, já que não atingido o cerne do plano, à mera extirpação das cláusulas aqui apontadas como ilegais. Decisão de Primeiro Grau, homologatória do plano de recuperação judicial, reformada em tais limites. Agravo de instrumento parcialmente provido.

d) que estabeleçam prazo superior ao de dois anos para o início do cumprimento das obrigações, pois, nesse caso, entendemos haver indubitável objetivo de fraudar lei imperativa, qual seja, a norma do artigo 73, IV, LFR, impossibilitando a sua aplicação com a consequente convolação da recuperação judicial em falência, sem mencionar na violação aos princípios aplicáveis à recuperação judicial que será estudada a seguir. Esse tem sido o entendimento dos tribunais.[342] Sobre essa questão, ainda, com a finalidade de coibir fraudes, o Tribunal de Justiça de São Paulo publicou o Enunciado I, com o seguinte texto: Enunciado II: *"O prazo de dois anos de supervisão judicial, previsto no artigo 61, caput, da Lei 11.101/05, tem início após o transcurso do prazo de carência fixado."*

Além dessas situações mencionadas, a jurisprudência vem reconhecendo a nulidade de cláusulas que violam outras leis imperativas. É o caso das cláusulas que preveem o pagamento dos créditos sem juros moratórios e sem correção monetária. Analisaremos os dois casos separadamente.

Primeiramente, trataremos da questão da correção monetária. A correção monetária existe para possibilitar a manutenção do valor de compra da moeda apesar do decurso do tempo, evitando que seja corroída pela inflação.

Os tribunais vêm entendendo pela obrigatoriedade da aplicação de correção monetária nas obrigações assumidas nos planos de recuperação judicial.[343] Há julgados, porém, reconhecendo a ausência de ilegalidade

---

(Relator(a): Fabio Tabosa; Comarca: Cafelândia; Órgão julgador: 2ª Câmara Reservada de Direito Empresarial; Data do julgamento: 05/10/2015; Data de registro: 06/10/2015).

[342] AGRAVO DE INSTRUMENTO – Recuperação Judicial – Controle de Legalidade – Possibilidade – Plano que prevê carência de 24 meses após a homologação para início dos pagamentos – Descabimento – Violação do art. 61 da LFR – Não se considera razoável, a previsão de início de pagamento dos créditos após o biênio, pois não há como o juízo acompanhar se haverá cumprimento inicial do plano – Cláusula afastada – Agravo provido neste ponto. (TJ-SP – AI: 00550835020138260000 SP 0055083-50.2013.8.26.0000, Relator: Ricardo Negrão, Data de Julgamento: 25/07/2014, 2ª Câmara Reservada de Direito Empresarial, Data de Publicação: 08/08/2014) (grifamos).

[343] Plano de recuperação judicial que, em que pese aprovado pela maioria, não prevê correção monetária aos créditos quirografários. Impossibilidade. Previsão que não representa majoração ao crédito, mas manutenção do valor da moeda. Jurisprudência das Câmaras Especializadas do Tribunal. Decisão que homologou o plano afastada. Determinação para apresentação e novo plano que contenha indexador. Recurso parcialmente provido. (Relator(a): Carlos Alberto

de cláusula que preveja a não incidência de correção monetária aprovada por ampla maioria de credores.[344]

Entendemos que o fundamento para o reconhecimento de tal obrigatoriedade está na Lei nº 6.899/81 que determina: *"Art. 1º. A correção monetária incide sobre qualquer débito resultante de decisão judicial, inclusive sobre custas e honorários advocatícios."*

É cediço que nem todos os créditos sujeitos à recuperação judicial são resultantes de decisão judicial, pois muitos dos credores têm o seu crédito constituído por meio de títulos executivos extrajudiciais, como contratos ou títulos de crédito. Porém, havendo a homologação judicial do plano de recuperação aprovado pelo juízo, aquelas obrigações são extintas, constituindo-se novas que, agora sim, decorrerão de decisão judicial.

Assim, como já entendeu o Tribunal de Justiça de São Paulo[345], entendemos que a cláusula que prevê a não incidência da correção monetária é nula por violação à lei.

Diferente é a situação quando se trata da aplicação dos juros moratórios. É incontroverso que os juros moratórios servem para remunerar o capital.

Garbi; Comarca: Osasco; Órgão julgador: 2ª Câmara Reservada de Direito Empresarial; Data do julgamento: 29/06/2015; Data de registro: 16/07/2015) (grifamos).

[344] RECUPERAÇÃO JUDICIAL. PLANO DE RECUPERAÇÃO. CONTROLE DE LEGALIDADE. AUSÊNCIA DE INTERESSE RECURSAL. Liberação de garantias e suspensão de ações e execuções ajuizadas em face dos devedores solidários. Concessão da recuperação judicial com a ressalva de que os credores conservam seus direitos e privilégios, nos termos do art. 49, § 1º, LFRE. Recurso não conhecido neste ponto. JUROS DE MORA E CORREÇÃO MONETÁRIA. Previsão de juros moratórios de 6% ao ano. *Não incidência de correção monetária. Ausência de ilegalidade. Credores que, por ampla maioria, aprovaram o plano. Soberania da assembleia geral de credores.* Decisão mantida. Recurso parcialmente conhecido e, na parte conhecida, não provido. (Relator(a): Tasso Duarte de Melo; Comarca: São Paulo; Órgão julgador: 2ª Câmara Reservada de Direito Empresarial; Data do julgamento: 17/11/2014; Data de registro: 03/12/2014) (grifamos).

[345] RECUPERAÇÃO JUDICIAL. Art. 49, § 1º, da Lei nº 11.101/2005. Regra clara quanto à conservação de direitos relacionados às ações e execuções dos avalistas e garantidores de dívidas sujeitas à recuperação. Matéria pacífica neste TJSP. Considerações sobre a recuperação judicial e o princípio da conservação da empresa. *Correção monetária que deve obrigatoriamente ser prevista no Plano de Recuperação Judicial para não haver ferimento à lei.* Recurso provido para afastar a suspensão em relação a garantidores e incluir nos créditos a correção monetária que decorre de lei a partir da data da aprovação do Plano até o efetivo pagamento. (Relator(a): Maia da Cunha; Comarca: Barueri; Órgão julgador: 1ª Câmara Reservada de Direito Empresarial; Data do julgamento: 26/09/2013; Data de registro: 30/09/2013) (grifamos).

Tratando-se de remuneração, a princípio, os juros são disponíveis, podendo o credor, expressamente, renunciar a eles.

Entendemos que há três situações a serem consideradas: i) o plano aprovado que prevê o pagamento sem qualquer menção aos juros; ii) o plano aprovado que prevê o pagamento com juros inferiores à taxa legal e; iii) o plano aprovado que prevê o pagamento sem incidência de juros;

No primeiro caso, o plano nada prevê quanto ao pagamento dos juros. Há julgados[346]-[347] entendendo que a ausência de tal previsão viola

---

[346] PROCESSUAL CIVIL. AGRAVO DE INSTRUMENTO. RECUPERAÇÃO JUDICIAL. APROVAÇÃO DO PLANO PELA ASSEMBLEIA DE CREDORES. HOMOLOGAÇÃO JUDICIAL. INGERÊNCIA JUDICIAL. IMPOSSIBILIDADE. CONTROLE DE LEGALIDADE DAS DISPOSIÇÕES DO PLANO. POSSIBILIDADE. ALEGAÇÃO DE QUE O PLANO DE RECUPERAÇÃO JUDICIAL APROVADO PELA ASSEMBLEIA GERAL DE CREDORES É ILEGAL E NÃO TEM VIABILIDADE ECONÔMICA. INOCORRÊNCIA. INEXISTÊNCIA DE QUALQUER ELEMENTO CAPAZ DE DEMONSTRAR A INCONSISTÊNCIA E INVIABILIDADE ECONÔMICA DO PLANO APRESENTADO. *AUSÊNCIA DE PREVISÃO DOS JUROS. Violação ao disposto no art. 406 do CC. Ausência de previsão da correção monetária. Omissão que torna o plano vulnerável. Necessidade de previsão expressa no plano.* Plano de recuperação que contém cláusula que estende os efeitos da novação aos coobrigados, devedores solidários, fiadores e avalistas. Credor que votou contra a aprovação na assembleia. Ineficácia da cláusula em relação aos credores que apresentaram discordância expressa no conclave assemblear. Reconhecimento do direito dos credores impugnantes da cláusula extensiva de intentar ou prosseguir nas ações contra avalistas e demais garantidores. Agravo parcialmente provido. (TJPR – 18ª C. Cível – AI – 1287967-7 – Região Metropolitana de Londrina – Foro Regional de Cambé – Rel.: Espedito Reis do Amaral – Unânime – J. 08.07.2015) (TJ-PR – AI: 12879677 PR 1287967-7 (Acórdão), Relator: Espedito Reis do Amaral, Data de Julgamento: 08/07/2015, 18ª Câmara Cível, Data de Publicação: DJ: 1628 14/08/2015) (grifamos).

[347] AGRAVO DE INSTRUMENTO – RECUPERAÇÃO JUDICIAL – Pedido de anulação do plano de recuperação homologado, a despeito de possuir ilegalidades – Homologação com base no art. 58, §1º da Lei nº 11.101/2005 – Admissibilidade – Deságio de 10% que está de acordo com a realidade econômica atual da empresa em recuperação, inexistindo ilegalidade na determinação de prazo máximo de pagamento de todos os credores em 9 anos, respeitado o prazo de carência de 2 anos para início de pagamento das classes II e III – Inocorrência de tratamento diferenciado entre as classes – *Ausência de juros, entretanto, que ocasiona prejuízo, contrariando o disposto no art. 406 do CC Do mesmo modo, o Tribunal entende que a ausência de previsão acerca da correção monetária é ponto que torna o plano vulnerável, de modo que tal verba deve ter previsão expressa – Matéria de ordem pública que impõe a reforma da r. decisão agravada, com a determinação de inclusão no plano de recuperação apresentado de juros e correção monetária para todas as classes de credores* – Provimento, em parte, para este fim. (Relator(a): Enio Zuliani; Comarca: São Paulo; Órgão julgador: 1ª Câmara Reservada de Direito Empresarial; Data do julgamento: 05/12/2013; Data de registro: 10/12/2013) (grifamos).

o artigo 406 do Código Civil que dispõe: *"Quando os juros moratórios não forem convencionados, ou o forem sem taxa estipulada, ou quando provierem de determinação da lei, serão fixados segundo a taxa que estiver em vigor para a mora do pagamento de impostos devidos à Fazenda Nacional."*

Entendemos que tal dispositivo legal tem natureza de norma supletiva, ou seja, serve para disciplinar as situações não reguladas pelas partes.[348]

Assim, não havendo previsão expressa no plano quanto à incidência de juros moratórios, por força do artigo 406 do Código Civil, aplicar-se-á a taxa legal.[349] Perceba-se que, nesse caso, não há que se falar em violação à lei, nem em nulidade, não havendo necessidade de apresentação de novo plano.

A segunda hipótese é aquela em que o plano de recuperação judicial prevê taxa de juros inferior à taxa legal. Entendemos não haver nenhuma ilegalidade, já que, os credores estão sendo remunerados, o que atende aos fins do processo de recuperação judicial que também é possibilitar a superação da crise sem o sacrifício excessivo dos credores. Nesse sentido, têm entendido os tribunais.[350]

---

[348] Ensina André Franco Montoro: "Normas supletivas, subsidiárias ou interpretativas são que suprem a falta de manifestação de vontade das partes. São "normas" que só se aplicam quando os interessados não disciplinam suas relações." (Introdução à ciência do direito. 24. ed. São Paulo: Editora Revista dos Tribunais, 1997, p. 342).

[349] AGRAVO DE INSTRUMENTO. RECUPERAÇÃO JUDICIAL. Recuperação judicial – Plano aprovado por assembleia de credores – Verificação de sua legalidade pelo Poder Judiciário – Possibilidade – Deságio que condiz com a situação de crise da empresa. Necessidade de adequação da correção monetária e de inserção dos juros legais (art. 406 do CC). Inserção de ofício, dispensando-se a convocação de AGC. Reconhecimento, ainda, da nulidade referente à cláusula que prevê a desobrigação dos avalistas, fiadores e coobrigados de responder pelos créditos originais. Provimento, em parte, para este fim. (Relator(a): Enio Zuliani; Comarca: São Paulo; Órgão julgador: 1ª Câmara Reservada de Direito Empresarial; Data do julgamento: 12/08/2015; Data de registro: 18/08/2015) (grifamos).

[350] RECUPERAÇÃO JUDICIAL. Plano de recuperação aprovado em assembleia de credores, mas ainda não homologado. Indeferimento do pedido do agravante, credor fiduciário, de declaração de nulidade do plano, por supostas ilegalidades. Decisão mantida. Controle de legalidade. Possibilidade. En. CJF nº 44. Violação da *pars conditio creditorum*. Tratamento diferenciado de um único credor, tido como estratégico pelo plano. Possibilidade, dadas as condições peculiares do caso concreto. Credor que é o único fornecedor de aços homologados da América Latina, imprescindível à continuidade das atividades das recuperandas. Favorecimento justificável. Manipulação de votos inocorrente. Juros de 2% ou 4% e atualização monetária pela TR. Ausência de ilegalidade. Alegações de fraudes que dependem da solução dos competentes incidentes, mas que não justificam o sobrestamento da recuperação ou

A terceira hipótese é aquela em que o plano prevê a não incidência de juros, tanto os moratórios quanto os remuneratórios. Nessa situação, os credores aprovam o plano contendo cláusula em que renunciam ao recebimento dos juros. Entendemos que não há ilegalidade em tal situação, já que sendo os juros a remuneração do capital, tal verba é disponível e pode ser renunciada pela maioria dos credores em benefício da recuperação da atividade do devedor. Nesse sentido já decidiu o Tribunal de Justiça de São Paulo.[351]

Percebe-se, portanto, que a violação à norma imperativa, seja positiva ou negativa, acarreta como consequência a nulidade da cláusula, se separável, ou do plano, se não for possível mantê-lo sem a cláusula nula, por força do disposto no artigo 166, VI e VII, do Código Civil.

Algumas decisões aqui citadas determinando a anulação da cláusula ou mesmo a sua ineficácia. *Data maxima venia*, entendemos que tais hipóteses devem ser tratadas sob a ótica da validade, como sustentado.

Importante destacar que o presente trabalho não tem a pretensão de esgotar as possíveis ilegalidades dos planos de recuperação judicial, mas apenas trazer situações julgadas pelos nossos tribunais como exemplos de ilegalidades já reconhecidas.

---

a homologação do plano. Plano que prevê a possibilidade de criação e alienação de UPIs. Direitos dos credores fiduciários que foram ressalvados em assembleia e são garantidos pela lei. Art. 50 § 1º LFR. Recurso desprovido. (Relator(a): Teixeira Leite; Comarca: Jundiaí; Órgão julgador: 1ª Câmara Reservada de Direito Empresarial; Data do julgamento: 16/12/2015; Data de registro: 18/12/2015).

[351] AGRAVO DE INSTRUMENTO – RECUPERAÇÃO JUDICIAL CONCEDIDA – Insurgência de credor contra o plano de recuperação judicial – Decisão da assembleia geral de credores que é soberana, mas não absoluta, cabendo ao juiz observar sua legalidade, constitucionalidade e também o cumprimento do que ficou deliberado – Insurgência do agravante quanto à não disposição de juros e correção monetária – Os juros remuneratórios são remuneração do crédito, tendo natureza patrimonial e, portanto, disponível, admitindo-se a sua não incidência – Deságio – Eventual deságio implícito não se mostra abusivo ou ilegal, estando inserido dentro do poder discricionário da AGC, que o reputou melhor aos interesses dos credores – Princípio da relevância do interesse dos credores – A recuperação judicial é na verdade um favor creditício, devendo prevalecer a vontade majoritária dos credores, na linha de que eventual custo individual a ser suportado seria inferior ao benefício social que o plano de recuperação traria para a coletividade, com a preservação da atividade empresária – Recuperanda deve seguir fielmente o que ficou estabelecido no Plano de Recuperação, sob pena de ter decretada sua quebra – Decisão mantida – Recurso desprovido. (Relator(a): Ramon Mateo Júnior; Comarca: Mirassol; Órgão julgador: 2ª Câmara Reservada de Direito Empresarial; Data do julgamento: 11/11/2015; Data de registro: 01/12/2015) (grifamos).

4.3.1.2 Cláusulas que Violam Princípios Aplicáveis à Recuperação Judicial

É cediço que a Recuperação Judicial está calcada em diversos princípios do direito comercial que fundamentam a sua existência no ordenamento jurídico.

Como já estudamos no Capítulo 2, item 2.2, o próprio artigo 47 da LFR, menciona os princípios da preservação da empresa e da sua função social. Fábio Ulhoa Coelho[352] trata, ainda, do princípio do impacto social da crise destacando a importância da crise da empresa para todos os agentes envolvidos direta e indiretamente com a atividade empresarial.

Muito se discutia sobre a possibilidade de aplicação do princípio *par condicio creditorum* à recuperação judicial. Isto porque trata-se de princípio basilar da falência, pois nela há uma ordem de pagamento de credores a ser observada pelo administrador judicial. Tal ordem foi criada para garantir a distribuição equânime dos escassos recursos financeiros disponíveis na falência e decorre do princípio da isonomia previsto na Constituição Federal.

Na recuperação judicial, como se sabe, exceto com relação aos créditos trabalhistas para os quais a lei previu prazo de pagamento, não há nenhuma norma expressa sobre as condições ou ordem de pagamento dos demais credores, razão pela qual se argumentava pela sua inaplicabilidade nesse processo. A questão parece estar pacificada pelo entendimento dos tribunais, bem como pelo Enunciado nº 81 da II Jornada de Direito Comercial do Conselho da Justiça Federal que assim preceitua: "Aplica-se à recuperação judicial, no que couber, o princípio da *par condicio creditorum*."

Além de tais princípios, considerando que entendemos que a recuperação judicial tem natureza contratual[353], é incontroversa a aplicação dos princípios da probidade, da boa-fé e da função social do contrato,

---

[352] Princípios do direito comercial: com anotações ao projeto de código comercial. São Paulo: Saraiva, 2012, p. 57.

[353] Sobre essa questão, importante é a lição de Mauro Rodrigues Penteado: "A qualificação da recuperação judicial como modalidade de negócio jurídico apresenta ainda a grande vantagem adicional a que já nos referimos no item 7, supra, ou seja, submetê-la aos princípios e normas de cunho ético hoje inscritas no Código Civil para os negócios jurídicos em geral, especialmente os deveres de probidade e boa-fé (art. 422) (SOUZA JUNIOR, Francisco Satiro; PITOMBO, Antônio Sérgio A. de Moraes. Comentários à Lei de recuperação de empresas e falência: Lei 11.101/2005. São Paulo: Editora Revista dos Tribunais, 2007, p. 86).

verdadeiras cláusulas gerais que foram positivadas no Código Civil, em seus artigos 422 e 2.035.[354]

O artigo 2.035, parágrafo único, do Código Civil, estabelece que nenhuma convenção prevalecerá se ofender a ordem pública.

Marcos Bernardes de Mello ensina que os princípios não positivados, constituem normas implícitas:

> Atualmente, por força mesmo da investigação científica empregada no trato do direito, a melhor doutrina está de acordo em firmar a impossibilidade de que a realização do direito no ambiente social possa prescindir da *revelação de normas jurídicas* que preencham os vazios deixados pela legislação. Essa atividade relevadora de normas jurídicas com a finalidade de suprir as lacunas do ordenamento jurídico não é nem pode ser considerada, em face dos dogmas do positivismo, uma atuação legislativa. O que ocorre, na verdade, é que o intérprete (geralmente o juiz) na solução dos casos, tomando como fundamento os princípios que norteiam o sistema jurídico, extrai norma que torna específico aquele princípio. Assim, não há criação de norma nova, mas, apenas, revelação de norma que existe de modo não expresso, implícito, no sistema jurídico.[355]

No mesmo sentido, é a lição de Judith Martins-Costa ao tratar da intervenção do Estado na autonomia da vontade por meio das cláusulas gerais que também têm por função auxiliar na aplicação dos princípios:

> (...) Todos os princípios, positivados ou não, necessitam de concreção. As cláusulas gerais atuam instrumentalmente como meios para esta concreção porquanto são elas elaboradas através da

---

[354] Art. 422. Os contratantes são obrigados a guardar, assim na conclusão do contrato, como em sua execução, os princípios de probidade e boa-fé.

Art. 2.035. A validade dos negócios e demais atos jurídicos, constituídos antes da entrada em vigor deste Código, obedece ao disposto nas leis anteriores, referidas no art. 2.045, mas os seus efeitos, produzidos após a vigência deste Código, aos preceitos dele se subordinam, salvo se houver sido prevista pelas partes determinada forma de execução.

Parágrafo único. Nenhuma convenção prevalecerá se contrariar preceitos de ordem pública, tais como os estabelecidos por este Código para assegurar a função social da propriedade e dos contratos.

[355] Teoria do fato jurídico: plano da existência. 20. ed. São Paulo: Saraiva, 2014, p. 59-60.

formulação de hipótese legal que, em termos de grande generalidade, abrange e submete a tratamento jurídico todo um domínio de casos. Por esta via, ideias genéricas e alheadas de uma elaboração acabada e casuística – como as de boa-fé, bons costumes, uso abusivo de direito, usos de tráfico jurídico e outras similares, que só produzem frutos quando animadas por problemas reais, passam a funcionar como "pontos de partida para a formação concreta de normas jurídicas." Tais cláusulas, pelas peculiaridades de sua formulação legislativa, não apenas consubstanciam princípios, antes permitindo a sua efetiva inserção nos casos concretos. Cláusula geral, portanto, não é princípio – é norma. Mas é norma especial à medida em que, por seu intermédio, um sistema jurídico fundado na tripartição dos poderes do Estado e no direito escrito permite ao juiz "a conformação à norma, à luz de princípios de valor não codificados, e com vinculação, controlada apenas pelos próprios tribunais, a critérios extralegais – mas em todo o caso convencionais – de base e de densidade empírica variável. Não são direito material posto pelo legislador, mas, simplesmente, *starding points* ou pontos de apoio para a formação judicial da norma no caso concreto."[356]

Dessa forma, percebe-se que os princípios são encarados como verdadeiras normas jurídicas, ainda que implícitas, em razão da proteção expressa à ordem jurídica. Tal proteção evidencia o conceito de ilicitude, mais amplo que o de ilegalidade, pois abrange a violação à moral[357], aos bons costumes e aos princípios, mesmo não expressamente positivados.

A ilicitude também deve ser considerada como causa de nulidade. Entendemos ser nula a disposição contratual que viola a moral, os bons costumes, a ordem pública e os princípios que estão nela contidos.

No caso da recuperação judicial, entendemos que as disposições que representam violação aos princípios aplicáveis, sejam os específicos do direito recuperacional, sejam os do direito contratual, são nulas. Justifica-se

---

[356] As cláusulas gerais como fatores de mobilidade no sistema jurídico. In: Revista dos Tribunais. v. 680/1992, p. 47-58, jun./1992.
[357] Marcos Bernardes de Mello ensina que: "São atos cujos objetos são tipicamente imorais, *in genere*, aqueles que restringem (a) os direitos da personalidade, tais como os relativos à vida, à liberdade, inclusive econômica e sexual, ao nome, à honra, à saúde, e (b) os direitos de família." (Teoria do fato jurídico: plano da validade. 14. ed. São Paulo: Saraiva, 2015, p. 154).

tal entendimento, além do já sustentado, na importância social e econômica do processo de recuperação judicial e nos interesses metaindividuais nele envolvidos.

Poderia se argumentar que tal entendimento gera insegurança jurídica, na medida em que os princípios são conceitos abertos. Nesse momento se mostra crucial o papel do magistrado que, no caso concreto, deve analisar a pertinência da sua aplicação, sopesando os valores protegidos pela LFR, de forma a coibir abusos e erros na interpretação, tanto por parte do devedor como do credor.

Hipótese comum na jurisprudência é a previsão da criação de subclasses de credores nos planos de recuperação judicial. A discussão reside na eventual violação ao princípio *par condicio creditorum*.

Como se sabe, na recuperação judicial os credores são divididos em classes para fins de votação na assembleia geral de credores. Com exceção da classe dos créditos trabalhistas, para a qual a LFR disciplinou tratamento diferenciado, para as demais classes o devedor pode apresentar a proposta que entender mais viável considerando todos os interesses envolvidos. Em princípio, os credores da mesma classe devem receber o mesmo tratamento.

A Lei nº 2.024, de 1908, determinava, em seu artigo 105, § 3º: *"Na proposta de concordata dever-se-á manter a mais absoluta igualdade entre os credores não privilegiados. A concessão de vantagens a certos credores, somente será admitida com o consentimento expresso dos credores menos favorecidos".*

J.X. Carvalho de Mendonça, ao comentar esse dispositivo legal, esclareceu:

> (...) a concordata deve assegurar vantagens iguais a todos os credores, sujeitos aos seus efeitos e essa igualdade precisa ser mantida não só relativamente ao conteúdo substancial, como relativamente aos pactos acessórios. A igualdade de direitos deve levar à igualdade de condições; nem se compreenderia que a concordata tornasse a condição de alguns credores pior que a de outros. Se, porém, a concordata conceder vantagens a um credor, e todos os outros nisso consentirem expressamente, não há razão de censura.[358]

---

[358] Tratado de direito comercial brasileiro. 4. ed. Rio de Janeiro: Livraria Editora Freitas Bastos, 1947, v. VIII, p. 345.

Percebe-se que a lei, já naquela época, admitia a hipótese de determinado credor ou determinado grupo de credores receberem um tratamento diferenciado, desde que os demais credores consentissem expressamente.

A legislação estrangeira reconhece a aplicação de tal princípio nos processos de reorganização de empresas.

No Chile, a Ley 20720 de 2014, trata expressamente da questão em seu artigo 64[359], admitindo a possibilidade de se estabelecer condições mais favoráveis a determinados credores se houver a concordância dos demais, em votação especial entre os membros da classe.

Em Portugal, o artigo 194º do Código da Insolvência e da Recuperação de Empresas (DL nº 53/2004)[360], dispõe sobre a possibilidade de se estabelecer tratamento diferenciado entre credores da mesma classe, desde que haja a concordância do credor afetado.

Ainda, a lei espanhola, Ley nº 22/2003, em seu artigo 125[361], estabelece regra semelhante.

---

[359] Dispõe: Artículo 64.- Diferencias entre acreedores de igual clase o categoría. En las propuestas de Acuerdo de Reorganización Judicial se podrán establecer condiciones más favorables para algunos de los acreedores de una misma clase o categoría, siempre que los demás acreedores de la respectiva clase o categoría lo acuerden con Quórum Especial, el cual se calculará únicamente sobre el monto de los créditos de estos últimos.

[360] Artigo 194. Princípio da igualdade. 1 – O plano de insolvência obedece ao princípio da igualdade dos credores da insolvência, sem prejuízo das diferenciações justificadas por razões objectivas. 2 – O tratamento mais desfavorável relativamente a outros credores em idêntica situação depende do consentimento do credor afectado, o qual se considera tacitamente prestado no caso de voto favorável. 3 – É nulo qualquer acordo em que o administrador da insolvência, o devedor ou outrem confira vantagens a um credor não incluídas no plano de insolvência em contrapartida de determinado comportamento no âmbito do processo de insolvência, nomeadamente quanto ao exercício do direito de voto.

[361] Artículo 125 Reglas especiales. 1. Para que se considere aceptada una propuesta de convenio que atribuya un trato singular a ciertos acreedores o a grupos de acreedores determinados por sus características será preciso, además de la obtención de la mayoría que corresponda conforme al artículo anterior, el voto favorable, en la misma proporción, del pasivo no afectado por el trato singular. A estos efectos, no se considerará que existe un trato singular cuando la propuesta de convenio mantenga a favor de los acreedores privilegiados que voten a su favor ventajas propias de su privilegio, siempre que esos acreedores queden sujetos a quita, espera o a ambas, en la misma medida que los ordinarios. 2. No podrá someterse a deliberación la propuesta de convenio que implique nuevas obligaciones a cargo de uno o varios acreedores sin la previa conformidad de éstos, incluso en el caso de que la propuesta tenga contenidos alternativos o atribuya trato singular a los que acepten las nuevas obligaciones.

A LFR, infelizmente, não traz nenhuma disposição sobre o assunto, deixando a cargo dos tribunais a solução dos conflitos que advém dessa questão. Trata, apenas, em seu artigo 67, da concessão de privilégio, na falência, ao credor que continua a fornecer os bens ao devedor durante a recuperação judicial. O privilégio, nessa hipótese, somente seria concedido na falência e não durante o processo recuperacional.

Felipe Evaristo dos Santos Galea e Igor Silva de Lima, em estudo específico sobre o tema, chamam a atenção para um fenômeno muito comum que é a figura do credor parceiro. Explicam os autores:

> (...) a aplicação da LFR ao longo dos anos revelou fragilidades e obstáculos a serem superados. Dentre eles, a obtenção de crédito e manutenção das relações comerciais durante a recuperação judicial ainda é um problema prático a afetar os devedores. Em virtude disso, doutrina e jurisprudência têm buscado solução para o problema, em especial um mecanismo que, complementarmente ao art. 67 da LFR, incentive credores a assumir postura colaborativa, mediante, por exemplo, o fornecimento ao devedor de novos recursos, bens ou serviços, conforme aplicável. Nesse contexto, desenvolveu-se a figura dos credores parceiros, que, em troca de maior contribuição para o sucesso da recuperação, receberiam tratamento diferenciado em relação aos demais credores.[362]

Os credores parceiros seriam aqueles que, efetivamente, auxiliariam o devedor na superação da crise, mantendo ou intensificando suas relações comerciais, com uma postura, de fato, colaborativa. Contribuindo para a recuperação da atividade do devedor, recebem tratamento diferenciado no plano de recuperação judicial, surgindo a figura comumente conhecida como subclasse.

---

[362] GALEA, Felipe Evaristo dos Santos; LIMA, Igor Silva de. Credor Parceiro e Princípio da *Par Conditio Creditorum*. In: ELIAS, Luís Vasco (coord.). 10 anos da lei de recuperação de empresas e falência: reflexões sobre a reestruturação empresarial no Brasil. São Paulo: Quartier Latin, 2015, p. 139.

Os tribunais têm entendido que a criação de subclasses, por si, não gera nulidades, a não ser que constituam manobra para direcionar votos e manipular os quóruns de votação.[363-364]

---

[363] RECUPERAÇÃO JUDICIAL. Plano aprovado pela assembleia de credores. Aprovação que não o torna imune à verificação, pelo Poder Judiciário, sobre aspectos de sua legalidade e de obediência a princípios cogentes que iluminam o direito contratual. Natureza jurídica de negócio novativo e plurilateral, no qual a decisão da maioria, respeitados os quóruns previstos em lei, vincula a minoria dissidente, ou os credores silentes. Como todo e qualquer negócio jurídico, a aprovação assemblear do plano de recuperação judicial deve observar todas as normas cogentes da LFR e também do direito comum, com especial destaque para os novos princípios de ordem pública que iluminam o direito contratual, quais sejam, o da boa-fé objetiva, o da função social e o do equilíbrio (ou justiça contratual). Assembleia que não tem soberania, mas apenas autonomia privada. Legalidade da criação de subclasses, que, porém, não serve de manobra para direcionar a assembleia, atingir quóruns legais e penalizar severa e injustificadamente outros credores. No caso concreto, intolerável a profunda desigualdade entre as diversas subclasses de credores quirografários, com prazos e remissões que, na prática, aniquilam determinados créditos. No que se refere à criação de obstáculo ilícito à execução de garantias em face de coobrigados solidários e subsidiários, o plano de recuperação viola frontalmente texto de lei e a jurisprudência pacífica das Câmaras Reservadas de Direito Empresarial e do Superior Tribunal de Justiça. Anulação das cláusulas 8.1 "d", 10.3 e 10.4 do Plano de Recuperação Judicial. Recurso provido. (Relator(a): Francisco Loureiro; Comarca: São Paulo; Órgão julgador: 1ª Câmara Reservada de Direito Empresarial; Data do julgamento: 26/03/2013; Data de registro: 28/03/2013) (grifamos).

[364] HOMOLOGAÇÃO DE PLANO DE RECUPERAÇÃO JUDICIAL. CARÊNCIA DE 12 MESES. DESÁGIO DE 30% COMO BÔNUS DE PONTUALIDADE. PREVISÃO DE INCIDÊNCIA DE TAXA REFERENCIAL. PREVISÃO DE PLANO DE ACELERAÇÃO DA AMORTIZAÇÃO. PLANO EM CONFORMIDADE COM AS DECISÕES DAS CÂMARAS EMPRESARIAIS DO TRIBUNAL. IMPUGNAÇÃO DESARRAZOADA. RECURSO NÃO PROVIDO. Plano de recuperação judicial. Homologação. Aprovação pela maioria dos credores em assembleia designada para tal fim. Impugnação. Descabimento. Carência de 12 meses para pagamento dos débitos. Ausência de ilegalidade. A recuperanda precisa de prazo para se reorganizar, o que justifica, ainda, as estipulações relacionadas aos pagamentos trimestrais e o prazo de dez anos para quitação das obrigações. Deságio de 30%. Bônus de pontualidade. A Lei nº 11.101/2005 não prevê percentual de deságio, deixando a cargo dos credores referida deliberação, que certamente leva em consideração o conhecimento da situação da empresa. Previsão de Taxa Referencial e juros de 0,33% ao mês. Possibilidade. Proposta adicional de aceleração de amortização. Previsão a credores estratégicos. Ao permitir a concretização dos fins da recuperação judicial, este tratamento diferenciado ao credor estratégico torna perfeita a aplicação do princípio "par condicio creditorum", de modo que não se vê ilegalidade. Recurso não provido. (Relator(a): Carlos Alberto Garbi; Comarca: Mairiporã; Órgão julgador: 2ª Câmara Reservada de Direito Empresarial; Data do julgamento: 16/12/2015; Data de registro: 18/12/2015) (grifamos).

Na I Jornada de Direito Comercial do Conselho da Justiça Federal foi aprovado enunciado tratando da matéria nos seguintes termos: "*57. O plano de recuperação judicial deve prever tratamento igualitário para os membros da mesma classe de credores que possuam interesses homogêneos, sejam estes delineados em função da natureza do crédito, da importância do crédito ou de outro critério de similitude justificado pelo proponente do plano e homologado pelo magistrado.*"

Estabeleceu-se a necessidade de tratamento igualitário entre credores da mesma classe que possuam *interesses homogêneos* delineados em função: i) da natureza do crédito; ii) da importância do crédito ou; iii) de outro critério justificado pelo devedor.

Felipe Galea e Igor Lima trazem alguns critérios que podem ser observados na verificação dessa questão pelos julgadores:

> (...) apontamos neste trabalho, alguns cuidados que, se observador poderiam ratificar a legitimidade de tratamento especial a credores parceiros:
> (i) incluir no plano de recuperação judicial disposições específicas e detalhadas a respeito dos requisitos e benefícios de potencial tratamento desigual;
> (ii) oferecer a todos os credores, em igualdade de condições, a oportunidade de aderirem às disposições aplicáveis aos credores parceiros;
> (iii) garantir que os benefícios atribuídos aos credores parceiros atendam a um critério de razoabilidade em relação ao tratamento a ser concedido aos demais credores da mesma classe; e
> (iv) fazer com que o tratamento diferenciado a credores parceiros corresponda a uma justa e equilibrada contrapartida à postura colaborativa assumida por eles, devendo haver, portanto, relação de proporcionalidade entre o benefício recebido e a cooperação por ele prestada."[365]

Entendemos que os critérios apontados pelos autores são realmente úteis à verificação da eventual violação ao princípio da *par condicio creditorum*,

---

[365] GALEA, Felipe Evaristo dos Santos; LIMA, Igor Silva de. Credor Parceiro e Princípio da *Par Conditio Creditorum*. In: ELIAS, Luís Vasco (coord.). 10 anos da lei de recuperação de empresas e falência: reflexões sobre a reestruturação empresarial no Brasil. São Paulo: Quartier Latin, 2015, p. 139.

especialmente no que tange à oportunização, pelo devedor, das mesmas condições a todos os credores, demonstrando absoluta boa-fé que deve ser prestigiada nesse caso.

Esse é somente um exemplo de discussão levada aos tribunais acerca da violação de princípios no plano de recuperação judicial. Reiteramos nosso posicionamento de que a violação de princípios gera nulidade da cláusula e, não sendo possível separá-la das demais, do plano de recuperação judicial.

A aplicação desse conceito, a nosso ver, deve ser realizada com a parcimônia necessária, de forma a não causar insegurança jurídica aos agentes econômicos envolvidos e, sempre visando os objetivos impostos no artigo 47 da LFR.

4.3.1.3. Cláusulas em que Há Abuso de Direito

O abuso de direito está previsto no artigo 187 do Código Civil que assim determina: *"Também comete ato ilícito o titular de um direito que, ao exercê-lo, excede manifestamente os limites impostos pelo seu fim econômico ou social, pela boa-fé ou pelos bons costumes."*

Trata-se de conceito sobre o qual impera discussão na doutrina e na jurisprudência, tanto acerca da sua natureza como dos seus limites. O Código Civil de 2002 tratou do abuso de direito como uma espécie de ato ilícito e não como uma categoria autônoma.[366]

Admitido o abuso de direito como uma modalidade de ato ilícito, importante estudar quais os limites de sua aplicação.

Ao que nos parece, alguns pontos são relevantes para sua configuração: i) o exercício de um direito; ii) exceder, manifestamente, os limites do seu fim econômico ou social, pela boa-fé ou pelos bons costumes.

Com relação ao exercício de um direito, bem esclarece Venosa: *"No abuso de direito, pois, sob a máscara de ato legítimo esconde-se uma ilegalidade.*

---

[366] Caio Mário da Silva Pereira comenta: "O problema do abuso de direito provocava a mais viva celeuma entre os escritores modernos, e até a promulgação do Código Civil de 2002 (art. 187) não se podia afirmar a existência de uma solução satisfatória. A controvérsia começava na sustentação da teoria em si mesma, pois se havia autores que defendiam a sua procedência, não faltava quem (Planiol) se insurgisse contra ela, apontando na expressão mesma de sua designação uma *contradictio in adiectio*, pois que a ideia de abuso já é a negação do direito, enquanto o conceito de direito repele a noção de abuso." (Instituições de direito civil. Rio de Janeiro: Editora Forense, 2010, v. I. p. 30-31).

Trata-se de ato jurídico aparentemente lícito, mas que, levado a efeito sem a devida regularidade, ocasiona resultado tido como ilícito."[367]

Manuel Atienza e Juan Ruiz Manero ensinam que: *"O abuso de direito entraria em jogo se se dá um contraste entre a permissão jurídica de certas ações em certas circunstâncias e a convicção moral coletiva de que tais ações, em tais circunstâncias, deveriam se encontrar proibidas."*[368]

Assim, para se configurar o abuso de direito deve haver uma permissão legal, ou seja, o agente age, aparentemente, dentro dos limites fixados pela lei.

O problema está nos limites do exercício da permissão legal. Configura-se abuso de direito quando o agente excede, manifestamente, os limites de seu fim econômico ou social, pela boa-fé ou pelos bons costumes.

Perceba-se que o legislador fez questão de mencionar o termo manifestamente, determinando que somente será considerado abusivo o exercício do direito que extrapola, em muito, os valores preceituados pelo artigo 187 do Código Civil.

Silvio de Salvo Venosa afirma que o abuso de direito é protegido pela Lei de Introdução às Normas do Direito Brasileiro, quando dispõe, em seu artigo 5º, que o juiz atenderá, na aplicação da lei, os fins sociais a que ela se dirige e às exigências sociais do bem comum. Explica o autor:

> Melhor concluir, aderindo a parte da doutrina, que o critério mais eficaz é o finalístico adotado pelo direito pátrio. O exercício abusivo de um direito não se restringe aos casos de intenção de prejudicar. Será abusivo o exercício do direito fora dos limites da satisfação de interesse lícito, fora dos fins sociais pretendido pela lei, fora, enfim, da moralidade.

No mesmo sentido é a lição de Newton de Lucca:

> (...) há um direito prévio que pode evidentemente ser usado, mas desde que não ultrapasse os limites *funcionais* desse mesmo direito. Em outras palavras: o exercício do direito é regular quando

---

[367] Direito civil: parte geral. 13. ed. São Paulo: Atlas, 2013, v. I, p. 565.
[368] Ilícitos atípicos: sobre o abuso de direito, fraude à lei e desvio de poder. São Paulo: Marcial Pons, 2014, p. 51.

não excede os limites de sua verdadeira função. Se extrapola esses limites, o *uso* do direito se convola em *abuso*, e passa a ser contrário ao Direito.[369]

Com relação à boa-fé, conceito tradicional do direito contratual, deve-se considerar: *"No tocante à conduta, a boa-fé objetiva impõe, a par dos deveres expressos no contrato, deveres anexos, como lealdade, probidade, eticidade, auxílio no cumprimento da obrigação, dever de informação, de confiança, dentre outros."*[370]

Assim, também com relação aos bons costumes: *"(...) Bons costumes, portanto, diz respeito à moral de uma determinada sociedade. Não se confunde com os costumes, que diz respeito ao direito consuetudinário, ligado à ideia de uso reiterado por determinada comunidade acreditando ser ele obrigatório."*[371]

Sendo o abuso de direito uma modalidade de ato ilícito, a consequência prevista pelo Código Civil para a sua prática é a responsabilidade civil, nos termos do artigo 927: *"Aquele que, por ato ilícito (arts. 186 e 187), causar dano a outrem, fica obrigado a repará-lo."*

No âmbito do direito concursal, Caio Mário da Silva Pereira entende que a regra disposta no artigo 101 da LFR, que estabelece indenização no caso de dolo no pedido de falência é um exemplo da aplicação do abuso de direito.[372]

Ocorre que, considerando o ato abusivo um ilícito, ainda que com aparência de lícito, como entendeu o legislador, entendemos que está eivado de invalidade, ou seja, que é nulo, pois viola a ordem jurídica.

Na recuperação judicial, muito se discute sobre o abuso do direito de voto na assembleia geral de credores. Sobre esse assunto, ensina Eduardo Secchi Munhoz:

---

[369] Abuso do direito de voto de credor na assembleia geral de credores prevista nos arts. 35 a 46 da Lei 11.101/2005. In: ADAMEK, Marcelo Vieira Von. Temas de direito societário e empresarial contemporâneos. São Paulo: Malheiros, 2011, p. 645.

[370] LUNARDI, Fabrício Castagna. A teoria do abuso de direito no direito civil constitucional: novos paradigmas para os contratos. Revista de Direito Privado. v. 34/2008, p. 105-135, abr.-jun./2008.

[371] LUNARDI, Fabrício Castagna. A teoria do abuso de direito no direito civil constitucional: novos paradigmas para os contratos. Revista de Direito Privado. v. 34/2008, p. 105-135, abr.-jun./2008.

[372] Instituições de direito civil. Rio de Janeiro: Editora Forense, 2010, v. I. p. 577.

Seriam considerados abusivos e, portanto, anuláveis, votos proferidos pelo credor pautados por um interesse externo, absolutamente estranho ao crédito, como, por exemplo, o de eliminar o seu concorrente. É o caso do credor que votaria contra o plano de recuperação, embora tal plano lhe propiciasse o recebimento de seu crédito.[373]

Gabriel Saad Kik Buschinelli, ao tratar do voto abusivo, entende que

se não são respeitados os limites impostos pela boa-fé, pela função social e pelos uso e costumes, o exercício do direito revela-se abusivo e o ordenamento jurídico reputa-o inválido. O ato abusivo é considerado ilícito pela lei (CC, art. 187) e, portanto, o voto proferido abusivamente deveria ser considerado nulo. Entretanto, é diverso o regime de invalidade da deliberação. Tendo em vista a necessidade de estabilidade, presume-se a sua validade até que advenha a anulação da deliberação, mesmo que tenha ocorrido voto nulo.[374]

A I Jornada de Direito Comercial do Conselho da Justiça Federal aprovou o Enunciado 45, nos seguintes termos: "O magistrado pode desconsiderar o voto de credores ou a manifestação de vontade do devedor, em razão de abuso de direito."

Apesar desse não ser o tema central do nosso trabalho, tal questão é relevante para fundamentar a ideia de que, configurado o abuso de direito, o ato abusivo deve ser banido, a nosso entender com a nulidade.

Giovanni Ettori Nanni entende que o ato abusivo pode ser nulo: "*Não se ignora que na maioria das vezes a consequência deverá ser a reparação do dano, mas nada impede que seja o negócio jurídico declarado nulo ou anuláveis por essa circunstância.*"[375]

Com relação propriamente ao conteúdo do plano de recuperação judicial, objeto central do nosso estudo, têm-se encontrado algumas

---

[373] Anotações sobre o limite do poder jurisdicional. Revista de Direito Bancário e do Mercado de Capitais. ano 10, n. 36, p. 185-199, abr.-jun./2007.
[374] Abuso do direito de voto na assembleia geral de credores. São Paulo: Quartier Latin, 2014, p. 169.
[375] Abuso de Direito. In: LOTUFO, Renan; NANNI, Giovanni Ettore (coords.). Teoria geral do direito civil. São Paulo: Atlas, 2008, p. 759.

situações em que, apesar de não haver violação à LFR, poderiam configurar abuso de direito.

Trata-se, especificamente, das questões de prazo para pagamento dos créditos sujeitos, bem como, da possibilidade de concessão de desconto pelos credores, o chamado deságio.

A LFR não traz nenhum dispositivo acerca de tais questões, limitando-se a estipular o prazo para pagamento dos créditos trabalhistas, prazo esse que não pode ser derrogado pelo plano.

Com relação aos demais credores, a LFR nada mencionou. Ademais, como se considerou que o rol de meios de recuperação, previsto no artigo 50, é exemplificativo, os credores ficam sujeitos a um sem número de propostas, sem que haja um limite legalmente previsto.

Por isso, os tribunais têm reconhecido a abusividade de algumas propostas que preveem deságio em percentual considerado alto, ou ainda, parcelamento em prazos muito extensos.[376-377]

A questão, porém, não é pacífica. O Tribunal de Justiça de São Paulo[378] já entendeu pela possibilidade de aplicação do deságio, por ausência de previsão legal que estipule parâmetros para sua aplicação.

---

[376] Nesse sentido: AGRAVO DE INSTRUMENTO N.º 1.267.052-5, DA SEGUNDA VARA CÍVEL DE UMUARAMA AGRAVANTE: BANCO BRADESCO S/A AGRAVADO: F.A. DISTRIBUIDORA DE AREIA LTDA. RELATOR: JUIZ SUBST. 2º GRAU ANTONIO CARLOS CHOMA AGRAVO DE INSTRUMENTO. *AÇÃO DE RECUPERAÇÃO JUDICIAL. PROVIMENTO DO PLANO DE RECUPERAÇÃO COM DESÁGIO DE 50% E PARCELAMENTO DE 180 MESES SEM JUROS. IMPOSSIBILIDADE.* (TJPR – 18ª C.Cível – AI – 1267052-5 – Umuarama – Rel.: Antonio Carlos Choma – Unânime – J. 22.10.2014) (TJ-PR – AI: 12670525 PR 1267052-5 (Acórdão), Relator: Antonio Carlos Choma, Data de Julgamento: 22/10/2014, 18ª Câmara Cível, Data de Publicação: DJ: 1454 13/11/2014) (grifamos).

[377] No mesmo sentido: RECUPERAÇÃO JUDICIAL – CONTROLE DE LEGALIDADE – Deságio de 80% para pagamento à vista – Impossibilidade – Afronta ao equilíbrio entre parceiros negociais Demasiado sacrifício imposto aos credores – Inconformismo fundado neste tocante Proposta que revela situação de insolvência Agravo provido. Dispositivo: deram provimento ao recurso, por maioria de votos. (TJ-SP – AI: 00550835020138260000 SP 0055083-50.2013.8.26.0000, Relator: Ricardo Negrão, Data de Julgamento: 25/07/2014, 2ª Câmara Reservada de Direito Empresarial, Data de Publicação: 08/08/2014) (grifamos).

[378] HOMOLOGAÇÃO DE PLANO DE RECUPERAÇÃO JUDICIAL. PRAZO INICIAL PARA PAGAMENTO. DESÁGIO DE 50%. PREVISÃO DE INCIDÊNCIA DE TAXA REFERENCIAL E DE JUROS REMUNERATÓRIOS. VENDA DE ATIVOS. FISCALIZAÇÃO PELO JUIZ. AUSÊNCIA DE COMITÊ DE CREDORES. CRÉDITOS SUJEITOS À RECUPERAÇÃO. COBRANÇA CONTRA COOBRIGADOS DESARRAZOADA. PREVISÃO DE NOTIFICAÇÃO PARA MORA. POSSIBILIDADE DE PURGAÇÃO.

Ainda, não se pode deixar de lado que o Superior Tribunal de Justiça tem entendimento consolidado no sentido de que o magistrado não pode exercer o controle sobre a viabilidade econômica do devedor. No mesmo sentido é o já citado Enunciado 46, da I Jornada de Direito Comercial do Conselho da Justiça Federal.

PLANO EM CONFORMIDADE COM AS DECISÕES DAS CÂMARAS EMPRESARIAIS DO TRIBUNAL. IMPUGNAÇÃO INJUSTIFICADA. RECURSO NÃO PROVIDO. 1. Plano de recuperação judicial. Homologação. Aprovação pela expressiva maioria dos credores em assembleia designada para tal fim. Impugnação. Descabimento. 2. Tarefa difícil se apresenta ao Magistrado e ao Tribunal, diante destas premissas, o exame do plano de recuperação judicial aprovado pelos credores, que bem conhecem – melhor do que o Tribunal, certamente – a realidade vivida pela empresa em dificuldades e sabem das possibilidades de receber efetivamente os seus créditos. Avançar com maior profundidade no exame do plano de recuperação nestas condições, inclusive sobre a viabilidade de recuperação da empresa, parece trazer o risco, que não se deve correr, de substituir critérios de legalidade por critérios de conveniência e oportunidade, o que o Tribunal não está legitimado a fazer, porque nesse ponto a legitimidade é reservada aos credores. Não se afirma que o Tribunal deva se abster de verificar se as condições aprovadas prejudicam os credores, ou grupos de credores, ou se o plano concede vantagens contrárias à ordem pública ou fere a igualdade. Ao contrário, o que se defende é justamente que o Tribunal se contenha no exame da legalidade, da boa-fé e da ordem pública. 3. Prazo para início de pagamento. Manutenção. A empresa precisa de tempo para se reorganizar, para reforçar seu caixa e ganhar o fôlego financeiro do qual necessita para quitar suas dívidas, de maneira que a moratória se mostra essencial ao soerguimento da empresa. 4. Deságio de 50%. A Lei nº 11.101/2005 não prevê percentual de deságio, deixando a cargo dos credores referida deliberação, que certamente leva em consideração o conhecimento da situação da empresa. 5. Previsão de Taxa Referencial e juros remuneratórios de 1% ao ano. Possibilidade. 6. Venda de ativos. Fiscalização pelo Magistrado. Ausência de formação do comitê de credores. 7. O crédito submetido à recuperação judicial e contemplado pelo plano aprovado será pago pela empresa devedora no processo recuperacional e nos moldes em que aprovado na proposta. Incide na recuperação judicial o princípio da *par conditium creditorum*, do qual é corolário a isonomia. Os terceiros coobrigados não se submetem ao pedido. 8. Descumprimento do plano. A regra da Lei nº 11.101/2005 é que o descumprimento de qualquer obrigação assumida no plano causa o decreto de falência (art. 73, inc. IV) e não há qualquer previsão na lei sobre a necessária interpelação da empresa para constituição da mora ou concessão de prazo para sua purga. Não se pode estabelecer no plano disposição contrária à lei de regência da recuperação judicial, assim como não deve ser admitido maior encargo aos credores, que já estão sujeitos ao prazo de carência para o início dos pagamentos e os pesados deságios, como ocorre no caso dos autos. Cláusula nº 15.5 inválida. Pode o Juiz, entretanto, intimar o devedor antes de decidir sobre a falência e suas graves consequências. Homologação do plano da recuperanda que deve ser mantida, considerada não escrita a cláusula 15.5. Recurso parcialmente provido. (Relator(a): Carlos Alberto Garbi; Comarca: São Carlos; Órgão julgador: 2ª Câmara Reservada de Direito Empresarial; Data do julgamento: 16/11/2015; Data de registro: 18/11/2015).

Diante da controvérsia apresentada e da ausência de previsão legal nesse sentido, entendemos que seria aplicável o conceito de abuso de direito, se configurados os pressupostos do artigo 187 do Código Civil.

É cediço que o devedor, ao apresentar sua proposta aos credores, o faz exercendo o direito garantido pela LFR, já que só há limites legais com relação aos créditos trabalhistas. O ponto a ser estudado é se o devedor poderia, ao exercer o seu direito, *exceder manifestamente seu fim econômico ou social, a boa-fé ou os bons costumes*.

É cediço que o fim econômico e social da recuperação judicial está definido nos parâmetros estabelecidos pelo artigo 47 da LFR, quais sejam: manutenção da atividade produtora, do emprego dos trabalhadores e dos interesses dos credores, a fim de atingir a sua função social e a preservação da empresa.

Manoel Justino Bezerra Filho, ao comentar o artigo 47 da LFR, ensina:

> (...) a Lei, não por acaso, estabelece uma ordem de prioridade nas finalidades que diz perseguir, colocando como primeiro objetivo a "manutenção da fonte produtora", ou seja, a manutenção da atividade empresarial em sua plenitude tanto quanto possível, com o que haverá possibilidade de manter também o "emprego dos trabalhadores". Mantida a atividade empresarial e o trabalho dos empregados, será possível então satisfazer os "interesses dos credores". Esta é a ordem de prioridades que a Lei estabeleceu – o exame abrangente da Lei poderá indicar se o objetivo terá condições de ser alcançado.[379]

De acordo com tais princípios, a recuperação judicial tem como fim a preservação da atividade econômica, estando aí inserida a manutenção dos empregos dos trabalhadores e, por outro lado, a preservação dos interesses dos credores.

Daniel Cárnio Costa, ao tratar da divisão equilibrada do ônus no processo de recuperação judicial, lembra o conceito trazido por Fábio Konder Comparato, chamado dualismo pendular[380], que consiste num

---

[379] Lei de recuperação de empresas e falência comentada: Lei nº 11.101/2005: comentário artigo por artigo. 11. ed. rev. ampl. e atual. São Paulo: Editora Revista dos Tribunais, 2015, p. 155.
[380] Aspectos jurídicos da macro-empresa. São Paulo: RT, 1970, p. 102 *apud* COSTA, Daniel Cárnio. Reflexões sobre Processos de Insolvência: Divisão Equilibrada de Ônus, Superação

movimento pendular constante que oscila entre a proteção dos interesses do credor e do devedor. Explica o autor, ao tratar da evolução histórica da legislação concursal: *"Desde então, esses institutos vêm evoluindo, sendo evidente que o pêndulo de proteção legal oscila entre os polos da relação de crédito e débito. Ora protege-se mais os interesses dos credores (liquidação rápida do patrimônio do devedor), ora a proteção é voltada mais ao interesse do devedor, dando-se a ele maiores possibilidades de moratória e recuperação"*.[381]

O autor propõe a superação desse dualismo pendular em prol do fim precípuo da recuperação judicial: *"Assim, a interpretação correta, quando se trata de recuperação de empresas, por exemplo, será sempre aquela que prestigiar a recuperação da atividade empresarial em função dos benefícios sociais relevantes que dela resultam."*[382]

Newton de Lucca, por sua vez, preconiza:

> (...) torna-se evidente ser necessário garantir ao mutuante do crédito certo grau de segurança – o que não significa dizer segurança *absoluta* – em relação à recuperação do crédito oferecido. Mais que nunca torna-se imperiosa a noção de *equilíbrio* entre, de um lado, favorecer a manutenção da unidade produtiva, aceitando-se como naturais os revezes empresariais, e, de outro, proporcionar aos mutuantes a provável satisfação de seus créditos, de maneira tal que os conduza sempre a recolocá-los em circulação em benefício de toda a coletividade.[383]

---

do Dualismo Pendular e Gestão Democrática de Processos In: ELIAS, Luís Vasco (coord.). 10 anos da lei de recuperação de empresas e falência: reflexões sobre a reestruturação empresarial no Brasil. São Paulo: Quartier Latin, 2015, p. 99.

[381] COSTA, Daniel Cárnio. Reflexões sobre processos de insolvência: divisão equilibrada de ônus, superação do dualismo pendular e gestão democrática de processos. In: ELIAS, Luís Vasco (coord.). 10 anos da lei de recuperação de empresas e falência: reflexões sobre a reestruturação empresarial no Brasil. São Paulo: Quartier Latin, 2015, p. 99.

[382] COSTA, Daniel Cárnio. Reflexões sobre Processos de Insolvência: Divisão Equilibrada de Ônus, Superação do Dualismo Pendular e Gestão Democrática de Processos In: ELIAS, Luís Vasco (coord.). 10 anos da lei de recuperação de empresas e falência: reflexões sobre a reestruturação empresarial no Brasil. São Paulo: Quartier Latin, 2015, p. 101.

[383] Abuso do direito de voto de credor na assembleia geral de credores prevista nos arts. 35 a 46 da Lei 11.101/2005. In: ADAMEK, Marcelo Vieira Von. Temas de direito societário e empresarial contemporâneos. São Paulo: Malheiros, 2011, p. 658.

De tudo isso, é possível extrair parâmetros para definir o fim econômico e social buscado na recuperação judicial: a manutenção da atividade empresarial sem perder de vista a recuperação do crédito.

Eduardo Secchi Munhoz[384], ao estudar a legislação norte-americana sobre recuperação de empresas, apresenta princípios que servem de base para que o juiz homologue o plano de recuperação judicial. Um deles é o *best interest of creditors* que estabelece como parâmetro para a concessão da recuperação judicial a verificação se o credor teria maior eficácia no recebimento do seu crédito nos termos do plano aprovado ou em caso de falência.

Na vigência da Lei nº 2024, de 1908, esse era um dos fundamentos que poderiam ser utilizados pelos credores dissidentes para embargar a decisão da assembleia na concessão da concordata. Previa o artigo 108:

> Art. 108. Os embargos que os credores dissidentes, presentes á assembléa, podem oppôr, deverão ter por fundamento:
> 1. Inobservancia das formalidades e dos requisitos estabelecidos por lei para a formação da concordata, a inclusão indevida de credores, cujos votos influiram na acceitação da proposta ou violação das regras prescriptas para a convocação e reunião dos credores.

---

[384] Encontra-se no direito falimentar norte-americano, como também no direito falimentar alemão, como de resto em inúmeros outros países, uma série de requisitos para aprovação do plano de recuperação judicial que não se baseiam apenas na verificação de determinados quóruns nas votações nas assembleias. A não-observância desses requisitos permite ao juiz intervir sobre a vontade manifestada pela assembleia geral de credores, ou mesmo pelo devedor, de modo a aprovar, ou a rejeitar, o plano de recuperação da empresa. A análise de alguns desses requisitos é interessante para o estudo da lei brasileira. O primeiro desses requisitos é denominado pela doutrina norte-americana de *best-interest-of creditors* (Brankruptcy Code, § 1.129 [a][7]). Esse dispositivo estabelece que o plano de recuperação judicial somente pode ser confirmado pelo juiz se todos os credores das classes que aprovaram receberem, por conta da recuperação, valor igual ou superior ao que receberiam no caso de liquidação. (...) Um segundo princípio informador da recuperação judicial, encontrado no direito norte-americano e alemão, guardadas as respectivas especificidades, é o do *unfair discrimination*. Por esse princípio, o plano não pode dispensar tratamento diferenciado entre credores integrantes da mesma classe ou com créditos da mesma natureza. (...) uma das condições para que o plano seja considerado *fair and equitable* em relação a uma classe de credores não-privilegiados (*unsecured creditors*): não prever o pagamento de nenhum valor a classe de credores com prioridade inferior na classificação dos créditos, salvo se a classe prioritária receber o pagamento integral de seus créditos (§ 1.129 [b][2][B][ii], *Bankruptcy Code.*) (Anotações sobre o limite do poder jurisdicional. Revista de Direito Bancário e do Mercado de Capitais. ano 10, n. 36, p. 185-199, abr.-jun./2007).

2. *Maior sacrificio aos credores que a liquidação na fallencia, attendendo á proporção entre o valor do activo e a porcentagem offerecida.*
   3. Conluio entre o devedor e um ou mais credores, ou entre estes, para acceitarem a concordata. Presume-se o conluio entre o devedor e o credor que desistir de suas garantias para votar na concordata, quando nenhum interesse de ordem economica lhe aconselhava esse procedimento e o seu voto influiu na formação da concordata.
   4. Qualquer acto de fraude ou de má fé praticado pelo devedor e que influa na concordata.
   5. Inexactidões do relatorio e das informações dos syndicos ou liquidatarios, com intento de facilitar a acceitação da proposta de concordata apresentada pelo devedor. (grifamos).

No mesmo sentido, dispunha o Decreto nº 5.746, de 1929, no seu artigo 108. Essa regra deixou de existir na vigência do Decreto-Lei nº 7.661/45 que reformou o instituto da concordata e passou a considerá-la um favor legal.

Constata-se, assim, que o princípio *best interest of creditors*, além dos demais parâmetros já mencionados, podem ser aplicados aos casos em que precisa se verificar se há ou não abuso de direito na proposta apresentada pelo devedor e aprovada pelos credores.

A título de *lege ferenda*, interessante é a solução trazida pela legislação espanhola, Ley nº 22/0006, que prevê em seu artigo 124[385], quóruns

---

[385] Artículo 124 Mayorías necesarias para la aceptación de propuestas de convenio. 1. Para que una propuesta de convenio se considere aceptada por la junta serán necesarias las siguientes mayorías: a) El 50 por ciento del pasivo ordinario, cuando la propuesta de convenio contenga quitas iguales o inferiores a la mitad del importe del crédito; esperas, ya sean de principal, de intereses o de cualquier otra cantidad adeudada, con un plazo no superior a cinco años; o, en el caso de acreedores distintos de los públicos o los laborales, la conversión de deuda en préstamos participativos durante el mismo plazo. No obstante lo dispuesto en el párrafo anterior, cuando la propuesta consista en el pago íntegro de los créditos ordinarios en plazo no superior a tres años o en el pago inmediato de los créditos ordinarios vencidos con quita inferior al veinte por ciento, será suficiente que vote a su favor una porción del pasivo superior a la que vote en contra. A estos efectos, en los supuestos de propuesta anticipada y de tramitación escrita, los acreedores deberán, en su caso, manifestar su voto en contra con los mismos requisitos previstos para las adhesiones en el artículo 103 y en los plazos, según sea el caso, de los artículos 108 y 115 bis. b) El 65 por ciento del pasivo ordinario, cuando la propuesta de convenio contenga esperas con un plazo de más de cinco años, pero en ningún caso superior a diez; quitas superiores a la mitad del importe del crédito, y, en el caso de acreedores distintos de los públicos o los laborales, la conversión de deuda en préstamos participativos por el

diferenciados de acordo com os prazos de pagamento e percentuais de desconto propostos pelo devedor. Há regra semelhante na lei uruguaia, Ley nº 18.387, de 2008, artigo 144[386].

Poderia se argumentar que a adoção de tal critério interviria diretamente na autonomia da vontade, o que representa uma verdade, mas ao menos traria mais segurança jurídica aos credores e evitaria abusos do devedor.

Como não há nada nesse sentido na legislação brasileira, a nosso ver, não é possível estabelecer uma regra geral sobre a questão dos prazos e dos eventuais descontos que o devedor queira propor aos credores, além de outras controvérsias não previstas na LFR.

A análise deve ser realizada caso a caso, apurando o magistrado se houve *excesso manifesto* na proposta aprovada, de forma a coibir os casos que se mostrem efetivamente abusivos.

Reconhecida a abusividade, entendemos que haverá nulidade do plano de recuperação judicial.

4.3.2 Causas de Anulabilidade do Plano de Recuperação Judicial

A invalidade também pode ser reconhecida por anulabilidade. O artigo 171 do Código Civil determina as causas que tornam o negócio jurídico

---

mismo plazo y a las demás medidas previstas en el artículo 100. 2. A efectos del cómputo de las mayorías previstas en el apartado anterior, se consideran incluidos en el pasivo ordinario del concurso los acreedores privilegiados que voten a favor de la propuesta. 3. La aprobación del convenio implicará la extensión de sus efectos a los acreedores ordinarios y subordinados que no hubieran votado a favor, sin perjuicio de lo dispuesto en el artículo 134. Si no se alcanzaren las mayorías exigidas se entenderá que el convenio sometido a votación queda rechazado.

[386] Artículo 144. (Mayorías necesarias para la aceptación de la propuesta).- Para que la propuesta de convenio se considere aceptada, será necesario que voten a favor de la misma acreedores que representen, como mínimo, la mayoría del pasivo quirografario del deudor. Sin perjuicio de lo dispuesto en el inciso anterior: A) Cuando la propuesta de convenio implique el otorgamiento de quitas superiores al 50% (cincuenta por ciento) del monto de los créditos quirografarios y/o plazos de pago superiores a diez años, será necesario que voten a favor de la misma, acreedores quirografarios que representen las dos terceras partes del pasivo quirografario con derecho a voto. B) Cuando la propuesta de convenio consista en el pago íntegro de los créditos quirografarios en plazo no superior a dos años o en el pago inmediato de los créditos quirografarios vencidos con quita inferior al 25% (veinticinco por ciento), será suficiente que voten a favor acreedores que representen una porción del pasivo del deudor con derecho a voto superior a la que vote en contra, siempre que los votos favorables representen, como mínimo, la cuarta parte del pasivo quirografario del deudor, deducido el pasivo sin derecho a voto.

anulável: i) a incapacidade relativa do agente; ii) os vícios resultantes de erro, dolo, coação, estado de perigo, lesão ou fraude contra credores. São denominados pelo Código Civil de "Defeitos do negócio jurídico". Silvio de Salvo Venosa ensina que:

> Quando, porém, a vontade é manifestada, mas com vício ou defeito que a torna mal dirigida, mal externada, estamos, na maioria das vezes, no campo do ato ou negócio jurídico anulável, isto é, o negócio terá vida jurídica somente até que, por iniciativa de qualquer prejudicado, seja pedida a sua anulação.

A incapacidade relativa ocorre na hipótese do agente possui mais de 16 anos e menos de 18 anos ou nos casos previstos no artigo 4º do Código Civil.[387]-[388] Nesse caso, para que o negócio seja válido, devem ser representados ou assistidos.

As hipóteses de erro, dolo, coação, estado de perigo e lesão configuram os vícios no consentimento. Já a fraude contra credores é chamada de vício social, pois não está relacionada à manifestação de vontade, mas à intenção do agente em se desfazer de seu patrimônio para furtar o pagamento dos credores.

Trata-se de situações que envolvem interesse privado, como ressalta Carlos Roberto Gonçalves: *"Quando a ofensa atinge o interesse particular de pessoas que o legislador entendeu proteger, sem estar em jogo interesses sociais, faculta-se a estas, se o desejarem, promover ação para anulação do ato."*[389]

O erro pode ser definido como uma falsa aparência da realidade que vicia a vontade do agente quando da celebração do negócio jurídico. O Código Civil afirma que o erro somente será causa para anulação do negócio se for substancial, relacionado ao interesse do negócio, ao objeto, à identidade ou qualidade essencial da pessoa (arts. 138 e 139 do Código Civil).

---

[387] Direito civil: parte geral. 13. ed. São Paulo: Atlas, 2013, v. I, p. 568.
[388] Art. 4º São incapazes, relativamente a certos atos ou à maneira de os exercer: (Redação dada pela Lei nº 13.146, de 2015) I – os maiores de dezesseis e menores de dezoito anos; II – os ébrios habituais e os viciados em tóxico; III – aqueles que, por causa transitória ou permanente, não puderem exprimir sua vontade; IV – os pródigos.
[389] Direito civil brasileiro: parte geral – De acordo com a Lei n. 12.874/2013. 12. ed. São Paulo: Saraiva, 2014, p. 477.

Já o dolo é a falsa aparência da realidade provocada maliciosamente por outrem que afirma ou omite fatos com o objetivo de induzir a outra à realização do negócio jurídico (art. 145 do Código Civil).

A coação é o ato de incutir fundado temor de dano iminente ou considerável à pessoa, à sua família, ou aos seus bens. Está regulada no artigo 151 do Código Civil.

O estado de perigo é a hipótese em que o agente assume obrigação excessivamente onerosa premido da necessidade de salvar-se ou de salvar pessoa de sua família de grave dano conhecido da outra parte. Foi contemplada no Código Civil de 2002 e não era regulada pelo Código Civil de 1916.

Também a lesão, não regulada no antigo Código Civil, é a situação em que o agente celebra o negócio jurídico sob premente necessidade ou por inexperiência, obrigando-se a prestação manifestamente desproporcional ao valor da prestação oposta.

A fraude contra credores é definida no artigo 158 do Código Civil que assim determina: "Os negócios de transmissão gratuita de bens ou remissão de dívida, se os praticar o devedor já insolvente, ou por eles reduzido à insolvência, ainda quando o ignore, poderão ser anulados pelos credores quirografários, como lesivos dos seus direitos."

Trata-se da hipótese em que o devedor age com o intuito de desviar bens do seu patrimônio para que não possam responder por suas obrigações.

Aplicando tais conceitos ao plano de recuperação judicial, percebe-se que tais vícios estão intrinsicamente ligados à assembleia geral de credores e não propriamente ao plano de recuperação judicial, pois têm por base a manifestação de vontade dos credores e do devedor.

O presente trabalho não trata da validade das manifestações de vontade tomadas em assembleia, porém, é importante observar que, a nosso ver, em se tratando de manifestação de vontade viciada, alguns cuidados devem ser tomados.

Com relação ao devedor, considerando que é empresário, em razão das circunstâncias do processo de recuperação judicial, ficaria difícil sustentar anulações por erro, dolo, estado de perigo ou lesão na negociação do plano de recuperação judicial.

Já com relação aos credores, entendemos que, havendo comprovado vício na manifestação da vontade que possa configurar uma das hipóteses mencionadas, deve o seu voto ser desconsiderado, mantendo-se a higidez do plano.[390]

A hipótese de fraude contra credores também é difícil de ser encontrada no plano de recuperação judicial, pois não é o negócio no qual o devedor normalmente pratica atos de disposição sobre o seu patrimônio.

Assim, configuradas quaisquer dessas hipóteses, poderá o juiz anular a parte viciada no plano ou a sua totalidade, se não for possível separá-la do todo.

Pretendeu-se, dessa forma, sem esgotar o tema, sistematizar critérios para o reconhecimento da nulidade ou anulabilidade das possíveis cláusulas previstas nos planos de recuperação judicial, de forma a garantir maior segurança jurídica aos agentes econômicos envolvidos na recuperação judicial.

---

[390] Erasmo Valladão A. e N. França ensina: "(...) com efeito, não se anula uma deliberação por erro, ou por dolo, exemplificamente. Anula-se o *voto* viciado. Se ele foi determinante para a formação da maioria deliberante, anula-se a deliberação não porque seja ela contaminada pelo erro ou pelo dolo, mas sim *por violação às regras cogentes dos arts. 42, 45 e 46, da Lei 11.101,* que exigem aprovação das propostas por maioria. Anulado o voto decisivo, *cai a maioria.* A disciplina da invalidade das deliberações, assim, encontra correspondência no *princípio da legalidade*: as deliberações contrárias à lei podem ser invalidadas. *Nulidade ou anulabilidade?* Mas, qual a sanção aplicável a uma deliberação tomada contrariamente à lei? *Nulidade ou anulabilidade?* A Lei 11.101, nos dois únicos dispositivos que se referem à questão, fala genericamente em invalidade, dizendo o seguinte: "As deliberações da Assembleia-Geral não serão invalidadas..." (art. 39, § 2.º); "No caso de posterior invalidação de deliberação da assembleia..." (art. 39, § 3.º). De sua parte, o Código Civil não contém, incompreensivelmente, uma norma como a do art. 286 da Lei de S/A, que prevê, como regra geral, a anulabilidade das deliberações. Mas, de algumas disposições isoladas do Código Civil, pode-se verificar ter sido seguida a regra da anulabilidade, a saber: os §§ 3.º e 4.º, combinados, do art. 1.078, e o art. 48 e seu parágrafo único. Os dois primeiros preveem que a aprovação, sem reservas, das demonstrações financeiras ali mencionadas, exonera de responsabilidade os administradores e os membros do Conselho Fiscal, extinguindo-se em dois anos o direito de anular tal deliberação. Os dois últimos, referentes às pessoas jurídicas em geral, dispõem que, se a pessoa jurídica tiver administração coletiva, as decisões se tomarão, em princípio, pela maioria de votos dos presentes, decaindo em três anos o direito de anular tais decisões, quando violarem a lei ou estatuto, ou forem eivadas de erro, dolo, simulação ou fraude. O que se pode extrair desses dispositivos é que, em se tratando de deliberações coletivas, o Código Civil adota sempre a regra da anulabilidade, como ocorre, aliás, nas legislações dos mais diversos países. Com amparo na lei supletiva, é lícito concluir, assim, que as deliberações das assembleias de credores estão sujeitas também à regra geral da anulabilidade. (SOUZA JUNIOR, Francisco Satiro; PITOMBO, Antônio Sérgio A. de Moraes. Comentários à Lei de recuperação de empresas e falência: Lei 11.101/2005. São Paulo: Editora Revista dos Tribunais, 2007, p. 193-194).

4.4 Plano da Eficácia

O negócio jurídico pode ser existente e válido, porém, poderá não produzir efeitos jurídicos, ser ineficaz.
Marcos Bernardes de Mello conceitua ineficácia jurídica:

> *Ineficácia jurídica* é possível ser definida como a inaptidão, temporária ou permanente, do fato jurídico para irradiar os efeitos próprios e finais que lhe são imputados pela norma jurídica. A expressão *ineficácia jurídica* pode ser empregada:
> em sentido lato, quando se refere a toda e qualquer situação em que o fato jurídico não produz efeito, ou ainda não produziu, como ocorre em casos em que a ineficácia é inerente ao próprio fato jurídico ou decorre de certas vicissitudes a que estão sujeitos os atos jurídicos, *v.g.*, nulidade, anulabilidade, resolubilidade; ou
> em sentido estrito, quando diz respeito às espécies em que a eficácia própria e final não se irradiou ainda (testamento, antes da morte do testador, negócio jurídico sob condição suspensiva, negócio jurídico dependente de elemento integrativo do suporte fáctico, *e.g.*) ou, se já produzida, foi excluída do mundo jurídico.[391]

A ineficácia é a ausência de produção dos efeitos desejados pelas partes no momento da constituição do negócio jurídico. Pode derivar da nulidade ou da anulabilidade, ou seja, da invalidade do negócio jurídico. Não é propriamente adequado tratar da ineficácia do negócio jurídico inexistente, pois, como um nada que é não poderia produzir efeitos.[392]
Assim, a inexistência, a invalidade e a ineficácia são planos distintos do negócio jurídico e devem ser analisados a partir de suas particularidades.

---

[391] Teoria do fato jurídico: plano da eficácia: 1ª parte. 10. ed. São Paulo: Saraiva, 2015, p. 79.
[392] Marcos Bernardes de Mello esclarece: "A afirmativa de que a ineficácia constitui consequência da inexistência, por exemplo, importa reprovável redundância, porque o que não existe já por si não pode produzir efeito. Por outro lado, dizer que *ato inexistente* é ineficaz implica incontornável contrassenso, precisamente porque o que não existe não pode ser qualificado. Do mesmo modo, não é admissível relacionar a ineficácia à invalidade do ato. Em geral, o que é nulo é ineficaz, mas nem sempre. Há atos jurídicos nulos que são eficazes conforme anotamos antes. Ser, valor e ser eficaz, em verdade, são situações distintas e inconfundíveis, em que se podem encontrar os fatos jurídicos." (Teoria do fato jurídico: plano da eficácia: 1ª parte. 10. ed. São Paulo: Saraiva, 2015, p. 79).

A ineficácia, em sentido estrito, diz respeito à produção de efeitos próprios do negócio jurídico, os efeitos queridos pelas partes no momento da sua celebração.

A ineficácia pode ser absoluta ou relativa. Marcos Bernardes de Mello entende que não há ato jurídico absolutamente ineficaz, pois a sua existência implica a produção de efeitos, ainda que não se produzam todos os efeitos esperados pelas partes (ineficácia parcial).

Pode haver, porém, ineficácia relativa, como conceitua Pontes de Miranda: *"Diz-se que há ineficácia relativa quando o negócio jurídico é ineficaz para um, ou para algumas pessoas, e eficaz para outra, ou para outras."*[393]

As partes, ainda, podem subordinar os efeitos do negócio jurídico a fatos certos ou incertos. Ensina Marcos Bernardes de Mello: *"Especificamente nos negócios jurídicos (...) os figurantes podem, negocialmente, estabelecer condições e termos, fazendo com que sua eficácia, para iniciar-se ou permanecer no mundo jurídico, dependa de que ocorram."*[394]

A condição, o termo e o encargo são chamados de elementos acidentais do negócio jurídico, pois são introduzidos voluntariamente pelas partes, apesar de não serem necessários à existência do negócio jurídico. Segundo Carlos Roberto Gonçalves,

> Elementos acidentais são, assim, os que se acrescentam à figura típica do ato para mudar-lhe os respectivos efeitos. São cláusulas que, apostas a negócios jurídicos por declaração unilateral ou pela vontade das partes, acarretam modificações em sua *eficácia* ou em sua abrangência.[395]

As partes, valendo-se de tais elementos, estabelecem regras específicas com relação aos efeitos que o negócio jurídico produzirá. A condição, o termo e o encargo estão previstos nos artigos 122 a 137 do Código Civil.

---

[393] Tratado de direito privado: parte geral: tomo V: Eficácia jurídica. Determinações inexatas e anexas. Direitos. Pretensões. Ações. 4. ed. São Paulo: Editora Revista dos Tribunais, 1983, v. V, p. 73.

[394] Teoria do fato jurídico: plano da eficácia: 1ª parte. 10. ed. São Paulo: Saraiva, 2015, p. 253.

[395] Direito civil brasileiro: parte geral – De acordo com a Lei n. 12.874/2013. 12. ed. São Paulo: Saraiva, 2014, p. 376.

Neste trabalho, não trataremos do encargo, pois ele é um elemento acidental próprio do negócio jurídico gratuito, sendo incompatível com o presente estudo.[396]

A condição, como dispõe o artigo 121 do Código Civil é: "(...) *a cláusula que, derivando exclusivamente da vontade das partes, subordina o efeito do negócio jurídico a evento futuro e incerto.*"

O primeiro ponto a ser destacado é que a condição é voluntária, ou seja, deriva *exclusivamente* da vontade das partes, nos termos do citado dispositivo legal. As chamadas condições legais, na verdade, são pressupostos do próprio negócio jurídico, como a condição estabelecida pelo vendedor de que a aquisição do prédio fica condicionado a lavratura da escritura pública.[397]

Assim, a condição é uma cláusula, estabelecida pelas partes, que condiciona a produção dos efeitos próprios do negócio jurídico a evento futuro e incerto. Silvio de Salvo Venosa explica que:

> A condição deve referir-se a fato futuro. Fato passado não pode constituir-se em condição. Se disser respeito a fato pretérito, o fato já ocorreu ou deixou de ocorrer. Se o fato ocorreu, o negócio deixou de ser condicional, tornando-se puro ou simples. Se o fato deixou de ocorrer definitivamente, sem possibilidade de se realizar, a estipulação tornou-se ineficaz, pois não houve implemento da condição.[398]

O evento deve ser incerto, ou seja, pode ou não ser realizado no futuro. Continua o autor: "*Se o fato avençado for certo, inexorável, como, por exemplo, a morte de uma pessoa, não haverá condição, mas termo.*"[399]

---

[396] Carlos Roberto Gonçalves explica: "Trata-se de cláusula acessória às liberalidades (doações, testamentos), pela qual se impõe uma obrigação ao beneficiário. É admissível, também, em declarações unilaterais de vontade, como na promessa de recompensa. Não pode ser aposta em negócio jurídico a título oneroso, pois equivaleria a uma contraprestação." (Direito civil brasileiro: parte geral – De acordo com a Lei n. 12.874/2013. 12. ed. São Paulo: Saraiva, 2014, p. 396).

[397] GONÇALVES, Carlos Roberto. Direito civil brasileiro: parte geral – De acordo com a Lei n. 12.874/2013. 12. ed. São Paulo: Saraiva, 2014, p. 380.

[398] Direito civil: parte geral. 13. ed. São Paulo: Atlas, 2013, v. I. p. 481.

[399] Direito civil: parte geral. 13. ed. São Paulo: Atlas, 2013, v. I. p. 481.

As condições se classificam em: i) suspensivas ou resolutivas; ii) lícitas ou ilícitas; e; iii) possíveis ou impossíveis.

Condição suspensiva é aquela por meio da qual se determina que o direito somente será adquirido pela parte após o implemento do evento futuro e incerto. Está disciplinada no artigo 125 do Código Civil.[400]

A condição resolutiva é aquela que determina a cessação de efeitos do negócio jurídico da realização do evento futuro e incerto. O negócio jurídico produzirá efeitos desde logo até o momento do implemento da condição como dispõe o artigo 127 do Código Civil.[401]

De acordo com o artigo 122 do Código Civil: *"São lícitas, em geral, todas as condições não contrárias à lei, à ordem pública ou aos bons costumes; entre as condições defesas se incluem as que privarem de todo efeito o negócio jurídico, ou o sujeitarem ao puro arbítrio de uma das partes."*

Assim, é ilícita a condição que: a) contraria a lei, a ordem pública ou os bons costumes; b) que priva o negócio jurídico de todo o efeito e; c) que sujeita a eficácia do negócio jurídico ao puro arbítrio de uma das partes.

A condição que contraria a lei, a ordem pública ou os bons costumes é ilícita. O negócio jurídico que contenha condição ilícita ou condição de fazer coisa ilícita é nulo, nos termos do artigo 123, II, do Código Civil.[402]

A condição que priva o negócio jurídico de todo o efeito é denominada de condição perplexa ou contraditória. Ensina Carlos Roberto Gonçalves:

> São as condições *perplexas* ou *contraditórias*, que não fazem sentido e deixam o intérprete perplexo, confuso, sem compreender o propósito da estipulação (...) Exemplo de condição dessa espécie: 'Instituo A meu herdeiro universal, se B for meu herdeiro universal'. Estando a eficácia do negócio jurídico subordinada a essa espécie de condição, jamais será ela alcançada.[403]

---

[400] Art. 125. Subordinando-se a eficácia do negócio jurídico à condição suspensiva, enquanto esta se não verificar, não se terá adquirido o direito, a que ele visa.

[401] Art. 127. Se for resolutiva a condição, enquanto esta se não realizar, vigorará o negócio jurídico, podendo exercer-se desde a conclusão deste o direito por ele estabelecido.

[402] Art. 123. Invalidam os negócios jurídicos que lhes são subordinados: I – as condições física ou juridicamente impossíveis, quando suspensivas; II – as condições ilícitas, ou de fazer coisa ilícita; III – as condições incompreensíveis ou contraditórias.

[403] Direito civil brasileiro: parte geral – De acordo com a Lei n. 12.874/2013. 12. ed. São Paulo: Saraiva, 2014, p. 387-388.

É nulo, portanto, o negócio jurídico que contém essa espécie de condição, nos termos do artigo 123, III, do Código Civil.

A condição que sujeita a eficácia do negócio jurídico ao puro arbítrio de uma das partes é chamada de condição potestativa.

Segundo Silvio de Salvo Venosa, *"a condição potestativa é aquela que depende da vontade de um dos contraentes. Uma das partes pode provocar ou impedir a sua ocorrência."*[404]

Carlos Roberto Gonçalves explica que a condição potestativa pode ser *puramente potestativa* ou *simplesmente potestativa*, sendo consideradas ilícitas somente as condições *puramente potestativas*:

> As condições potestativas dividem-se em *puramente potestativas* e *simplesmente potestativas*. Somente as *primeiras* são consideradas ilícitas pelo art. 122 do Código Civil, que as inclui entre as "condições defesas", por sujeitarem todo o efeito do ato *"ao puro arbítrio de uma das partes"*, sem a influência de qualquer fator externo. É a cláusula *si voluero* (se me aprouver), muitas vezes sob a forma de "se eu quiser", "seu eu levantar o braço" e outras, que dependem de mero capricho.
>
> As *simplesmente* ou *meramente potestativas* são admitidas por dependerem não só da manifestação de vontade de uma das partes como também de algum acontecimento ou circunstância exterior que escapa ao seu controle. Por exemplo: "dar-te-ei este bem se fores a Roma". Tal viagem não depende somente da vontade, mas também da obtenção de tempo e de dinheiro.[405]

O art. 123, II, do Código Civil, determina que o negócio jurídico será nulo se contiver condições ilícitas. Como visto, a condição *puramente potestativa*, por vincular a sua implementação ao *puro arbítrio* de uma das partes, invalida o negócio jurídico.

A condição pode ser, ainda, possível ou impossível. Define Carlos Roberto Gonçalves: "Fisicamente impossíveis *são as que não podem ser cumpridas por nenhum ser humano, como no exemplo clássico 'dar-te-ei 100 se*

---

[404] Direito civil: parte geral. 13. ed. São Paulo: Atlas, 2013, v. I. p. 484.
[405] Direito civil brasileiro: parte geral – De acordo com a Lei n. 12.874/2013. 12. ed. São Paulo: Saraiva, 2014, p. 386.

tocares o céu com um dedo' (...) *Condição* juridicamente impossível *é a que esbarra em proibição expressa do ordenamento jurídico ou fere a moral e os bons costumes.*"[406]

As condições impossíveis, física ou juridicamente, se suspensivas, invalidam o negócio jurídico, nos termos do artigo 123, I, do Código Civil. Já se resolutivas são tidas por inexistentes.

Percebe-se a diferença no tratamento para as condições impossíveis, se suspensivas ou resolutivas. O negócio jurídico que tem sua eficácia subordinada a condição suspensiva ainda não produziu nenhum efeito; havendo condição impossível, será nulo. Já o negócio jurídico subordinado a condição resolutiva produziu efeitos desde a sua constituição, razão pela qual preferiu o legislador resguardar os efeitos já implementados, determinando-se que a condição seja considerada inexistente e mantendo-se a higidez do negócio.

A eficácia do negócio jurídico ainda pode ser subordinada a evento futuro e certo, é o termo. Diferencia Venosa: *"Denomina-se termo inicial (ou suspensivo ou* dies a quo*) aquele a partir do qual se pode exercer o direito; é termo final (ou extintivo ou* dies ad quem*) aquele no qual termina a produção de efeitos do negócio jurídico).*[407]

O artigo 131 do Código Civil determina que: *"O termo inicial suspende o exercício, mas não a aquisição do direito."* Assim, diferentemente da condição suspensiva, o direito é adquirido desde o momento da constituição do negócio jurídico, mas somente poderá ser exercido a partir do termo inicial até o momento do implemento do termo final.

O artigo 135 do Código Civil[408] determina que se aplicam ao termo as disposições relativas às condições resolutivas e suspensivas. Por isso, Carlos Roberto Gonçalves ressalva que:

> Desse modo, aplicam-se ao termo todas as disposições relativas às condições, desde que não contrariem a sua natureza. E, no tocante às consequências da impossibilidade do termo (p. ex., se for estipulado o dia 31 de fevereiro ou o 367º dia do ano) constata-se uma equiparação. O termo inicial *impossível* demonstra a inexistência

---

[406] Direito civil brasileiro: parte geral – De acordo com a Lei n. 12.874/2013. 12. ed. São Paulo: Saraiva, 2014, p. 383.
[407] Direito civil: parte geral. 13. ed. São Paulo: Atlas, 2013, v. I. p. 496.
[408] Art. 135. Ao termo inicial e final aplicam-se, no que couber, as disposições relativas à condição suspensiva e resolutiva.

da vontade real de obrigar-se e gera a nulidade do negócio, a exemplo da condição suspensiva. Sendo final, o termo impossível deve ser considerado inexistente, pois demonstra que as partes não desejam que o negócio se resolva.[409]

Entende o autor que o termo inicial impossível pode ser equiparado à condição suspensiva, culminando com a nulidade o negócio que o contemple. Já o termo final impossível poderia ser equiparado à condição resolutiva e, sendo impossível, ser considerado inexistente. Tal equiparação se dá tendo em conta os efeitos que o termo inicial e o termo final produzem. O termo inicial pode ser equiparado à condição suspensiva, na medida em que, determina o momento em que os efeitos do negócio terão início. Já o termo final pode ser comparado à condição resolutiva, pois, determinando o momento em que tais efeitos cessam.

A partir de tais conceitos, passemos a analisar a eficácia do plano de recuperação judicial.

Ao nosso ver, o plano de recuperação judicial produzirá efeitos a partir da decisão que conceder a recuperação judicial, já que entendemos que tal decisão tem natureza constitutiva.

Ainda, consideramos que tais efeitos são produzidos a partir do momento em que a decisão é proferida, uma vez que a sentença, em regra, produz efeitos imediatos, não havendo que se aguardar o trânsito em julgado.[410] Ademais, como tal decisão é combatida com o recurso de agravo

---

[409] Direito civil brasileiro: parte geral – De acordo com a Lei n. 12.874/2013. 12. ed. São Paulo: Saraiva, 2014, p. 394.
[410] Nesse sentido já decidiu o Tribunal de Justiça de São Paulo: RECUPERAÇÃO JUDICIAL. PROCESSAMENTO DO PEDIDO. Requerimento incidental, da empresa que postula a recuperação, de suspensão dos apontamentos que pendem sobre seu nome nos cadastros da Serasa e da publicidade dos protestos tirados em seu desfavor nos respectivos Cartórios. Impossibilidade. Elementos dos autos que revelam existir Plano de Recuperação Judicial PRJ apresentado, contudo, ainda não aprovado pelos credores ou homologado pelo Juízo. Requerimento cujo cabimento se dá somente com a aprovação e homologação do PRJ, quando então se dará a novação legal dos créditos sujeitos à recuperação. Inteligência do disposto no artigo 59 da Lei nº 11.101/2005. Precedente jurisprudencial do E. Superior Tribunal de Justiça. Conclusão consentânea com a *mens legis* do sistema de recuperação judicial introduzido pela Lei nº 11.101/2005. Preservação da publicidade da situação de endividamento da requerente, que se insere em um sistema de proteção a terceiros, além de resguardar os direitos dos credores precedentes em relação à eventual desmedida elevação do passivo. Agravo de instrumento desprovido. (Relator(a): José Reynaldo; Comarca: São Bernardo do Campo; Órgão

de instrumento que, em regra, também não possui efeito suspensivo, não há razão para postergar a produção de efeitos até o momento do trânsito em julgado.

Nesse sentido dispõe a legislação espanhola, Ley nº 22/2003 que, em seu artigo 133[411], estabelece que o plano produzirá efeitos desde a sentença, salvo se houver decisão expressa em sentido contrário. O principal efeito produzido pelo plano de recuperação judicial é a novação dos créditos sujeitos aos seus efeitos, nos termos do artigo 59, *caput*, da LFR.

O plano de recuperação aprovado implica novação que somente atingirá os créditos a ele sujeitos que são os elencados no artigo 49 da LFR. Entendemos que o plano de recuperação judicial não pode contemplar créditos e credores não sujeitos à recuperação judicial, visto que sobre eles a LFR não atribuiu nenhum efeito jurídico.[412]

A LFR não pode ser aplicada aos credores por ela não regulados. Assim, entendemos por ineficazes as cláusulas que contenham qualquer disposição relativa aos créditos não sujeitos ao plano.

Outras hipóteses também podem ser tratadas no plano da ineficácia.

A primeira delas é a prevista no artigo 50, § 1º, da LFR. Dispõe o §1º: "(...) *Na alienação de bem objeto de garantia real, a supressão da garantia ou sua substituição somente serão admitidas mediante aprovação expressa do credor titular da respectiva garantia.*"

---

julgador: 2ª Câmara Reservada de Direito Empresarial; Data do julgamento: 25/03/2013; Data de registro: 28/03/2013).

[411] Artículo 133 Comienzo y alcance de la eficacia del convenio. 1. El convenio adquirirá eficacia desde la fecha de la sentencia que lo apruebe, salvo que el juez, por razón del contenido del convenio, acuerde, de oficio o a instancia de parte, retrasar esa eficacia a la fecha en que la aprobación alcance firmeza. Al pronunciarse sobre el retraso de la eficacia del convenio, el juez podrá acordarlo con carácter parcial. (...).

[412] Nesse sentido já entendeu o Tribunal de Justiça de São Paulo que declarou ineficazes as cláusulas que subordinavam todos os credores, sujeitos e não sujeitos, ao plano de recuperação judicial: AGRAVO DE INSTRUMENTO. RECUPERAÇÃO JUDICIAL. Decisão que concede a recuperação judicial. Agravantes que apontam cláusulas que devem ser declaradas ineficazes. Verificação de sua legalidade pelo Poder Judiciário Possibilidade cláusulas que ferem o art. 49 da LRE e a boa-fé, por apresentarem-se de forma absolutamente genérica. Compensação que deve ser concedida judicialmente. Provimento, em parte, para declarar ineficazes as cláusulas 1.2.14, 7.1, 7.2, 7.6.2, 7.7.1, 7.11 e 7.9. (Relator(a): Enio Zuliani; Comarca: Sumaré; Órgão julgador: 1ª Câmara Reservada de Direito Empresarial; Data do julgamento: 09/12/2014; Data de registro: 12/12/2014).

O legislador optou por não utilizar a expressão "não pode" ou a palavra "proibido", mas utilizou o termo "somente", estabelecendo uma limitação que não pode ser derrogada por vontade da maioria dos credores, mas somente por vontade expressa daquele credor titular da garantia.

Da mesma forma, no artigo 50, § 2º, da LFR, que estabelece a necessidade de concordância do credor titular de crédito em moeda estrangeira para alteração do parâmetro de indexação da variação cambial.

Ainda, o disposto no artigo 49, § 1º, da LFR[413] que estabelece que os credores conservam os seus direitos contra os fiadores, avalistas e obrigados de regresso.[414]

Trata-se, ao nosso ver, da aplicação do conceito de ineficácia relativa, acima estudado, situação em que o negócio não produz efeitos em relação a determinado agente que não é sujeito à norma que estatui a categoria de negócio jurídico celebrada.

Dessa forma, entendemos por ineficazes as cláusulas que:

---

[413] Art. 49. Estão sujeitos à recuperação judicial todos os créditos existentes na data do pedido, ainda que não vencidos. § 1º Os credores do devedor em recuperação judicial conservam seus direitos e privilégios contra os coobrigados, fiadores e obrigados de regresso.

[414] Sobre a questão, importante é a lição de Manoel Justino Bezerra Filho: "3. O coobrigado apenas ficará liberado da garantia que prestou se tal deliberação constar especificamente do plano de recuperação judicial e vier a ser aprovada na AGC. Para que a liberação ocorra, não há necessidade de aprovação obrigatória do credor que perde a garantia, pois a deliberação aprovada pela AGC obriga todos os credores, mesmo os que votaram contra o que foi deliberado. O professor Pereira Calças (*Revista do Advogado*, p. 115), entende de forma um pouco diversa, afirmando que a liberação apenas ocorrerá se houver concordância do próprio credor garantido; na mesma Revista, em sentido contrário, vide p. 129, de minha autoria. 3.A. Este aspecto atualmente, com o correr do tempo contado a partir da promulgação da LREF, mercê uma nova consideração. A jurisprudência pode-se dizer já pacificada no sentido do entendimento defendido pelo Professor Pereira Calças, pelo qual não se desobriga o garantidor, pois aqui não ocorre a novação do art. 360 do CC e sim, um novo tipo chamado de novação recuperacional. Ainda assim e apesar da pacificação jurisprudencial, há certos problemas fundamentais ainda não resolvidos, pois este entendimento de não desobrigação é fator fundamental para que a sociedade empresária não opte pelo pedido de recuperação, opção que é tomada por seus representantes que, em grande parte das vezes, são e terão seus patrimônios pessoais sacrificados." (Lei de recuperação de empresas e falência comentada: Lei nº 11.101/2005: comentário artigo por artigo. 11. ed. rev. ampl. e atual. São Paulo: Editora Revista dos Tribunais, 2015, p. 203-204).

i) que prevejam a alienação do bem dado em garantia ou sua supressão, ou, ainda, a modificação dos parâmetros de indexação da moeda estrangeira sem expressa autorização de seu titular do crédito[415];
ii) tragam quaisquer disposições estabelecendo efeitos do plano de recuperação judicial aos coobrigados, inclusive a extensão da novação, criação de obstáculos à execução dos créditos, sem a expressa concordância do credor titular do direito.[416]

Apesar de alguns julgados considerarem tais cláusulas nulas por afronta à LFR, entendemos que são válidas, desde que haja concordância expressa do credor titular da garantia, do crédito em moeda estrangeira ou do direito contra os coobrigados. Havendo concordância expressa de tais titulares não há porque sustentar a invalidade, já que o objeto da negociação é direito disponível. Não havendo, por outro lado, a concordância expressa do credor, tais cláusulas são ineficazes, ou seja, não produzirão efeitos em relação ao titular do direito.

Esse é o entendimento de Manoel de Queiroz Pereira Calças:

> (...) na ótica dos postulados da lógica, é intuitivo que a cláusula extensiva da novação aos coobrigados da sociedade em recuperação judicial não tenha eficácia em relação aos credores que, expressamente, dela discordaram, votando contra a aprovação do plano ou, mais ainda, àqueles que formularam objeção, atacando direta e frontalmente a ilegalidade da aludida cláusula. Tais credores poderão executar normalmente os fiadores, os avalistas ou os

---

[415] AGRAVO DE INSTRUMENTO – RECUPERAÇÃO JUDICIAL – *Decisão que permite venda de bem hipotecado em favor do agravante. Afronta ao § 1º do art. 50 da LRE e Súmula 61 do TJSP. Necessidade de autorização do titular da garantia. Ausência. Provimento do recurso para revogar o despacho proferido e suspender a venda do bem indicado pelo agravante.* (Relator(a): Enio Zuliani; Comarca: Franca; Órgão julgador: 1ª Câmara Reservada de Direito Empresarial; Data do julgamento: 29/04/2015; Data de registro: 04/05/2015).

[416] AGRAVO DE INSTRUMENTO. RECUPERAÇÃO JUDICIAL. Plano de recuperação que se apresenta eivado de irregularidades. Afronta ao dispositivo do art. 49, § 1º e art. 59 da Lei 11.101/2005. Anulação do plano de recuperação judicial. Agravo de instrumento provido. (Agravo de Instrumento Nº 70055103501, Sexta Câmara Cível, Tribunal de Justiça do RS, Relator: Ney Wiedemann Neto, Julgado em 24/10/2013) (TJ-RS – AI: 70055103501 RS, Relator: Ney Wiedemann Neto, Data de Julgamento: 24/10/2013, Sexta Câmara Cível, Data de Publicação: Diário da Justiça do dia 28/10/2013) (grifamos).

coobrigados de regresso, prosseguindo regularmente nas execuções já em andamento (que não se suspendem) ou, eventualmente, poderão iniciar as execuções a partir do vencimento das dívidas garantidas.[417]

Assim, entendemos que tais cláusulas não produzem efeitos sobre os credores que não manifestaram sua concordância expressa.

O plano de recuperação judicial, como negócio jurídico que entendemos que é, também pode ter sua eficácia subordinada à condição e ao termo. Como já ressalvado, entendemos que o encargo não pode ser aplicado nesse caso, pois é próprio dos negócios jurídicos gratuitos.

A condição eventualmente estipulada pode ser suspensiva ou resolutiva, mas não poderá violar a lei, a ordem pública ou os bons costumes. Ainda, não poderá privar todo o efeito do negócio jurídico, tampouco deixar a sua implementação ao *puro arbítrio* de uma das partes, nos termos do artigo 122 do Código Civil.

Esclareça-se que a condição é aquela que subordina os efeitos do plano de recuperação judicial a evento futuro e incerto. A legislação brasileira não possui nenhuma norma específica sobre o assunto. A legislação espanhola, Ley nº 22/2003[418] e a legislação uruguaia, Ley nº 18.387, de 2008[419], têm normas expressas proibindo o estabelecimento de condições nas propostas apresentadas pelos devedores.

Diante da omissão da legislação vigente, tem sido muito comum a inclusão de cláusula no plano de recuperação judicial que condiciona o

---

[417] Novação recuperacional. Revista do Advogado. São Paulo: Associação dos Advogados de São Paulo, nº 105, setembro de 2009, p. 128. O mesmo entendimento é manifestado pelo autor na obra: A novação recuperacional. In: COELHO, Fábio Ulhoa. (org.). Tratado de direito comercial – Falência e recuperação de empresa e direito marítimo. São Paulo: Saraiva, 2015, v. 7, p. 313.

[418] Artículo 101 Propuestas condicionadas. 1. La propuesta que someta la eficacia del convenio a cualquier clase de condición se tendrá por no presentada. 2. Por excepción a lo dispuesto en el apartado anterior, en caso de concursos conexos, la propuesta que presente uno de los concursados podrá condicionarse a que se apruebe con un contenido determinado el convenio de otro u otros.

[419] Artículo 140. (Prohibición de propuestas condicionales).- Las propuestas que sometan la eficacia del convenio a cualquier clase de condición se tendrán por no presentadas. Se exceptúa de lo dispuesto precedentemente el caso de concurso de sociedades del mismo grupo, en que la propuesta que presente cualquiera de ellas podrá condicionarse a la aprobación judicial del convenio de una o varias sociedades del mismo grupo.

pagamento ao percentual de faturamento do devedor nos anos em que o plano será cumprido. Há julgados entendendo que tal cláusula seria nula por ser puramente potestativa.[420]-[421]

No caso concreto, entendemos que a cláusula que condiciona o pagamento dos credores a percentual de faturamento do devedor é puramente potestativa, na medida em que o devedor poderá, por exclusiva vontade, simplesmente diminuir o volume de suas atividades empresariais

---

[420] RECUPERAÇÃO JUDICIAL. Credor trabalhista que requer a decretação da falência ou, subsidiariamente, a anulação do plano de recuperação judicial em razão de violação do art. 54 da Lei n.º 11.101/2005. Natureza novativa do plano. Autonomia privada que não supera violação de norma cogente. Aprovação do plano de recuperação judicial pela assembleia de credores que não o torna imune à verificação, pelo Poder Judiciário, sobre aspectos de sua legalidade e de obediência a princípios cogentes do direito contratual. Clara afronta ao art. 54 da Lei n.º 11.101/2005, já que o plano ultrapassou em muito o limite de um ano para pagamento dos créditos trabalhistas. Norma cogente. *Plano ilíquido que contém condição puramente potestativa, vedada pelo artigo 122 do Código Civil. Pagamentos subordinados a futuro faturamento líquido da recuperanda. Incremento do faturamento que depende de fatores que dizem respeito à própria administração da empresa e sobre os quais os credores não exercem influência alguma.* Precedentes deste Tribunal. Anulação do plano. Recurso provido. (Relator(a): Francisco Loureiro; Comarca: Barueri; Órgão julgador: 1ª Câmara Reservada de Direito Empresarial; Data do julgamento: 06/02/2014; Data de registro: 07/02/2014).

[421] RECUPERAÇÃO JUDICIAL. HOMOLOGAÇÃO DO PLANO APRESENTADO PELA RECUPERANDA, APÓS APROVAÇÃO PELA ASSEMBLÉIA-GERAL DE CREDORES. Possibilidade, ante a natureza negocial do plano de recuperação, de controle judicial da legalidade das respectivas disposições. Precedentes das C. Câmaras Especializadas de Direito Empresarial. Previsão de deságio da ordem de 70% (setenta por cento). Inadmissibilidade. Remissão parcial dos débitos que, nesses termos, desborda da razoabilidade, impondo sacrifício excessivo aos credores quirografários e aos com garantia real. *Subordinação dos pagamentos previstos no plano a futura e eventual faturamento da devedora. Descabimento, ante a evidente incerteza das obrigações assumidas pela recuperanda, a inviabilizar até mesmo a fiscalização em torno do cumprimento do plano.* Impossibilidade, ademais, de livre alienação de bens da devedora à míngua de controle por parte do Poder Judiciário. Inteligência dos arts. 66 e 142 da Lei nº 11.101/2005. Prazo de carência para o início dos pagamentos, por seu turno, que não se mostra irregular, pois inferior ao lapso bienal de supervisão judicial. Ausência de previsão de pagamento de juros, bem como de incidência de correção monetária apenas a partir da concessão da recuperação judicial. Possibilidade. Disposição em torno da extensão dos efeitos da homologação do plano aos coobrigados da recuperanda. Ineficácia. Tema que não constitui objeto da recuperação judicial, desbordando das matérias passíveis de análise pela assembléia-geral de credores. Decisão de Primeiro Grau, homologatória do plano de recuperação judicial, reformada. Agravo de instrumento da credora a que se dá provimento. (Relator(a): Fabio Tabosa; Comarca: Diadema; Órgão julgador: 2ª Câmara Reservada de Direito Empresarial; Data do julgamento: 31/08/2015; Data de registro: 03/09/2015) (grifamos).

de forma a reduzir o valor faturado e deixar de pagar os credores.[422] Entendemos que tal cláusula deixaria de ser puramente potestativa se trouxesse parâmetros mais precisos, como: i) estabelecesse um valor mínimo de pagamento, caso o faturamento não atingisse determinado valor; ii) estabelecesse outra forma de pagamento caso o valor auferido com o percentual sobre o faturamento não fosse suficiente para quitar suas obrigações no prazo estipulado no plano, dentre outras possibilidades.

O Código Civil de 2002, em seu artigo 122, veda a inclusão de cláusulas puramente potestativas, ou seja, aquela que deixa a sua implementação ao puro arbítrio de uma das partes. Constatada a presença dessa cláusula, segundo o artigo 123 do Código Civil, o plano de recuperação judicial será nulo.

Ainda, será nulo se contiver condições suspensivas impossíveis, ilícitas ou contraditórias. Caso contenha condições resolutivas impossíveis, tais condições serão tidas por inexistentes, mantendo-se a higidez do plano. Da mesma forma, ocorrerá em caso de fixação de termo impossível, física ou juridicamente, nos termos do artigo 135 do Código Civil.

4.5 Consequências da Inexistência, da Invalidade e da Ineficácia do Planode Recuperação Judicial ou de suas Cláusulas

Apontamos as possíveis causas de inexistência, invalidade e ineficácia das cláusulas ou do próprio plano de recuperação judicial. Nesse item, pretendemos analisar as consequências da identificação de tais situações no caso concreto.

Como dissemos, a inexistência ocorre que não houver manifestação de vontade, finalidade negocial ou quando o objeto for inidôneo para a categoria jurídica de negócio celebrado.

---

[422] O Desembargador Francisco Loureiro, em voto proferido no Agravo de Instrumento n 0119660-37.2013.8.26.0000, ponderou: " (...) Da leitura do plano é possível perceber que o pagamento dos credores fica condicionado à existência, ou não, de determinada quantia líquida mensal, o que retira a liquidez do plano. Trata-se, em verdade, de uma condição que depende exclusivamente do próprio devedor, que pode, ou não, adotar medidas para que seu faturamento supere o valor das despesas. Evidente que, a par das condições do mercado, o modo como se administra uma empresa é de fundamental importância para gerar receita líquida. O incremento do faturamento depende de investimentos estratégicos, redução de custos e captação de clientes, fatores que dependem unicamente da própria empresa recuperanda e sobre os quais os credores não exercem influência alguma (...)."

Trata-se de hipóteses pouco encontradas quando se trata do plano de recuperação judicial, em razão das peculiaridades do instituto e da forma como ele é negociado entre o devedor e os credores. Não há que se falar em produção de efeitos de negócio inexistente.

A declaração de nulidade, por sua vez, é mais complexa, pois está vinculada ao interesse público do negócio, à sua adequação aos preceitos legais e de ordem pública. Por isso, o ato nulo não pode ser confirmado pelas partes e não se convalesce.

Por isso, qualquer pessoa pode alegar uma das causas de nulidade mencionadas, inclusive o Ministério Público e, ainda, podem ser identificadas pelo juiz *ex officio*.

No caso da recuperação judicial, entendemos que tanto o juízo de primeira instância quanto o Tribunal podem declarar a nulidade de cláusulas ou do próprio plano. A sentença que reconhecer a nulidade tem natureza declaratória.

A anulabilidade, por sua vez, como trata de interesse privado, somente poderá ser reconhecida a requerimento da parte prejudicada em ação que deve ser proposta nos prazos previstos pelo Código Civil (arts. 178 e 179). O negócio eivado de vício no consentimento ou celebrado em fraude contra credores pode ser confirmado pelas partes e somente será considerado anulado após a sentença que possui natureza constitutiva negativa ou desconstitutiva, não podendo o magistrado manifestar-se de ofício.

Outro ponto relevante é o previsto no artigo 184 do Código Civil: "*Respeitada a intenção das partes, a invalidade parcial de um negócio jurídico não o prejudicará na parte válida, se esta for separável; a invalidade da obrigação principal implica a das obrigações acessórias, mas a destas não induz a da obrigação principal.*"

Trata-se da possibilidade de invalidade parcial do negócio jurídico, que é admitida pelo legislador quando a parte nula ou anulável pode ser separada, mantendo-se a higidez do negócio.

Sobre essa questão, ensina Marcos Bernardes de Mello: "*Vige, nos sistemas jurídicos, o princípio da conservação dos atos jurídicos (...) Na verdade, encontra-se na orientação imprimida pelo legislador moderno aos principais sistemas jurídicos a preocupação de salvar da invalidade, ao máximo, os atos jurídicos, evitando-se sempre que possível, que se percam as consequências práticas que os figurantes dos negócio pretenderam alcançar.*"[423]

---

[423] Teoria do fato jurídico: plano da validade. 14. ed. São Paulo: Saraiva, 2015, p. 274.

Aplicando-se tais conceitos ao plano de recuperação judicial, entendemos que a presença de uma causa de nulidade ou anulabilidade poderá implicar a invalidade do plano de recuperação judicial ou de suas cláusulas, se for possível separá-las do todo.

O Tribunal de Justiça de São Paulo tem entendido pela manutenção do plano sempre que possível.[424]

Com relação aos efeitos, a doutrina civilista traz a clássica definição *ex tunc* para os atos nulos que não produzem efeitos e; *ex nunc* para os atos anuláveis que produzem efeitos até a sentença que os reconhece como tal.

Eduardo Secchi Munhoz sustenta que: "(...) *Se o julgamento do recurso, passados meses ou anos, puder levar à superveniente anulação de negócios jurídicos implementados sob a proteção da decisão judicial recorrida, as partes envolvidas não terão a segurança necessária para efetivá-los.*"[425]

O autor propõe a adoção da *mootness doctrine*, instituto criado pela jurisprudência norte-americana, pelo direito brasileiro. Explica:

> (...) a doutrina do *equitable mootness* corresponde a uma construção jurisprudencial, pela qual se reconhece que determinados recursos interpostos no âmbito de processos falimentares (v.g. *Chapter 11*) tornam-se obsoletos (*moot*), já não podendo levar à anulação de

---

[424] RECUPERAÇÃO JUDICIAL. Homologação do plano aprovado em assembleia geral. Insurgência por haver suposta nulidade de cláusulas. Créditos quirografários com deságio de 40%, que não se mostra excessivamente elevado. Ausência de iliquidez do plano. Ausência de ilegalidade a previsão de possibilidade de alienação de ativos imobilizados e quotas sociais, observadas as formalidades exigidas pela LFR. Inadmissibilidade de cláusula que subordina o termo inicial do prazo para pagamento dos credores do trânsito em julgado da decisão que homologa o plano de recuperação. Termo inicial que deve ser certo, jamais incerto e sujeito à possibilidade de interposição de recursos. Ilegalidade de cláusula que prevê a possibilidade de a recuperanda purgar a mora decorrente do descumprimento de qualquer parcela no prazo de 90 dias, sem ônus, após os vencimentos das parcelas pactuadas. Ilegalidade de cláusula que libera garantias e desobriga devedores solidários e subsidiários. *Nulidade de cláusulas pontuais que preserva as demais aprovadas pela assembleia de credores, sem a necessidade de convocação de novo ato.* Recurso provido em parte. (Relator(a): Francisco Loureiro; Comarca: Catanduva; Órgão julgador: 1ª Câmara Reservada de Direito Empresarial; Data do julgamento: 09/09/2015; Data de registro: 10/09/2015).

[425] *Mootness doctrine* e o direito brasileiro. Preservação dos atos validamente implementados no âmbito da recuperação judicial. In: ELIAS, Luís Vasco (coord.). 10 anos da Lei de recuperação de empresas e falência: reflexões sobre a reestruturação empresarial no Brasil. São Paulo: Quartier Latin, 2015, p. 115.

determinados atos, ou à retração ao *status quo ante*, após sejam estes implementados substancialmente, com fundamento em decisão anterior.[426]

A teoria apresentada pelo autor se pauta em dois fundamentos: o primeiro é o de que o tempo para julgamento dos recursos não se coaduna com a necessidade de recuperação da empresa; o segundo estaria ligado à insegurança provocada no mercado pela possibilidade de reversão do plano provado e dos negócios jurídicos previstos no plano e já celebrados, é o que denomina de *consumação substancial*.[427]

Dessa forma, seria necessária determinar-se a concessão de efeito suspensivo ao recurso, já que no Brasil não há, em regra, efeito suspensivo ao recurso de agravo ou determinar-se que "(...) *após a consumação substancial dos negócios correspondentes, desde que observadas determinadas circunstâncias, ficam obstados de anular os atos praticados anteriormente de forma válida, ou determinar a volta das partes ao* status quo ante."[428]

O autor, por fim, apresenta quais seriam as circunstâncias que denotariam a aplicação da *mootness doctrine* ao plano de recuperação judicial declarado inválido:

> Seriam elas: (i) a aprovação do plano, ou do ato de alienação ou oneração de bens do ativo permanente, por decisão judicial validamente exarada no âmbito de processo de recuperação judicial, observado o contraditório e o devido processo legal; (ii) a inexistência de efeito suspensivo concedido no âmbito de recurso; (iii) a implementação substancial dos atos e negócio contemplados; (iv) a

---

[426] *Mootness doctrine* e o direito brasileiro. Preservação dos atos validamente implementados no âmbito da recuperação judicial. In: ELIAS, Luís Vasco (coord.). 10 anos da Lei de Recuperação de Empresas e Falência: reflexões sobre a reestruturação empresarial no Brasil. São Paulo: Quartier Latin, 2015, p. 116.

[427] *Mootness doctrine* e o direito brasileiro. Preservação dos atos validamente implementados no âmbito da recuperação judicial. In: ELIAS, Luís Vasco (coord.). 10 anos da lei de recuperação de empresas e falência: reflexões sobre a reestruturação empresarial no Brasil. São Paulo: Quartier Latin, 2015, p. 117.

[428] *Mootness doctrine* e o direito brasileiro. Preservação dos atos validamente implementados no âmbito da recuperação judicial. In: ELIAS, Luís Vasco (coord.). 10 anos da lei de recuperação de empresas e falência: reflexões sobre a reestruturação empresarial no Brasil. São Paulo: Quartier Latin, 2015, p. 121.

impossibilidade de retroagir ao estado anterior sem violar direitos de terceiros; e (v) a impossibilidade de aguardar o julgamento do recurso para a implementação dos atos e negócios para a recuperação da empresa.[429]

O autor ressalta que o artigo 61, § 2º, da LFR, ao determinar a convolação da recuperação judicial em falência em caso de descumprimento do plano já determina a ressalva: "(...) *aos atos validamente praticados no âmbito da recuperação judicial*", *o que significaria a adoção dos princípios inspiradores da teoria norte-americana.*

Data maxima venia, entendemos que a questão pode ser solucionada à luz da legislação brasileira. O artigo 182 do Código Civil determina que: "*Anulado o negócio jurídico, restituir-se-ão as partes ao estado em que antes dele se achavam, e, não sendo possível restituí-las, serão indenizadas com o equivalente.*"

Assim, tanto no caso de reconhecimento da nulidade como no caso a anulabilidade, não sendo possível reconstituir o *status quo ante*, a questão se resolve em perdas e danos.

Nesse ponto, ressalta-se a lição de Carlos Roberto Gonçalves: "(...) *a afirmação que o ato nulo não produz nenhum efeito não tem um sentido absoluto e significa, na verdade, que é destituído dos efeitos que normalmente lhe pertencem.*"

No mesmo sentido é o Enunciado nº 537, da VI Jornada de Direito Civil do Conselho da Justiça Federal: "*A previsão contida no art. 169 não impossibilita que, excepcionalmente, negócios jurídicos nulos produzam efeitos, a serem preservados quando justificados por interesses merecedores de tutela.*"

Como exemplo, podemos pensar: se já decorreu o prazo de um ano para pagamento dos créditos trabalhistas, mas eles ainda não receberam a totalidade do seu crédito porque o plano previa o pagamento em três anos; declarada a nulidade da cláusula, o pagamento do saldo devedor deve ser realizado imediatamente.

Ainda, se havia cláusula prevendo a alienação de bens do ativo permanente sem necessidade de autorização judicial. Vendido o bem e declarada nula a cláusula, não há razão para se reverter a venda realizada,

---

[429] *Mootness doctrine* e o direito brasileiro. Preservação dos atos validamente implementados no âmbito da recuperação judicial. In: ELIAS, Luís Vasco (coord.). 10 anos da lei de recuperação de empresas e falência: reflexões sobre a reestruturação empresarial no Brasil. São Paulo: Quartier Latin, 2015, p. 121.

devendo a questão ser resolvida em perdas e danos, se houver prejuízo demonstrado.

Entendemos assim, que o magistrado deve ponderar a necessidade ou viabilidade da recomposição ao *status quo ante*, caso a caso.

No plano da eficácia, no caso de reconhecimento da ineficácia em relação a determinadas cláusulas ou credores, o plano aprovado será mantido, restando sem efeito apenas a cláusula ineficaz. A sentença que reconhecer a ineficácia tem natureza declaratória.

Reconhecendo-se a ineficácia, por exemplo, da cláusula que estende os efeitos da novação aos coobrigados, ficará o credor livre para ajuizar ou continuar ação própria com a expropriação de seus bens, independente da recuperação judicial.

Tratando-se de cláusula ilícita, suspensiva eivada de impossibilidade, contraditória ou puramente potestativa o plano será nulo, por força do artigo 123 do Código Civil. Tratando-se de cláusula impossível, mas resolutiva, o artigo 124 do Código Civil permite que seja considerada inexistente, mantendo-se a integridade do plano com relação às demais disposições. As mesmas regras se aplicarão ao termo, por força do artigo 135 do Código Civil.

Por fim, mesmo que reconhecida a invalidade do plano de recuperação judicial, tem prevalecido o entendimento de que não haverá convolação em falência, oportunizando-se ao devedor a possibilidade de apresentação de novo plano.

Entendemos que tal medida se mostra compatível com a LFR, pois não há previsão legal para convolação em falência na hipótese de nulidade, mas somente na hipótese de rejeição e não aprovação do plano.

Ainda, se coaduna com os princípios basilares da recuperação judicial, na medida em que preserva a atividade empresarial, a fonte produtora e o emprego dos trabalhadores.

Considerações Finais

O presente trabalho teve por objeto o estudo do plano de recuperação judicial, especialmente, a sua natureza jurídica e a análise dos seus elementos de existência, requisitos de validade e fatores de eficácia.

Iniciamos a abordagem do tema pela síntese da evolução histórica do instituto da recuperação judicial, passando pelo conceito e particularidades da concordata.

Após, estudamos a recuperação judicial, com os seus pormenores, como o sujeito ativo, competência, créditos sujeitos, bem como, o procedimento estabelecido pela Lei nº 11.101/2005.

No terceiro capítulo, passamos ao estudo do plano de recuperação judicial e sua natureza jurídica. Tratamos de questões relevantes como a forma de apresentação e aprovação pelos credores, bem como, os limites estabelecidos pela LFR para o seu conteúdo.

Entendemos que esses limites expressamente dispostos pela legislação falimentar, especialmente no tocante aos créditos trabalhistas, têm natureza cogente, razão pela qual, não podem ser derrogados pelas partes, mesmo que haja concordância de um grande número de credores ou mesmo da unanimidade deles.

Com relação à natureza do plano de recuperação judicial, entendemos tratar-se de negócio jurídico. Isto porque, a sua aprovação, com exceção da hipótese de ausência de objeções, decorre de ampla negociação travada na assembleia geral de credores.

A LFR estabeleceu mecanismos para que o devedor apresente proposta de pagamento aos seus credores e estes, por sua vez, manifestem a sua vontade, aceitando, rejeitando ou propondo alterações.

Não há como negar a natureza negocial do plano, mesmo considerando que as tratativas serão realizadas nos autos do processo recuperacional.

A doutrina e os tribunais têm manifestado entendimento nesse sentido, como demonstrado no decorrer da pesquisa.

Entendemos, porém, que o plano de recuperação judicial não pode ser encarado como um negócio jurídico puramente privado.

O objeto do plano é a renegociação das obrigações contraídas e não cumpridas pelo devedor. Tais obrigações serão novadas e, portanto, extintas. Essa renegociação, porém, tem um objetivo maior: preservar a atividade empresarial, alcançando a manutenção dos empregos dos trabalhadores e preservando os interesses dos credores, para que a empresa possa cumprir a sua função social.

O artigo 47 da LFR estabelece esses conceitos, verdadeiros princípios do direito recuperacional, que devem servir de parâmetro para interpretação de todos os outros dispositivos legais relacionados à recuperação judicial.

Admite-se então, a função pública da recuperação judicial, decorrente da tutela dos diversos interesses que gravitam em torno do empresário em crise: interesses do próprio devedor, dos seus sócios e empreendedores, dos trabalhadores, dos credores e, ainda, do Estado, no que tange à arrecadação dos tributos gerados pelo exercício da atividade econômica.

O devedor, ao elaborar o plano, busca discriminar os meios pelos quais pretende superar a crise e manter-se em atividade. Os credores, ao aprovarem ou rejeitarem a proposta apresentada pelo devedor, buscam a satisfação de seus créditos. Cabe ao Poder Judiciário encontrar o equilíbrio entre esses interesses, moldando a vontade negocial aos preceitos estabelecidos pelo artigo 47 da LFR.

Os limites dessa intervenção judicial, porém, são objeto de conflito. Como demonstrado nesse trabalho, o Superior Tribunal de Justiça entende que o magistrado não deve se imiscuir na apuração da viabilidade econômica da atividade empresarial tampouco nos aspectos negociais do plano de recuperação judicial, por se tratarem de questões não jurídicas.

É cediço que a LFR pretende proporcionar os meios para recuperação de empresas viáveis. Os tribunais têm entendido que a apuração da viabilidade é de responsabilidade dos credores quando analisam o plano apresentado pelo devedor. Há um entendimento, ainda incipiente, no sentido de se admitir a produção de prova técnica para apurar a questão.

Com relação aos aspectos negociais do plano também há divergência, especialmente, com relação ao conceito de abusividade da proposta aprovada pelos credores.

Incontroversa, porém, é a necessidade de se estabelecer um controle de legalidade do plano de recuperação judicial, ou seja, do Poder Judiciário intervir declarando a nulidade ou ineficácia das disposições contidas no plano ou do próprio plano como um todo.

Entendemos que a realização desse controle de legalidade pode ser concretizada à luz da tricotomia existência-validade-eficácia, adotada por Pontes de Miranda e denominada "Escada Ponteana".

Assim, tentamos estabelecer os elementos de existência, os requisitos de validade e os fatores de eficácia do plano de recuperação judicial.

Não analisamos as questões atinentes à assembleia geral de credores, que vão desde as irregularidades na forma de sua convocação e realização, até a efetiva manifestação de vontade dos credores e do devedor. Concentramos nossos esforços no estudo do conteúdo da proposta.

Dessa forma, consideramos como elementos de existência do plano de recuperação judicial, a vontade, manifestada pelas partes, de forma tácita, pela não apresentação de objeções; ou de forma expressa, pela votação na assembleia geral de credores. Ainda, a idoneidade do objeto, representado pelos créditos sujeitos à recuperação judicial, bem como, pela juridicidade, ou seja, pelo tratamento legislativo dispensado pela LFR que atribui efeitos jurídicos à vontade manifestada pelas partes no curso do processo recuperacional.

Aprovado o plano de recuperação judicial, tem-se por existente o negócio e, portanto, passamos à análise de suas qualidades e defeitos, ou seja, do plano da validade.

O plano da validade é composto pela nulidade, representada pela violação de preceitos de ordem pública. Entendemos que o plano pode ser nulo ou pode conter disposições nulas, se não preencher os requisitos de validade estabelecidos pelo Código Civil, artigo 104: capacidade das partes – credores e devedor; objeto lícito, possível, determinado ou determinável, dando relevância para a necessidade de se estabelecer planos claros e líquidos; e, observância da forma prescrita na LFR para sua apresentação.

Consideramos haver nulidade também nos casos em que a disposição contida no plano tenha por objetivo fraudar a própria LFR ou outra norma de natureza cogente, ou, ainda, quando a própria norma atribua a nulidade como consequência de determinada cláusula nele expressa, trazendo como exemplos, hipóteses já julgadas pelos tribunais.

A violação dos princípios aplicáveis à LFR também é considerada hipótese de nulidade, já que, tais princípios são preceitos de ordem pública que não podem ser derrogados pelas partes.

O abuso de direito do devedor no conteúdo da proposta é questão relevante e de delicada constatação, pois, para tanto, o magistrado deverá encontrar, no caso concreto, manifesto excesso aos limites do fim econômico ou social da recuperação ou dos preceitos de boa-fé, o que somente pode ser apurado em análise criteriosa do caso *sub judice*.

O plano da validade ainda é composto pela anulabilidade que deve ser verifica pelo Poder Judiciário, especialmente, no que se refere à presença de vício no consentimento ou de vício social em razão de fraude contra credores, hipóteses em que a manifestação de vontade, a cláusula viciada ou o próprio plano devem ser anulados.

Por fim, a questão da eficácia se mostra relevante, na medida em que, os planos aprovados não podem produzir efeitos em relação àqueles que não são sujeitos à recuperação judicial, como os credores excluídos, os coobrigados, fiadores e obrigados de regresso.

Entendemos também não produzirão efeitos em relação aos credores que não renunciaram expressamente às garantias e àqueles que não concordaram com a alteração da forma de indexação dos créditos em moeda estrangeira.

Ademais, o devedor pode subordinar a eficácia das obrigações assumidas no plano a condições ou termos, já que a legislação brasileira é omissa nesse sentido. Tais condições ou termos devem atender aos ditames estabelecidos pelo Código Civil, sob pena de nulidade ou ineficácia.

Por fim, salientamos o posicionamento adotado pelos tribunais no sentido de manter a higidez do plano, sempre que possível, apesar do reconhecimento da nulidade, anulabilidade ou inexistência de determinada cláusula ou disposição nela contida.

No mesmo sentido, a opção dos tribunais por oportunizar ao devedor a apresentação de novo plano de recuperação, evitando-se a decretação da falência.

CONSIDERAÇÕES FINAIS

Com esse trabalho, estamos convictos de que o controle de legalidade admitido pela doutrina e jurisprudência retrata um verdadeiro controle de licitude do conteúdo do plano, que não poderá violar a Lei nº 11.101/2005 e outras normas cogentes do nosso ordenamento jurídico, os princípios aplicáveis à recuperação judicial, tampouco exceder manifestamente os limites impostos pela boa-fé ou pelo fim econômico ou social da recuperação judicial, qual seja, a realização dos valores tutelados pelo artigo 47 da LFR.

Trata-se de tarefa árdua que deve ser realizada com a análise minuciosa dos casos *sub judice*. Por isso, entendemos ser necessária a intervenção do Poder Judiciário para sopesar os interesses e proporcionar a verdadeira justiça ao processo recuperacional.

Referências

ABRÃO, Carlos Henrique; BENETI, Sidnei; ANDRIGHI, Fátima Nancy (coordenadores). *10 anos de vigência da lei de recuperação e falência: (Lei n. 11.101/2005): retrospectiva geral contemplando a Lei n. 13.043/2014 e a Lei Complementar n. 147/2014*. São Paulo: Saraiva, 2015.

ABRÃO, Carlos Henrique. *Pedido de restituição na concordata e na falência*. São Paulo: Livraria e Editora Universitária de Direito, 1991.

ADAMEK, Marcelo Vieira Von. *Temas de direito societário e empresarial contemporâneos*. São Paulo: Malheiros, 2011.

AMORIM, Pedro Henrique Vizotto. "Análise de julgado: o conflito entre a supremacia dos preceitos constitucionais, principiológicos e legais e a soberania da assembleia geral de credores na recuperação judicial", in *Revista de Direito Bancário e do Mercado de Capitais*, v. 59/2013, p. 407, jan./2013.

ALMEIDA, Amador Paes de. *Curso de falência e recuperação de empresa: de acordo com a Lei nº 11.101/2005*. 25. ed. São Paulo: Saraiva, 2009.

ALMEIDA, Marcus Elidius Michelli de. *Nova lei de falências e recuperação de empresas – Confrontada e breves anotações*. São Paulo: Quartier Latin, 2005.

ANDRIGHI, Fátima Nancy; BENETI, Sidnei; ABRÃO, Carlos Henrique (coordenadores). *10 anos de vigência da lei de recuperação e falência: (Lei n. 11.101/2005): retrospectiva geral contemplando a Lei n. 13.043/2014 e a Lei Complementar n. 147/2014*. São Paulo: Saraiva, 2015.

ASCARELLI, Tullio. *Problemas das sociedades anônimas e direito comparado*. São Paulo: Quorum, 2008.

BIBLIOGRAFIA

ATAÍDE JUNIOR, Jalemiro Rodrigues de. "Negócios jurídicos materiais e processuais – existência, validade e eficácia – campo-invariável e campos-dependentes: sobre os limites dos negócios jurídicos processuais", in *Revista de Processo*. v. 244/2015, p. 393-423, jun. 2015.

ATIENZA, Manuel; MANERO, Juan Ruiz. *Ilícitos atípicos: sobre o abuso de direito, fraude à lei e desvio de poder*. São Paulo: Marcial Pons, 2014.

AZEVEDO, Álvaro Villaça. *Teoria geral das obrigações: responsabilidade civil*. 10. ed. São Paulo: Atlas, 2004.

AZEVEDO, Antônio Junqueira de. *Negócio jurídico*. 4. ed. São Paulo: Saraiva, 2002.

BARRETO FILHO, Oscar. *Teoria do estabelecimento comercial: fundo de comércio ou fazenda mercantil*. 2. ed. São Paulo: Saraiva, 1988.

BARROS NETO, Geraldo Fonseca de. *Aspectos processuais da recuperação judicial*. Dissertação de mestrado: Pontifícia Universidade Católica, 2012.

BENETI, Sidnei; ANDRIGHI, Fátima Nancy; ABRÃO, Carlos Henrique (coordenadores). *10 anos de vigência da lei de recuperação e falência: (Lei n. 11.101/2005): retrospectiva geral contemplando a Lei n. 13.043/2014 e a Lei Complementar n. 147/2014*. São Paulo: Saraiva, 2015.

BEZERRA FILHO, Manoel Justino; TOLEDO, Paulo Fernando Salles de; CALÇAS, Manoel de Queiroz Pereira; PUGLIESI, Adriana Valéria. *Tratado de Direito Empresarial. Recuperação Empresarial e Falência*. 2. ed. rev., atual. e ampl. São Paulo: RT, 2018, v. 5.

BEZERRA FILHO, Manoel Justino. "Trava bancária" e "trava fiscal" na recuperação judicial – Tendências jurisprudenciais atuais. In: ELIAS, Luis Vasco (coord.). *10 anos da lei de recuperação de empresas e falência: reflexões sobre a reestruturação empresarial no Brasil*. São Paulo: Quartier Latin, 2015.

_____. *Lei de recuperação de empresas e falência comentada: Lei nº 11.101/2005: comentário artigo por artigo*. 14. ed. São Paulo: Editora Revista dos Tribunais, 2019.

_____. *Lei de recuperação de empresas e falência comentada: Lei nº 11.101/2005: comentário artigo por artigo*. 11. ed. rev. ampl. e atual. São Paulo: Editora Revista dos Tribunais, 2015.

_____. *Lei de recuperação de empresas e falência comentada: Lei nº 11.101/2005: comentário artigo por artigo*. 7. ed. rev. ampl. e atual. São Paulo: Editora Revista dos Tribunais, 2011.

_____. "Recuperação de microempresas e empresas de pequeno porte: modificações

REFERÊNCIAS

introduzidas pela lei complementar n. 147, de 7 de agosto de 2014", in *Revista dos Tribunais*. v. 1, p. 35-49, 2015.

_____. "Resenha de julgado do STJ sobre extensão dos efeitos da falência a sociedades coligadas", in *Revista dos Tribunais*. v. 915, p. 437-452, 2012.

_____. "A responsabilidade do garantidor na recuperação judicial do garantido", in *Revista do Advogado*. São Paulo: Associação dos Advogados de São Paulo, nº 105, setembro de 2009, p. 129-134.

_____. "A verificação e a habilitação de créditos na recuperação judicial e na falência", in *Revista do Advogado*. São Paulo: Associação dos Advogados de São Paulo. Ano XXV, nº 83, n.83, 2005.

_____. "Os débitos condominiais na recuperação judicial", in *Direito processual empresarial – Estudos em homenagem a Manoel de Queiroz Pereira Calças*. São Paulo: Elsevier Editora, 2012, v. 1, p. 443-451.

_____. *Jurisprudência na nova lei de recuperação de empresas e de falência*. São Paulo: Revista dos Tribunais, 2006.

_____. "Dissolução, liquidação e extinção da sociedade empresária à luz da legislação civil e falimentar (A falência como causa (ou não) da extinção da personalidade jurídica da sociedade empresária", in *Temas de direito societário e empresarial*. Organizado por Marcelo Vieira Von Adamek. São Paulo: 2011, v. 1.

_____. "O Estado, a empresa e o mercado: novas tendências de direito econômico e comercial", in *Revista de Direito Bancário e do Mercado de Capitais*. v. 39/2008. p. 24-31, jan.-mar./2008.

_____. Entrevista. In *Direito societário e a nova lei de falências e recuperação de empresas*. Organizado por Rodrigo R. Monteiro de Castro e Leandro Santos de Aragão. São Paulo: Ed. Quartier Latin, 2006.

BETTI, Emílio. *Teoria geral do negócio jurídico*. Campinas: Servanda Editora, 2008.

BEVILAQUA, Clovis. *Direito das obrigações*. 2. ed. revista e atualizada por Achiles Bevilaqua, Rio de Janeiro: Editora Paulo de Azevedo, 1954.

BRANCO, Gerson Luiz Carlos. "O poder dos credores e o poder do juiz na falência e recuperação judicial", in *Revista dos Tribunais*. v. 936/2013. p. 43. out./2013.

BRUSCHI, Gilberto Gomes; COUTO, Mônica Bonetti; SILVA, Ruth Maria Junqueira de A. Pereira e; PEREIRA, Thomaz Henrique Junqueira de A. (org.). *Direito processual empresarial – Estudos em homenagem a Manoel de Queiroz Pereira Calças.* Rio de Janeiro: Elsevier, 2012.

BULGARELLI, Waldírio. *Problemas de direito empresarial moderno*. São Paulo: Editora Revista dos Tribunais, 1989.

_____. "A reforma da lei das falências e concordatas", in *Revista de Direito Mercantil, Industrial, Econômico e Financeiro*. Ano XXXI, n. 85, p. 49-56, jan-março/1992.

_____. *Tratado de direito empresarial*. 2. ed. São Paulo: Atlas, 1995.

BUSCHINELLI, Gabriel Saad Kik. *Abuso do direito de voto na assembleia geral de credores*. São Paulo: Quartier Latin, 2014.

CALÇAS, Manoel de Queiroz. "Novação recuperacional", in *Revista do Advogado*. São Paulo: Associação dos Advogados de São Paulo, nº 105, setembro de 2009, p. 115-128.

_____; SILVA, Ruth Maria Junqueira de Andrade Pereira e. "Reflexões sobre a jurisprudência em face da cessão fiduciária de créditos na recuperação judicial", in *Revista Brasileira de Direito Comercial*, v. 01, p. 44-57, 2014.

_____; SILVA, Ruth Maria Junqueira de Andrade Pereira e. "O empresário no Código Civil e na Lei de Falência e Recuperação", in *Revista Jurídica Empresarial*, v. 18, p. 11-26, 2011.

_____; SILVA, Ruth Maria Junqueira de Andrade Pereira e. "Da cessão fiduciária de créditos na recuperação judicial", in *Revista Opinião Jurídica*. v. 3, p. 45-50, 2015.

_____. Créditos submetidos à recuperação judicial. In: LUCCA, Newton; VASCONCELOS, Miguel Pestana de. (org.). *Falência, insolvência e recuperação de empresas – Estudos luso-brasileiros*. São Paulo: Quartier Latin do Brasil, 2015, v. 1, p. 189-215.

_____. "Reflexões sobre o litisconsórcio ativo entre empresas componentes de grupo econômico na recuperação judicial", in *Processo societário II*. Organizado por Flávio Luiz Yarshell e Guilherme Setoguti J. Pereira. São Paulo: Quartier Latin, 2015, v. 2, p. 01-862.

_____. "A novação recuperacional", in *Tratado de direito comercial – Falência e recuperação de empresa e direito marítimo*. Organizado por Fábio Ulhoa Coelho. São Paulo: Saraiva, 2015, v. 7, p. 295-315.

_____. "A controvérsia sobre a natureza jurídica das contribuições devidas ao Fundo de Garantia por Tempo de Serviço por empresa em recuperação judicial", in *10 anos da lei nº 11.101/2005. Organizado por Sheila C. Neder e Emanuelle Urbano Maffioletti*. São Paulo: Almedina, 2015, v. 1, p. 407-414.

REFERÊNCIAS

_____. "Falência da sociedade: extensão aos sócios de responsabilidade ilimitada", in *Temas de direito societário e empresarial contemporâneos*. Organizado por Marcelo Vieira Von Adamek. São Paulo: Malheiros, 2011, v., p. 611-623.

_____. "Do pedido de restituição e dos embargos de terceiro", in *Revista de Direito Bancário e do Mercado de Capitais*. ano 10, n. 36, p. 260, abr.-jun./2007.

_____. *Sociedade limitada no novo código civil*. São Paulo: Atlas, 2003.

CASTRO, Rodrigo R Monteiro de; ARAGÃO, Leandro Santos de. (coord.) *Direito societário e a nova lei de falências e recuperação de empresas*. São Paulo: Ed. Quartier Latin, 2006.

CAMPINHO, Sérgio. *Falência e recuperação de empresa: o novo regime da insolvência empresarial*. 3. ed. Rio de Janeiro: Renovar, 2008.

CAVALLI, Cássio. "Plano de recuperação", in *Tratado de direito comercial – Falência e recuperação de empresa e direito marítimo*. Organizado por Fábio Ulhoa Coelho. São Paulo: Saraiva, 2015, v. 7, p. 258-294.

CEREZETTI, Sheila C. Neder. "Princípio da preservação da empresa", in *Tratado de direito comercial: falência e recuperação de empresa e direito marítimo*, p. 13-36. Organizado por Fábio Ulhoa Coelho. São Paulo: Saraiva, 2015, v. 7.

_____. *Comentários à lei de falências e da recuperação de empresas*. 9. ed. São Paulo: Saraiva, 2013.

_____. *Curso de direito comercial: direito de empresa*. 15. ed. São Paulo: Saraiva, 2014, v. 3.

_____. *Curso de direito civil: parte geral*. 6. ed. São Paulo: Saraiva, 2013.

_____. *Curso de direito civil: obrigações*. 4. ed. São Paulo: Saraiva, 2010.

_____. *Princípios do direito comercial: com anotações ao projeto de código comercial*. São Paulo: Saraiva, 2012.

COMPARATO, Fábio Konder. *Direito empresarial: estudos e pareceres*. São Paulo: Saraiva, 1995.

_____. *Ensaios e pareceres de direito empresarial*. Rio de Janeiro: Forense, 1978.

COSTA, Daniel Cárnio. "Reflexões sobre processos de insolvência: divisão equilibrada de ônus, superação do dualismo pendular e gestão democrática de processos", in *10 anos da Lei de recuperação de empresas e falência: reflexões sobre a reestruturação empresarial no Brasil*. Coordenado por Luís Vasco Elias. São Paulo: Quartier Latin, 2015, p. 87-112.

BIBLIOGRAFIA

_____. "A divisão equilibrada de ônus na recuperação judicial da empresa", in *Falência, insolvência e recuperação de empresas: estudos luso-brasileiros*. Organizado por Miguel Pestana de Vasconcelos e Newton De Lucca. São Paulo: Quartier Latin, 2015, v. 1, p. 47-63.

CRIPPA, Carla Smith de Vasconcellos. *O abuso do direito na recuperação judicial*. Dissertação de mestrado. São Paulo: Pontifícia Universidade Católica, 2013.

DE LUCCA, Newton; SIMÃO FILHO, Adalberto (coord.). *Comentários à nova lei de recuperação de empresas e de falências*. São Paulo: Quartier Latin, 2005.

_____; VASCONCELOS, Miguel Pestana de. (org.). *Falência, insolvência e recuperação de empresas: estudos luso-brasileiros*. São Paulo: Quartier Latin, 2015.

_____; DOMINGUES, Alessandra de Azevedo (coord.). *Direito recuperacional – Aspectos teóricos e práticos*. São Paulo: Quartier Latin, 2009.

_____; DOMINGUES, Alessandra de Azevedo; LEONARDI ANTONIO, Nilva M. (coord.). *Direito recuperacional II – Aspectos teóricos e práticos*. São Paulo: Quartier Latin, 2012.

DEZEM, Renata Mota Maciel Madeira; BORTOLINI, P. R. "Efeitos da recuperação judicial sobre as garantias prestadas por terceiros", in *Cadernos Jurídicos* (EPM), v. 16(39), p. 33-58, 2015.

_____. "Poderes do juiz e dos credores na recuperação judicial: análise da Lei n. 11.101/05 a partir dos interesses envolvidos", in: *Falência, insolvência e recuperação de empresas: estudos luso-brasileiros*. Organizado por Miguel Pestana de Vasconcelos e Newton De Lucca. São Paulo: Quartier Latin, 2015, v. 1, p. 63-85.

_____. "A recuperação judicial e as tutelas de urgência", in *Recuperação de empresas e falência: aspectos práticos e relevantes da lei nº 11.101/2005*. Organizado por Alexandre Alves Lazarini, Thais Kodama e Paulo Calheiros. São Paulo: Quartier Latin, 2014.

DINIZ, Maria Helena. *Compêndio de introdução à ciência do direito: introdução à teoria geral do direito, à filosofia do direito, à sociologia jurídica*. 24. ed. São Paulo: Saraiva, 2013.

_____. *Lei de introdução às normas do direito brasileiro interpretada*. 17. ed. rev. e atual. São Paulo: Saraiva, 2012.

_____. *Curso de direito civil brasileiro: teoria geral do direito civil*. 31. ed. São Paulo: Sarava, 2014.

_____. *Curso de direito civil brasileiro: teoria geral das obrigações*. 24. ed. reformulada. São

Paulo: Saraiva, 2009.

ELIAS, Luís Vasco (coord.). *10 anos da lei de recuperação de empresas e falência: reflexões sobre a reestruturação empresarial no Brasil*. São Paulo: Quartier Latin, 2015.

FARENGA, Luigi. "*La reforma del diritto fallimentare in Italia: uma nuova visione del mercato*", in *Revista de Direito Mercantil, Industrial, Econômico e Financeiro*. Ano XLVI, n. 145, janeiro-março de 2007, p. 9-16.

FARIAS, Cristiano Chaves de; ROSENVALD, Nelson. *Curso de direito civil: parte geral e LINDB*. 13. ed. rev., ampl. e atual. São Paulo: Atlas, 2015.

FAZZIO JUNIOR, Waldo. *Lei de falência e recuperação de empresas*. 5. ed. São Paulo: Atlas, 2010.

FERRAZ JUNIOR, Tercio Sampaio. *Introdução ao estudo do direito: técnica, decisão, dominação*. 3. ed. São Paulo: Atlas, 2001.

FERREIRA, Waldemar. *Tratado de direito comercial*. Saraiva: São Paulo, 1966. v. 14º.

_____. *Tratado de direito comercial*. Saraiva: São Paulo, 1966. v. 15º.

FILARDI, Rosemarie Adalardo. *Órgãos específicos da administração da falência e da recuperação judicial das empresas*. Tese de doutorado. São Paulo: Pontifícia Universidade Católica, 2008.

_____. "Órgãos da recuperação judicial e da falência", in *Tratado de direito comercial*. São Paulo: Editora Saraiva, 2015. v. 07. p.211-257.

FLORIANO NETO, Alex. *Atuação do juiz na recuperação judicial*. Belo Horizonte: Arraes Editora, 2012.

FORGIONI, Paula A. *Contratos empresariais: teoria geral e aplicação*. São Paulo: Editora Revista dos Tribunais, 2015.

FRANÇA, Erasmo Valadão Azevedo e Novaes. *Temas de direito societário, falimentar e teoria da empresa*. São Paulo: Malheiros, 2009.

_____. "Lineamentos da reforma do direito societário italiano em matéria de invalidade das deliberações assembleares", in *Revista de Direito Mercantil, Industrial, Econômico e Financeiro*. Ano XLIII, n. 134, p. 12-24, abril-junho de 2004.

_____. "Invalidade de deliberações conexas de companhias". *Revista de Direito Mercantil, Industrial, Econômico e Financeiro*. Ano XLVI, n. 145, p. 255-269, janeiro-março de 2007.

_____. "Assembléia-geral de credores", in *Revista do Advogado*. Ano XXV. n. 83, setembro de 2005, p. 42-50.

FRANCO, Vera Helena de Mello; SZTAJN, Rachel. *Falência e recuperação da empresa em crise*. Rio de Janeiro: Elsevier, 2008.

GALGANO, Francesco. *Diritto privato*. 9. ed. Padova: Cedam, 1996.

GAMA, Guilherme Calmon Nogueira da. *Direito civil: obrigações*. São Paulo: Atlas, 2008.

GARBI Carlos Alberto. *O adimplemento da obrigação e a intervenção judicial no contrato em face do princípio da integridade da prestação e da cláusula geral da boa-fé*. Tese de doutorado. São Paulo: Pontifícia Universidade Católica, 2010.

_____. "A flexibilização do princípio da integridade da prestação e a possibilidade do parcelamento da dívida", in *Temas relevantes do direito civil contemporâneo*. São Paulo: Atlas, 2012, p. 218-252.

GOMES, Orlando. *Introdução ao direito civil*. Rio de Janeiro: Forense, 2010.

GONÇALVES, Carlos Roberto. *Direito civil brasileiro: parte geral – De acordo com a lei n. 12.874/2013*. 12. ed. São Paulo: Saraiva, 2014.

_____. *Direito civil brasileiro: teoria geral das obrigações*. 7. ed. São Paulo: Saraiva, 2010.

KATAOKA, Eduardo Takemi. "Plano de recuperação judicial", in Revista dos Tribunais Rio de Janeiro. v. 4/2014. p. 227-241. mar.abr./2014.

HENTZ, Luiz Antonio Soares. *Manuel de falência e recuperação de empresas: Lei n. 11.101, de 9.2.2015*. São Paulo: Editora Juarez de Oliveira, 2005.

LACERDA, José Cândido Sampaio de. *Manual de direito falimentar*. 14. ed. rev. e atual. por Jorge de Miranda Magalhães. Rio de Janeiro: Freitas Bastos, 1999.

LAZARINI, Alexandre Alves; KODAMA, Thais; CALHEIROS, Paulo (org.). *Recuperação de empresas e falência: aspectos práticos e relevantes da lei nº 11.101/2005*. São Paulo: Quartier Latin, 2014.

LEITÃO, Luís Manuel Teles de Menezes. *Código da insolvência e da recuperação de empresas anotado*. 4. ed. Coimbra: Almedina, 2008.

LOBO, Arthur Mendes; SOUZA NETTO, Antônio Evangelista de Souza. "Nulidades no processo de recuperação judicial", in *Revista de Processo*. v. 237/2014, p. 337-366, nov.

REFERÊNCIAS

2014.

LOBO, Jorge. *Da recuperação da empresa*. São Paulo: Lumen Juris, 1993.

_____. "Direito da crise econômica da empresa", in *Revista de Direito Mercantil, Industrial, Econômico e Financeiro*. Ano XXXVI, n. 09, p. 64-92, janeiro-março/1998.

LORENZETTI, Ricardo Luis. *Fundamentos de direito privado*. São Paulo: Editora Revista dos Tribunais, 1998.

LOTUFO, Renan; NANNI, Giovanni Ettore (coords.). *Teoria geral do direito civil*. São Paulo: Atlas, 2008.

LUNARDI, Fabrício Castagna. "A teoria do abuso de direito no direito civil constitucional: novos paradigmas para os contratos", in *Revista de Direito Privado*. v. 34/2008, p. 105-135, abr.-jun./2008.

MACHADO, Liv. *O papel do juiz no controle de legalidade na concessão da recuperação judicial*. Dissertação de mestrado. São Paulo: Pontifícia Universidade Católica, 2015.

MACHADO, Rubens Approbato (coord.). *Comentários à nova lei de falências e recuperação de empresas*. 2. ed. São Paulo: Quartier Latin, 2007.

MAMEDE, Gladston. *Direito empresarial brasileiro: falência e recuperação de empresas*. 5. ed. São Paulo: Atlas, 2012, v. 4.

MARTINS-COSTA, Judith. "As cláusulas gerais como fatores de mobilidade no sistema jurídico". *Revista dos Tribunais*. v. 680/1992, p. 47-58, jun./1992.

MELLO, Marcos Bernardes de. *Teoria do fato jurídico: plano da eficácia: 1ª parte*. 10. ed. São Paulo: Saraiva, 2015.

_____. *Teoria do fato jurídico: plano da existência*. 20. ed. São Paulo: Saraiva, 2014.

_____. *Teoria do fato jurídico: plano da validade*. 14. ed. São Paulo: Saraiva, 2015.

MENDONÇA, José Xavier Carvalho de. *Tratado de direito comercial brasileiro*. 4. ed. Rio de Janeiro: Livraria Editora Freitas Bastos, 1947, v. VII.

MESSINEO, Francesco. *Manuale di diritto civile e commerciale*. Milano: Giuffrè Editore, 1957.

MEZZA NOTTI, Gabriela. *A disciplina da empresa: reflexos da autonomia privada e solidariedade social*. Novo Hamburgo: Feevale, 2003.

BIBLIOGRAFIA

MIRANDA, Custódio da Piedade Ubaldino. *Teoria geral do negócio jurídico*. 2. ed. São Paulo: Atlas, 2009.

MIRANDA, Pontes de. *Tratado de direito privado: parte geral: tomo III: negócios jurídicos. Representação. Forma. Prova*. 4. ed. São Paulo: Editora Revista dos Tribunais, 1983, v. III.

_____. *Tratado de direito privado: parte geral: tomo IV: Validade. Nulidade. Anulabilidade*. 4. ed. São Paulo: Editora Revista dos Tribunais, 1983, v. IV.

_____. *Tratado de direito privado: parte geral: tomo v: eficácia jurídica. Determinações inexatas e anexas. Direitos. Pretensões. Ações*. 4. ed. São Paulo: Editora Revista dos Tribunais, 1983, v. V.

MANGE, Eduardo Foz. *Assembleia-geral de credores na recuperação judicial*. Dissertação de mestrado. São Paulo: Pontifícia Universidade Católica, 2010.

MONTEIRO, Washington de Barros; MALUF, Carlos Alberto Dabus. *Curso de direito civil: direito das obrigações*. 35. ed. São Paulo: Saraiva, 2010.

MONTORO, André Franco. *Introdução à ciência do direito*. 24. ed. São Paulo: Editora Revista dos Tribunais, 1997.

MOREIRA, Alberto Camiña. "Poderes da assembleia de credores, do juiz e atividade do Ministério Público", in *Direito falimentar e a nova lei de falências e recuperação de empresas*. São Paulo: Quartier Latin, 2005, p. 247-274.

_____. "Os credores na falência", in *Tratado de direito comercial: falência e recuperação de empresa e direito marítimo*. São Paulo: Saraiva, 2015, v. 7.

MUNHOZ, Eduardo Secchi. "Anotações sobre o limite do poder jurisdicional", in *Revista de Direito Bancário e do Mercado de Capitais*. Ano 10, n. 36, p. 185-199, abr.-jun./2007.

_____. "*Mootness doctrine* e o direito brasileiro. Preservação dos atos validamente implementados no âmbito da recuperação judicial", in *10 anos da lei de recuperação de empresas e falência: reflexões sobre a reestruturação empresarial no Brasil*. São Paulo: Quartier Latin, 2015, p. 113-122.

_____. "Pressupostos da recuperação judicial", in *Tratado de direito comercial*. São Paulo: Editora Saraiva, 2015. v. 07. p. 164-180.

NANNI, Giovanni Ettore. "Abuso de direito", in *Teoria geral do direito civil*. Coordenado por Renan Lotufo e Giovanni Ettore Nanni. São Paulo: Atlas, 2008, p. 738-772.

NEGRÃO, Ricardo. *Aspectos objetivos da lei de recuperação de empresas e de falências: Lei n. 11.101*, *de 9 de fevereiro de 2005*. 4. ed. São Paulo: Saraiva, 2010.

_____. *Manual de direito comercial e de empresa*. 7. ed. São Paulo: Saraiva, 2012.

_____. *A eficiência do processo judicial na recuperação de empresa*. São Paulo, Saraiva, 2010.

_____. "A preservação da função social como objetivo da recuperação judicial de empresa", in *Direito processual empresarial: estudos em homenagem ao professor Manoel de Queiroz Pereira Calças*. Coordenado por Gilberto Gomes Bruschi. Rio de Janeiro: Elsevier, 2012.

_____. "O papel do judiciário na homologação do plano", in *10 anos de vigência da lei de recuperação e falência: (Lei n. 11.101/2005): retrospectiva geral contemplando a lei n. 13.043/2014 e a lei complementar n. 147/2014*. Coordenado por Carlos Henrique Abrão, Sidnei Beneti e Fátima Nancy Andrighi. São Paulo: Saraiva, 2015, p. 91-118.

NOGUEIRA, Ana Beatriz; CAMPI, Ana Cristina Baptista; PIHA, Daniela. "Reflexões sobre a Rotineira Prática dos Aditamentos ao Plano de Recuperação Judicial", in *10 anos da lei de recuperação de empresas e falência: reflexões sobre a reestruturação empresarial no Brasil*. Coordenado por Luís Vasco Elias. São Paulo: Quartier Latin, 2015, p. 51-63.

NOGUEIRA, Pedro Henrique. *Negócios jurídicos processuais*. Salvador: JusPODIVM, 2016.

OLIVEIRA, Fátima Bayma. *Recuperação de empresas: uma múltipla visão da nova lei: Lei nº 11.101/05 de 09.02.2015*. São Paulo: Pearson Prentice Hall, 2006.

PACHECO, José da Silva. *Processo de recuperação judicial, extrajudicial e falência: em conformidade com a Lei nº 11.101/2005*. Rio de Janeiro: Forense, 2006.

PAIVA, Luiz Fernando Valente de. *Direito falimentar e a nova lei de falências e recuperação de empresas*. São Paulo: Quartier Latin, 2005.

_____. "Apresentação do plano de recuperação pelo devedor e a atuação dos credores", in *Revista do Advogado*. Ano XXV. n. 83, setembro de 2005, p. 73-81.

PEREIRA, Caio Mario da Silva. *Instituições de direito civil*. Rio de Janeiro: Editora Forense, 2010, v. I.

_____. *Instituições de direito civil*. Rio de Janeiro: Editora Forense, 2010, v. II.

PEREIRA, Thomaz Henrique Junqueira de Andrade. *Princípios do direito falimentar e recuperacional brasileiro*. Dissertação de mestrado. São Paulo: Pontifícia Universidade Católica, 2009.

PERIN JUNIOR, *Curso de direito falimentar e recuperação de empresas*. 3. ed. rev., atual. e ampl.

São Paulo: Editora Método, 2006.

_____. *Preservação da empresa na lei de falências*. São Paulo: Saraiva, 2009.

REQUIÃO, Rubens. *Curso de direito falimentar*. 14. ed. São Paulo: Saraiva, 1998, v. 1.

_____. *Curso de direito falimentar*. 14. ed. São Paulo: Saraiva, 1995, v. 2.

_____. "A crise do direito falimentar brasileiro", in *Revista de Direito Mercantil, Industrial, Econômico e Financeiro*. Ano XIII, n. 14, p. 23-33, 1974.

RESTIFFE, Paulo Sérgio. *Recuperação de empresas: de acordo com a lei 11.101, de 09-02-2005*. Barueri: Manole, 2008.

_____. "Processo da recuperação judicial", in *Tratado de Direito Comercial*. São Paulo: Editora Saraiva, 2015. v. 07. p. 18-210.

ROCCO, Alfredo. *Il concordato nel falimento e prima del falimento: trattato teorico-pratico*. Torino: Fratelli Bocca Editori, 1902.

_____. *Princípios de direito comercial*. Trad. Ricardo Rodrigues Gama. Campinas: LZN Editora, 2003.

ROSENVALD, Nelson; FARIAS, Cristiano Chaves de. *Curso de direito civil: parte geral e LINDB*. 13. ed. rev., ampl. e atual. São Paulo: Atlas, 2015.

SCALZILLI, João Pedro; SPINELLI, Luís Felipe; TELLECHEA, Rodrigo. *Recuperação de empresas e falência: teoria e prática na Lei 11.101/2005*. São Paulo: Almedina, 2018.

SACRAMONE, Marcelo Barbosa. *Comentários à lei de recuperação de empresas e falência*. São Paulo: Saraiva, 2018.

SADDI, Jairo. "Assembleia geral de credores: um ano de experiência da Nova Lei de Falências. Uma avaliação", in *Revista de Direito Bancário e do Mercado de Capitais*. ano 10, n. 36, p. 214-223, abr.-jun./2007.

SANTOS, Paulo Penalva; GONÇALVES NETO, Alfredo de Assis (coord.). *A nova lei de falências e de recuperação de empresas: Lei nº 11.101/05*. Rio de Janeiro: Forense, 2006.

SIMÃO FILHO, Adalberto; LUCCA, Newton de (coords.). *Direito empresarial contemporâneo*. 2. ed. São Paulo: Juarez de Oliveira, 2004.

_____. "Interesses transindividuais dos credores nas Assembleias-Ferais e Sistemas de Aprovação do Plano de Recuperação Judicial", in *Direito recuperacional – Aspectos teóricos e práticos*. São Paulo: Quartier Latin, 2009, p. 32-64.

SCAVONE JUNIOR, Luis Antonio. *Juros: no direito brasileiro*. 3. ed. rev., atual., e ampl. São Paulo: Editora Revista dos Tribunais, 2009.

SHIMURA, Sergio Seiji. "Homologação de plano de recuperação de empresa. Conversão de créditos em ações da empresa recuperanda. Impossibilidade de alteração do plano. Conceito de pagamento.", in *Revista de Processo*, v. 152, p. 333-337, 2007.

SOUZA JUNIOR, Francisco Satiro; PITOMBO, Antônio Sérgio A. de Moraes. *Comentários à Lei de recuperação de empresas e falência: Lei 11.101/2005*. São Paulo: Editora Revista dos Tribunais, 2007.

SOUZA, Marcelo Papaléo de. *A nova lei de recuperação e falência e as suas consequências no direito e no processo do trabalho*. 3. ed. São Paulo: Ed. LTr, 2006.

SZTAJN, Rachel; VERÇOSA, Haroldo Malheiros Duclerc. *Direito comercial: teoria geral do contrato*. São Paulo: Malheiros, 2011.

_____. "Recuperação de empresa em crise: incompletude contratual e reputação", in *Revista de Direito Empresarial*. v.4/2014, p. 113, jul/2014.

TEPEDINO, Gustavo (coord.). *Obrigações: estudos na perspectiva civil-constitucional*. Rio de Janeiro: Renovar, 2005.

TOLEDO, Paulo F. C. Salles de; ABRÃO, Carlos Henrique (coords.). *Comentários à lei de recuperação de empresas e falência*. 5. ed. rev. atual. e ampl. São Paulo: Saraiva, 2012.

_____. "Recuperação judicial, a principal inovação da Lei de Recuperação de Empresas – LRE", in *Revista do Advogado*. Ano XXV. n. 83, setembro de 2005, p. 98-106.

TRIMARCHI, Pietro. *Instituzioni di diritto privato*. 11. ed. Milano: Giuffrè Editore, 1996.

TZIRULNIK, Luiz. *Direito falimentar*. 5. ed. rev. e atual. com Súmulas dos Tribunais Superiores. São Paulo: Editora Revista dos Tribunais, 1999.

VALVERDE, Trajano de Miranda. *Comentários à lei de falências: (Decreto-Lei nº 7.661, de 21 de junho de 1945)*. 4. ed. rev. e atual. por J. A. Penalva Santos e Paulo Penalva Santos. Rio de Janeiro: Revista Forense, 1999, v. I.

_____. *Comentários à lei de falências (Decreto-Lei nº 7.661, de 21 de junho de 1945)*. 4. ed. rev. e atual. por J. A. Penalva Santos e Paulo Penalva Santos. Rio de Janeiro: Revista Forense, 1999, v. II.

_____. *Comentários à lei de falências (Decreto-Lei nº 7.661, de 21 de junho de 1945)*. 4. ed.

rev. e atual. por J. A. Penalva Santos e Paulo Penalva Santos. Rio de Janeiro: Revista Forense, 1999, v. III.

VASCONCELOS, Ronaldo. *Direito processual falimentar*. São Paulo: Quartier Latin, 2008.

VENOSA, Silvio de Salvo. *Direito civil: parte geral*. 13. ed. São Paulo: Atlas, 2013, v. I.

_____. *Direito civil: teoria geral das obrigações e teoria geral dos contratos*. 10. ed. São Paulo: Atlas, 2010, v. II.

VERÇOSA, Haroldo Malheiros Duclerc; SZTAJN, Rachel. *Direito comercial: teoria geral do contrato*. 1. ed. São Paulo: Malheiros, 2011.

VIVANTE, Cesare. *Instituições de direito comercial*. Tradução e notas de Ricardo Rodrigues Gama. Campinas: LZN Editora, 2003.

WALD, Arnoldo. *Obrigações e contratos*. 16 ed. rev., ampl. e atual. de acordo com o Código Civil de 2002, com a colaboração do Prof. Semy Glanz. São Paulo: Saraiva, 2004.

WAISBERG, Ivo. "A garantia real sobre bem de terceiro e a sua classificação para fins da recuperação judicial", in *Revista Brasileira de Direito Comercial*, v. 1, p. 73-81, 2014.

_____. "Da não sucessão pelo adquirente por dívidas trabalhistas e tributárias na aquisição de unidades produtivas isoladas perante a Lei 11.101/2005", in *Revista de Direito Empresarial e Recuperacional*, v. 1, p. 159-171, 2010.

_____. "10 Anos da Recuperação Judicial – Sugestões para Reforma Legislativa", in *Direito empresarial: estudos em homenagem ao professor Haroldo Malheiros Duclerc Verçosa*. Organizado por Rachel Stajn, Marcos Paulo de Almeida Salles e Tarcisio Teixeira. 1ed. São Paulo: IASP, 2015, v. 1, p. 337-353.

_____. "O necessário fim dos credores não sujeitos à recuperação judicial. In: ELIAS, Luís Vasco", in *10 anos de recuperação de empresas e falências: reflexões sobre a reestruturação empresarial no Brasil*. São Paulo: Quartier Latin, 2015, v. 1, p. 199-209.

_____. "Breves comentários sobre a fixação da competência na recuperação judicial e na falência", in *Direito processual empresarial – Estudos em homenagem a Manoel de Queiroz Pereira Calças*. Rio de Janeiro: Elsevier, 2012, v. 1, p. 402-409.

_____; WALD, Arnoldo. "Artigos 47 a 49 da Lei 11.101/2005", in: *Comentários à nova lei de falência e recuperação de empresas: lei nº 11.101, de 09 de fevereiro de 2005*. Rio de Janeiro: Forense, 2009, p. 313-352.

_____. "Justiça do trabalho e recuperação judicial", in *Revista de Direito Bancário e do Mercado de Capitais*. v. 37, p. 245, jul./2007.

WARDE JUNIOR, Walfrido Jorge; PEREIRA, Guilherme Setoguti J. "Discricionariedade da assembleia geral de credores e poderes do juiz na apreciação do plano de recuperação judicial", in *10 anos da lei de recuperação de empresas e falência: reflexões sobre a reestruturação empresarial no Brasil*. Organizado por Luís Vasco Elias. São Paulo: Quartier Latin, 2015, p. 491-500.